周志敏　纪爱华 ◎ 编著

电动汽车充电站桩工程设计

电子工业出版社

Publishing House of Electronics Industry

北京·BEIJING

内 容 简 介

本书结合国内电动汽车充电站（桩）技术的发展及最新应用技术，以电动汽车充电站（桩）工程设计为核心内容，在概述电动汽车分类、电能补给方式、充电技术条件的基础上，系统地讲述电动汽车动力蓄电池及管理系统、电动汽车充电技术、电动汽车无线充电技术、电动汽车充电站（桩）通信技术、电动汽车充电站运营模式、电动汽车充电站（桩）工程设计等内容。

本书可供从事电动汽车充电站（桩）设备研究、系统开发、工程设计的工程技术人员和高等院校及职业技术院校的师生阅读。

图书在版编目（CIP）数据

电动汽车充电站（桩）工程设计/周志敏，纪爱华编著. —北京：电子工业出版社，2017.1
ISBN 978-7-121-30360-9

Ⅰ. ①电… Ⅱ. ①周… ②纪… Ⅲ. ①电动汽车－充电－电站－系统设计 Ⅳ. ①U469.72

中国版本图书馆 CIP 数据核字（2016）第 276006 号

责任编辑：富　军　　特约编辑：刘汉斌
印　　刷：北京天宇星印刷厂
装　　订：北京天宇星印刷厂
出版发行：电子工业出版社
　　　　　北京市海淀区万寿路 173 信箱　邮编 100036
开　　本：787×1 092　1/16　印张：14.75　字数：378 千字
版　　次：2017 年 1 月第 1 版
印　　次：2025 年 2 月第 11 次印刷
定　　价：45.00 元

前　言

　　电动汽车的发展包括电动汽车及能源供给系统的研究和开发。其中，能源供给系统是指充电基础设施，即供电、充电和蓄电池管理系统及能源供给模式。电动汽车充电站（桩）作为电动汽车运行的能量补给站，是发展电动汽车商业化所必备的重要配套基础设施，充电站（桩）的建设将直接影响电动汽车产业的发展。要推动电动汽车市场的发展，充电站（桩）的建设速度必须与电动汽车的推广相匹配。

　　电动汽车充电设施的建设是促进支撑电动汽车发展的重要环节。电动汽车与充电设施是"发展"与"保障"的关系。电动汽车的发展将带动充电设施的跟进，充电设施的建设将有力保障电动汽车的发展；电动汽车的发展是充电设施建设的核心动力，充电设施的建设是电动汽车发展的有力保障。这种相辅相成、互为依赖的关系，可有效指引充电设施的发展方向——紧紧围绕电动汽车的发展，并适度超前建设，引导电动汽车发展。

　　随着电动汽车的普及，电动汽车充电站（桩）必将成为汽车工业和能源产业发展的重点。在我国，电动汽车充电站（桩）的发展是必然的，政府出台各项政策助力电动汽车充电站（桩）建设。电动汽车充电站（桩）的建设应考虑业务运营模式，建设相应的电动汽车充电计费系统，引入集中式信息管理平台，是开展电动汽车充电站（桩）建设工作的重要组成部分。在全国范围内建成大规模电动汽车充电站（桩）网络后，全国的电动汽车充电站（桩）将联网运营，可推动纯电动汽车产业的发展。

　　本书结合我国电动汽车发展趋势及充电技术的发展，以电动汽车充电站（桩）建设工程设计为核心内容，在写作中尽量做到有针对性和实用性，力求做到通俗易懂和结合实际，使从事电动汽车充电站（桩）设备开发、工程设计及运营管理人员从中获益。读者可以以此为"桥梁"，系统、全面地了解和掌握电动汽车充电站（桩）的工程设计和最新应用技术。

　　参加本书编写工作的有周志敏、纪爱华、周纪海、纪达奇、刘建秀、顾发娥、刘淑芬、纪达安、纪和平、陈爱华等。本书在写作过程中，无论是从资料的收集还是技术信息交流上，都得到了国内外专业学者和同行及电动汽车充电设施制造商的大力支持，在此表示衷心的感谢。

　　由于时间短促，加之作者水平有限，书中错谬之处在所难免，敬请读者批评指正。

编著者

目 录

第 1 章

概述

1.1.1 电动汽车分类

按照我国 2009 年 7 月 1 日正式实施的《新能源清册生产企业及产品准入管理规则》，新能源汽车是指采用非常规的车用燃料作为动力来源（或使用常规的车用燃料，但采用新型车载动力装置），综合车辆的动力控制和驱动方面的先进技术，形成的技术原理先进、具有新技术、新结构的汽车。新能源汽车包括纯电动汽车、混合动力汽车、燃料电池电动汽车、氢发动机汽车等。

电动汽车是全部或部分由电能驱动电动机作为动力系统的汽车，按照目前技术的发展方向或车辆驱动原理，可划分为纯电动汽车、混合动力汽车和燃料电池电动汽车三种类型。新能源汽车和电动汽车的分类关系如图 1-1 所示。

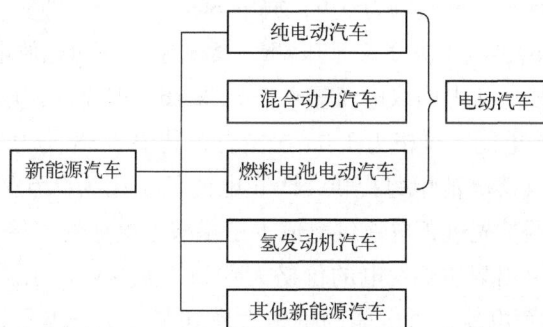

图 1-1　新能源汽车和电动汽车的分类关系

1. 纯电动汽车

纯电动汽车是完全由可充电蓄电池（如铅酸蓄电池、镍镉蓄电池、镍氢蓄电池或锂离子蓄电池）提供动力源的汽车。纯电动汽车由底盘、车身、蓄电池组、电动机、控制器和辅助设施六部分组成。由于电动机具有良好的牵引特性，因此纯电动汽车的传动系统不需要离合器和变速器。车速控制由控制器通过调速系统改变电动机的转速即可实现。现在纯电动汽车技术发展已经相当成熟，国外发达国家和我国都有部分车型投入量产和商业化运营。纯电动汽车具有以下优点：

（1）减少对石油资源的依赖，实现能源利用的多元化。由于电力可以从多种一次能源中获得，如煤、核能、水力、风力、光、热等，因此可解除人们对石油资源日见枯竭的担心。

（2）减少环境污染。纯电动汽车本身不排放污染大气的有害气体，即使按耗电量换算为发电厂的排放，除硫和微粒外，其他污染物也显著减少。发电厂大多建于远离人口密集的城市，对人类伤害较少，而且电厂是固定不动的，烟尘集中排放，清除各种有害排放物较容易，并已有了相关技术。

（3）能源转换效率高。纯电动汽车的能源效率超过汽油机汽车，特别是在城市运行，汽车走走停停，行驶速度不高，纯电动汽车更加适宜。同样的原油经过粗炼，送至电厂发电，发出的电充入蓄电池，再由蓄电池驱动纯电动汽车，其能量利用效率比经过精炼变为汽油，再经汽油机驱动汽车高。

按我国现行电价和油价水平，纯电动汽车的运行费用低于传统汽车，具有较好的经济性。但是，目前纯电动汽车还存在着续航里程较短、蓄电池价格较高等缺点。

虽然纯电动汽车已有 100 多年的历史，但一直仅限于某些特定范围内应用，市场较小，主要原因是各种类型的蓄电池普遍存在价格高、寿命短、外形尺寸和重量大、充电时间长等严重缺点。目前采用的铅酸蓄电池、镍氢蓄电池和锂离子电池，根据其实际装车时的循环寿命和市场价格，可估算出纯电动汽车从各种动力蓄电池上每取出 1kWh 电能所必须付出的费用。

在估算纯电动汽车从各种动力蓄电池上每取出 1kWh 电能所必须付出的费用时，假设蓄电池最高可充电的荷电状态（SOC）为 0.9，放电 SOC 为 0.2，即实际可用的蓄电池容量仅占总容量的 70%；由电网供电价为 0.5 元/kWh，蓄电池的平均充放电效率为 0.75。按照上述数据粗略计算可知，虽然从电网取电仅需 0.5 元/kWh，但充入蓄电池，再从蓄电池取出，铅酸蓄电池每提供 1kWh 电能，价格为 3.05 元左右，其中 2.38 元为蓄电池折旧费，0.67 元为电网供电费，而从镍氢蓄电池中每提供 1kWh 电能的费用为 9.6 元，锂离子电池为 10.2 元，即电动汽车采用后两种先进蓄电池供电成本是铅酸蓄电池的三倍多。

目前，在国内市场上用柴油机发电的价格大致为 3 元/kWh，用汽油机发电的价格估计为 4 元/kWh，即从铅酸蓄电池提供电能的价格大致和柴油机发电价格相等，仅从取得能量的成本来考虑，采用铅酸蓄电池比汽油机驱动有一定的价格优势。由于铅酸蓄电池太过笨重，充电时间又长，因此只被广泛用于车速小于 50km/h 的各种场地车、高尔夫球车、垃圾车、叉车及电动自行车上。实践证实，铅酸蓄电池在这一低端产品市场上有较强的竞争力和实用性。

相对铅酸蓄电池，镍氢蓄电池在能量体积密度方面提高了 3 倍，在比功率方面提高了10 倍。镍氢蓄电池虽然具有较高的比能量和比功率、相对寿命较长等优点，但由于镍金属占其成本的 60%，导致镍氢蓄电池价格居高不下。镍氢蓄电池并非是电动汽车的理想蓄电池，其可能只是一种过渡性的蓄电池。目前，镍氢蓄电池仍是近期和中期电动汽车使用的首选动力蓄电池，随着锂离子电池的大规模生产和成本的降低，镍氢蓄电池终将退出电动汽车动力蓄电池市场。

锂离子电池技术发展很快，近 10 年来，其比能量由 100Wh/kg 增加到 180Wh/kg，比功率可达 2000W/kg，循环寿命达 1000 次以上，工作温度范围达到 −40℃ ~ 55℃。近年来，由于磷酸铁锂离子电池的研发有重大突破，又大大提高了锂离子电池的安全性。目前已有许多发达国家将锂离子电池作为电动汽车用动力蓄电池的主攻方向。我国拥有锂资源优势，锂离子电池的产量在 2004 年就已占全球市场的 37.1%，预计到 2018 年以后，锂离子电池的性价比有望达到可以和铅酸蓄电池竞争的水平，成为未来电动汽车的主要动力蓄电池。

纯电动汽车的技术难度小于插电式混合动力汽车，目前国内即将上市的纯电动汽车的各项性能指标已经可以满足一般用户的需求，技术已经基本成熟。在低端市场，纯电动汽车的经济性优势十分明显。充电网络建设滞后影响了纯电动汽车使用的便利性，是目前制约纯电动汽车发展的最主要因素。预计在示范试点城市，随着充电网络建设的逐步完善，纯电动汽车的发展速度会比较快，尤其在低端市场纯电动车的份额会显著提高。

2. 混合动力汽车

完全由动力蓄电池驱动的纯电动汽车，其性价比长期以来都远远低于传统的内燃机汽车，难于与传统汽车相竞争，自 20 世纪 90 年代以来，世界上各大汽车公司都着手开发混合动力汽车，日本丰田公司在 1997 年率先向市场推出"先驱者"（Prius）混合动力汽车，并在日本、美国和欧洲各国市场上获得较大成功，累计产销量已超过 60 万辆。随后，日本本田、美国福特、通用和欧洲一些大公司也纷纷向市场推出各种类型的混合动力汽车。

普通混合动力汽车是指那些采用常规燃料的，同时配以蓄电池、电动机来改善低速动力输出和燃油消耗的车型。混合动力汽车按照混合度（即电动机功率与发动机功率之比或使用电的比例与使用燃油的比例）的不同，又可以分为微混、轻混、中混、强混等。普通混合动力汽车的优点有：

（1）采用混合动力后可按平均需用的功率来确定发动机的最大功率，此时处于油耗低、污染少的最优工况下工作。在需要大功率时（发动机功率不足），由蓄电池来补充；负荷少时，富余的功率可发电给蓄电池充电，即发动机可持续工作，蓄电池又可以不断得到充电。

（2）因为有了蓄电池，可以十分方便地回收制动、下坡时、怠速时的能量，并作为电能再次利用，从而减少能源的浪费。

（3）在繁华市区，可关停发动机，由蓄电池单独驱动，实现"零"排放。

（4）可以十分方便地解决耗能大的空调、取暖、除霜等纯电动汽车遇到的难题。

缺点是：长距离高速行驶基本不能省油，因有两套动力，再加上两套动力的管理控制系统，导致结构复杂、技术较难、价格较高。

普通的混合动力汽车利用发动机的富余功率给蓄电池充电，无需外接电源充电，虽然节能效果明显，但是没有从根本上摆脱交通运输对石油资源的耗用问题。因此，普通混合动力汽车是电动汽车发展过程中一段时期内的一种过渡性技术。

普通混合动力汽车在目前的新能源汽车中，技术最成熟，并已被成功实现了商业化，由于不需要充电，因此普通混合动力汽车使用的便利性在新能源车中是最好的。目前普通混合动力汽车的综合成本要高于燃油汽车，因此会严重影响普通混合动力汽车的发展。

近几年发展起来的插电式混合动力汽车（Plug-in Hybrid Vehicle，PHV）是一种新型的混合动力汽车，通过外接充电电源为蓄电池充电，充电后可仅凭充电蓄电池作为电动汽车行驶。另外，在蓄电池的剩余电量用完后，并不是切换至发动机行驶模式，而是通过发动机带动发电机，利用由此产生的电力为蓄电池充电，继续用电动机驱动汽车行驶。插电式混合动力汽车更接近于纯电动汽车，而且在一定程度上解决了纯电动汽车续航里程短和需要及时充电的问题，即使行驶到没有充电设施的地方，也可以作为一般的混合动力汽车来使用。

插电式混合动力汽车的技术已经比较成熟，但是目前国内只有几家领先企业掌握了插电式混合动力汽车的核心技术，其他大部分汽车生产企业还处于研发阶段。插电式混合动力汽车使用的便利性不如燃油汽车，但优于纯电动汽车，基本达到了用户可接受的范围。由于国家政策的倾斜，目前插电式混合动力汽车的综合成本已经低于燃油车。在国家补贴政策的强力支持下，近期插入式混合动力汽车很可能成为增长速度最快的新能源汽车。

3. 燃料电池汽车

燃料电池电动汽车是指以氢气、甲醇等为燃料，通过化学反应产生电能，依靠电动机驱动的汽车。燃料电池电动汽车的工作原理是：作为燃料的氢在汽车搭载的燃料电池中与大气中的氧发生化学反应，从而产生电能供给电动机驱动汽车行驶。燃料电池的化学反应过程不会产生有害物质，因此燃料电池电动汽车是无污染汽车，燃料电池的能量转换效率比内燃机要高 2~3 倍，因此从能源的利用和环境保护方面看，燃料电池技术是内燃机技术的最好替代，燃料电池电动汽车代表了电动汽车未来的发展方向。

现阶段，燃料电池的许多关键技术还处于研发试验阶段。此外，燃料电池的理想燃料——氢，在制备、供应、储运等方面还有着大量的技术与经济问题有待解决。因此，燃料电池电动汽车目前和今后一段时间尚不具备商业化的条件。

最乐观的预测，以纯氢为燃料的燃料电池汽车的商业化生产至少还需 15 年以上的时间。

1.1.2 电动汽车运行特点及电能补给方式

1. 电动汽车运行特点

（1）公交车。公交车用来满足公共交通的需要，由专职司机驾驶、维护，由城市公交公司或企业投资运营，且行驶路线固定，一般在首末站都建有大型停车场，夜间停运。因公交车停运造成的负面影响较大，要求一次充电至少应满足单程运行里程，紧急情况下应能实现电能的快速补充，公交车可利用停运时段充电。

（2）特殊园区用车。特殊园区用车指用于风景名胜、旅游景点、城市水源保护区等服务、观光车辆，特殊园区用车服务目标明确，车辆相对集中，使用频繁，一次充电难以满足每日运行要求，内部建有集中停车场，特殊园区用车可利用停运时段充电。

（3）城市环卫、市区快递送收车辆。城市环卫、市区快递送收车辆是为了满足城市环境卫生、邮件送收要求而运营的车辆，如街道清扫车、垃圾清运车、道路清障车、冲洗车、洒水车、市区快递送收车等，此类车辆的运行线路固定，在所属单位或企业内都有自己的停车场，有停运时段。统计数据表明，此类车辆平均每车每日运行距离约为100km，一次充电基本满足单程运行里程，停运时段可充电。

（4）工程车。市政工程抢险车、建筑运输车等用于满足市政建设、抢险维修需要，所属单位或企业内有停车场，车辆用于为特定区域提供服务，要求随时待命、随时出动。一次充电基本满足往返运行里程，停运时段可充电。

（5）政府公务车、企业商务车、其他社会车辆。满足公务、商务出行需要，所属单位或企业内有停车场，一般夜间停运。车辆的行驶线路、里程一般能预估，特殊情况用车时线路和里程多变。一次充电基本满足往返运行里程，夜间停运可充电，同时应在其相应的出行范围内提供必要的快速补充电能设施。

（6）出租车。出租车运行线路和区域具有不确定性，具有很大的随机性，据统计，目前省会城市出租车每车每日的平均运行里程约为300km。一次充电续驶里程难以满足当日运行要求，且用电量变化大，根据其一次充电后的续驶里程，应在其相应的出行范围内提供必要的充电设施。出租车停运时间短，对充电时间要求高。

（7）私家车。满足个人出行需要，线路、里程一般能预先估计，车辆停放在家庭车库或小区停车场。夜间基本停运，可充分利用低谷时段充电。

2. 电动汽车的电能补给方式

电动汽车的充电可以由地面充电机（站）完成，也可以由车载充电机完成，地面充电站和车载充电机的主要功能是有效地完成电动汽车蓄电池的电能补给。电动汽车的种类和运行特点决定了其能源补给方式。按照蓄电池是否与车体分离，可分为整车充电方式和蓄电池更换方式两种。

（1）整车充电方式。当车辆进行补充充电时，充电机与充电车辆通过充电插头进行连接，蓄电池无需从车辆上卸下即可直接进行充电。优点是充电操作过程简单，不涉及蓄电池存储、蓄电池更换等过程。但车辆充电时间占用了车辆的运营时间，车辆利用率较低，不利于保持蓄电池组的均衡性以及延长蓄电池组的使用寿命。

（2）蓄电池更换方式。当车辆进行补充充电时，将需要充电的蓄电池从车辆上卸下，再给车辆安装上已充满电的蓄电池，车辆即离开继续运营，对卸载下的蓄电池采用地面充电系统进行补充充电。采取蓄电池地面充电方式有利于提高车辆使用效率，提高蓄电池使用寿命，但对车辆及蓄电池更换设备提出了高的要求。

由此可见，不同的电能补给方式有其自身的特点和适用范围。因此，在实际应用中，需要根据车辆的种类、数量和运行效率、蓄电池的数量和性能、系统配置成本及管理等众多因素进行选择，并可将多种方案有机结合，实现电动汽车的最优运营。

根据以上分析，将电动汽车按照电能补给方式进行分类：

（1）适合采用整车充电方式的车辆。城市环卫、市区快递送收车辆、工程车、政府公务用车、企业商用车、私家车。它们可充分利用夜间停运时段进行充电，满足下一次的行驶里程需要。

（2）适合采用蓄电池更换充电方式的车辆。出租车、社会运营车辆。他们需要及时快速补充电能，尽量增加运营时间，获得更大的经济效益。

（3）适合采用整车充电方式和蓄电池更换方式结合的车辆。公交车、特殊园区用车、社会运营车辆。既考虑这些车辆蓄电池的使用性能和寿命，又保证车辆运营时间，提高利用率。他们在停运期间可采用整车充电方式，而在运营期间采用蓄电池更换方式。此外，车辆动力蓄电池的配备可根据车辆情况采取不同的方案，对于数量大而且属于同一公司的车辆可以由车辆所属公司建立蓄电池存储间，而对于数量少且归属权相对分散的车辆可以由蓄电池配送中心配送蓄电池，减少一次性投资和更换成本。

（4）适合采用车载充电机交流充电的车辆。私家车辆由于使用时间较短，停运时一般停放在停车场或者地下车库内，此时可利用停车场提供的交流电源为车辆充电，由于一般私家车蓄电池容量较小，充电功率也较小，充电机可配置在车上。可充分利用低谷电价阶段进行充电，以最大限度降低运行成本。

1.2　电动汽车充电站（桩）

1.2.1　电动汽车充电站（桩）功能及构成

1. 电动汽车充电站（桩）功能

根据电动汽车充电方式的不同，电动汽车充电设施可以分为充电桩、充电站、换电站、充换电站四种类型。

1）充电桩功能

电动汽车充电桩的功能类似于加油站里面的加油机，是一种"加电"设备，直流充电桩是一种高效率的充电器，利用专用充电接口，采用传导方式，可以快速地给电动汽车车载蓄电池充电。电动汽车充电桩具有相应的通信、计费和安全防护功能。市民只需要购买 IC 卡并充值，就可以使用充电桩为电动汽车充电。

充电桩可以固定在地面或墙壁上，安装于公共建筑（公共楼宇、商场、公共停车场等）和居民小区停车场或充电站内，可以根据不同的电压等级为各种型号的电动汽车充电，如图 1-2 所示。

图 1-2 充电桩

充电桩的输入端与交流电网直接连接，输出端都装有充电插头用于为电动汽车充电。充电桩一般提供常规充电和快速充电两种充电方式，人们可以使用特定的充电卡在充电桩提供的人机交互操作界面上刷卡使用，进行相应的充电方式、充电时间、费用数据打印等操作，充电桩在给电动汽车充电时，显示屏能显示充电量、费用、充电时间等数据。

为满足大规模的家用电动汽车用户及时、方便充电的需求，充电桩充电模式作为最佳选择。在住宅小区或商业大厦的专用停车场安装一定数量的智能充电桩和少量的智能地面充电机，充电桩提供 220V 或 380V 交流电源接口，为电动汽车提供应急充电服务。充电桩占地面积很少，建设成本较低，更适合于支撑大规模的家用电动汽车充电。根据电流种类不同，充电桩可分为交流充电桩、直流充电桩、交直流一体充电桩，分别采用相应的充电方式完成对车载蓄电池的充电。

（1）直流充电桩是俗称的"快充"装置，固定安装在电动汽车外，直流充电桩的输入端与交流电网连接，具有充电机功能，可以实时监视并控制被充蓄电池的状态，同时，直流充电桩可以对充电电量进行计量。

直流充电桩的输入电压采用三相四线 AC380V ± 15%，频率为 50Hz，输出为可调直流电，可直接为电动汽车的动力蓄电池充电。一般充电功率为 10~40kW，充电时间为 1~4 小时，占地面积也不大（1~2m² 以下）。由于充电功率不大，一般的动力用电回路可满足使用。由于直流充电桩采用三相四线制供电，因此可以提供足够的功率，输出的电压和电流调整范围大，可以满足快充的要求。

直流充电桩具有无人值守、智能刷卡消费和区域组网管理功能，方便运营部门管理。电动汽车在市内运行时，中间停顿的机会较多，此时也是对电动汽车临时补充充电的机会。直流充电桩投资小，占地小，电网较易满足，因而可以大量在停车场、办公楼、购物中心、宾馆、饭店、游览区、有车位的街道、小区等地设置。

（2）交流充电桩是俗称的"慢充"装置，固定安装在电动汽车外。交流充电桩的输入端与交流电网连接，为电动汽车车载充电机（即固定安装在电动汽车上的充电机）提供交流电源，同时具备计量计费功能。交流充电桩只提供电力输出，没有充电功能，需连接车载充电机为电动汽车充电。交流充电桩具有占地面积较小、布点灵活等特点。

交流充电桩提供单路或双路 220VAC/380VAC 输出接口，输出功率一般为 5kW（220VAC）/20kW（380VAC），其真正的充电功率受车载充电机的制约，一般小型电动汽车的车载充电功率在 2～3kW 之间。鉴于费用较低和充电时间方便的原因，电动汽车应优先选择在夜间充电。由于我国大部分家庭没有自己的专属车库，户外也不允许私拉电线，因而需要为每一辆电动汽车配备 1 个交流充电桩。

2）充电站

电动汽车充电站是指为电动汽车充电的站点，与现在的加油站相似。充电站至少应具备补充能源（主要为电能）和提供维修服务两大基本功能，并配备相应的专业技术人员来完成这项工作。在充电站的基础设施方面，需配备电力输入设备（接口与缆线）、快速充电机、电能输出设备（接口与缆线）、动力蓄电池性能检测与诊断仪器、专用灭火器材及电动汽车零配件等。充电站主要由行车道、充电区、配电装置、充电装置、监控装置等组成，充电站内有多台充电机、多个充电桩，占地面积较大，采取快充、慢充方式为电动汽车提供电能，并能够对充电机、蓄电池进行状态监控。

充电站按照功能可以划分为四个子模块：配电系统、充电系统、蓄电池检测系统、充电站监控系统。充电站给电动汽车充电一般分为两种方式：普通充电、快速充电。普通充电多为交流充电，可以使用 220V 或 380V 的电压。快速充电多为直流充电。充电站主要设备包括充电机、充电桩、有源滤波装置、电能监控系统。

3）换电站

换电站是指更换电动汽车蓄电池的地方。电动汽车的蓄电池没电了就去换电站，把车上的蓄电池取下，换上充满电的蓄电池，同时支付相应的费用。电动汽车换电站可以省去车主大笔购买蓄电池的费用，并且可以解决充电时间过长的问题，但因蓄电池重量大，必须使用机械设备更换，而且对电动汽车制造有一定的限制，即必须统一蓄电池标准，所以对基础设施建设要求高。换电站为用户提供更换蓄电池和蓄电池维护服务，换电站的主要设备是蓄电池拆卸、安装设备，换电站具有操作专业性强、更换蓄电池时间短、占用场地面积比充电站小等特点。换电站对换下的蓄电池统一充电和维护。换电站的优点是快速，用户换完蓄电池就可以上路，比加油都快。

4) 充换电站

电动汽车充换电站具有充电站、换电站的功能。电动汽车充换电站是一种较为综合的电动汽车能量补给场所，具有蓄电池更换、大功率充电设备，可对不同型号的车辆蓄电池进行普通和快速充电及快速更换服务。

2. 电动汽车充（换）电站构成

电动汽车充（换）电站承担着为电动汽车动力蓄电池提供电能的重要使命，高质量多功能的充电设备可以有效保护动力蓄电池，监控动力蓄电池工作状态，并为动力蓄电池组提供最高效的充电方案。如果将动力蓄电池比喻为电动汽车心脏的话，那么充（换）电站就是这颗心脏健康工作的有力保障。

充（换）电站由多台充电机、充电桩组成，占地面积较大，采取快充、慢充和换蓄电池等多种方式为电动汽车提供电能，并能够对充电机、动力蓄电池、蓄电池更换设备进行状态监控。一个完整的充（换）电站需要配电室、中央监控室、充电区、更换蓄电池区和蓄电池维护间等基本组成部分。

（1）配电室。充（换）电站的配电室内部设有变配电设备、配电监控系统、相关的控制、补偿设备、计量设备。充（换）电站的配电室包括高压配电和低压配电两部分：

① 高压配电部分包括高压供电线路和高压供电设备等，根据电动汽车的动力蓄电池容量、充电时的电压和电流设置、车辆数量等数据的不同，充电系统总容量可能达到兆伏安等级以上，此时需要采用高压供电方式为充电系统供电。

② 低压配电部分包括低压配电线路和低压配电设备等，低压配电设备将380V低压动力电源分配给充电设备及其他辅助设备，即为电动汽车的充电设备及其他辅助设备提供电能。

（2）中央监控室。中央监控室用于监控整个充（换）电站的运行情况，并完成数据库管理、报表打印等功能。内部建有充电机监控系统主机、烟雾传感器监视系统主机、配电监控系统通信接口、视频监视终端等。充（换）电站智能综合管理网络架构如图1-3所示。充（换）电站安防监控系统如图1-4所示。

（3）充电区。电动汽车在充电区完成电能的补给，充电区内部设有充电平台、充电机及充电站监控系统的网络接口，同时应配备整车充电机。为满足使用自带动力蓄电池和不急于更换动力蓄电池的用户充电需要，充（换）电站设有车辆充电停放地及相应电源插头。同样，在停车场也设置带电表计费的充电接头，使用后交付停车费及电费，这种费用要比换蓄电池所需费用低。充（换）电站内充电机、充电桩、电动汽车通信网络如图1-5所示。

（4）更换蓄电池区。更换蓄电池区是车辆更换蓄电池的场所，需要配备蓄电池更换设备，同时应建设用于存放备用蓄电池的蓄电池存储间。因蓄电池重量大，更换须用半自动小型吊车或吊架装置，更换设备可由现有汽车修配厂等常用的类似设备改装或专门设计批量生产。

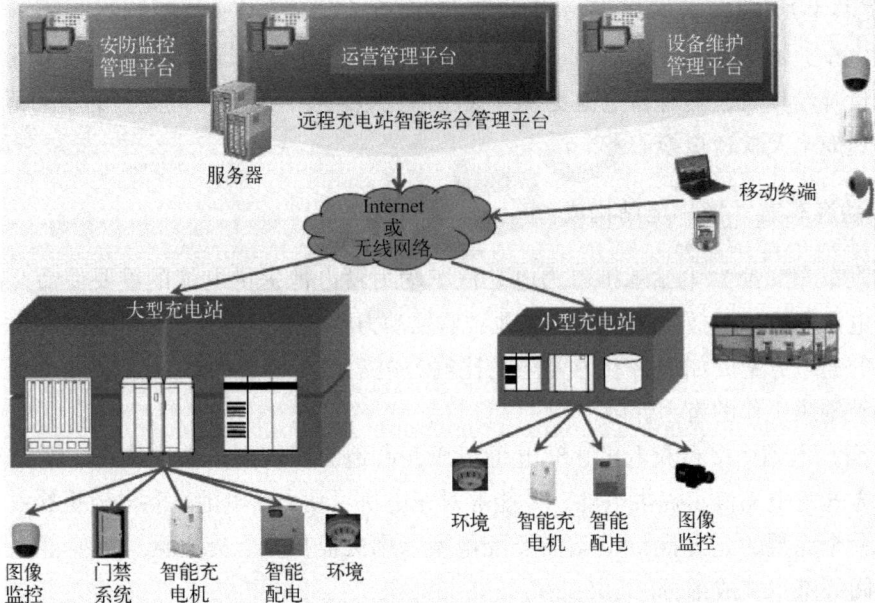

图 1-3　充（换）电站智能综合管理网络架构

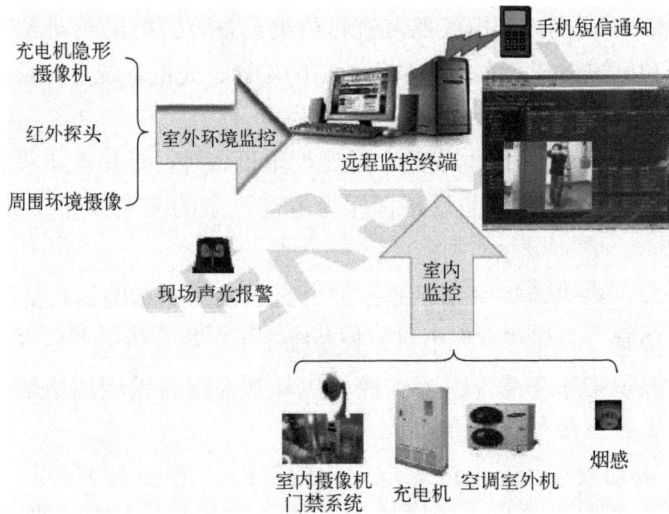

图 1-4　充（换）电站安防监控系统

（5）蓄电池维护间。蓄电池维护间包括筛选和维护、充电间及备用蓄电池库，蓄电池重新配组、蓄电池组均衡、蓄电池组实际容量测试、蓄电池故障的应急处理等工作都在蓄电池维护间进行。其消防等级按化学危险品处理。蓄电池维护间可采用计算机控制的大型充电设备，可同时为几十至几百个不同型号蓄电池按各自最佳的标准化电流程序同时充电，并具有手动或自动识别蓄电池种类、按电荷量计费功能。小型充电站可采用较简单的充电设备，但必须保证能对各类型蓄电池充足电。

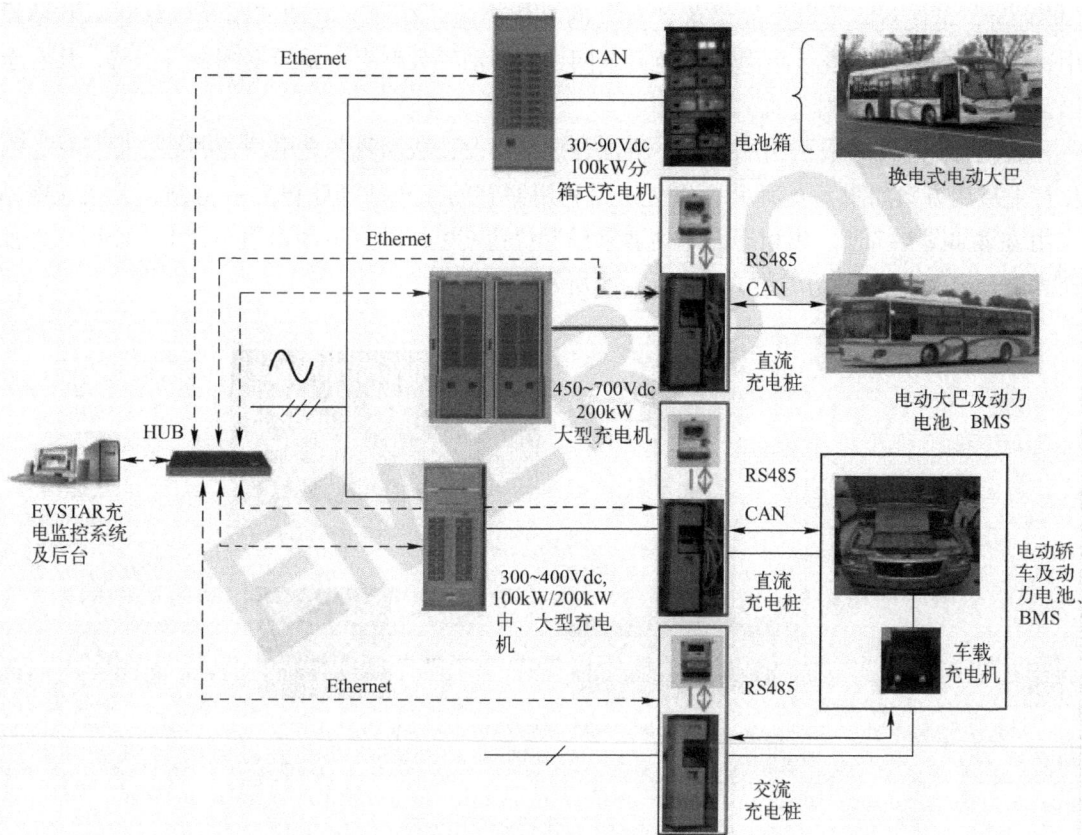

图1-5 充（换）电站内充电机、充电桩、电动汽车通信网络

蓄电池进入维护车间后，首先进行蓄电池的筛选，确定蓄电池的好坏，对不能使用的蓄电池进行恰当处理，避免污染环境，可以继续使用的蓄电池进行维护和活化。维护完的蓄电池送充电间充满电后，进行装箱，作为编组的备用蓄电池。

3. 电动汽车充电计费系统及充电站应用方案

1）电动汽车充电计费系统

电动汽车充电计费系统由以下三部分组成：

① 充电计费系统管理平台，对系统涉及的基础数据进行集中式管理，如电动汽车信息、购电用户信息、资产信息等。

② 充电计费系统运营平台，用于对电动汽车的充放电及购电用户的充值进行运营管理。

③ 充电计费系统查询平台，用于对管理平台及运营平台产生的相关数据进行综合查询。

2）电动汽车充电站应用方案

建立电动汽车快速充电网络，加快停车场等公共场所公用充电设施建设，如充电站

（桩）等，是使新能源汽车战略落到实处的具体措施。在加速电动汽车充电站布局和建设中，国家电网、中石化、中海油、南方电网、中石油等大型央企纷纷发挥自身优势，均在全国范围内开始为充电站（桩）建设献力。

石化行业基于现有的终端网络，将部分加油站改造成为具备充电功能的综合服务站，石化行业应用方案如图1-6所示。公交集团利用原有的停车站场建设充换电站，公交充电站应用方案如图1-7所。出租车充电站通常设置快速充电终端，电动出租车在1个小时内即能充满电，出租车充电站应用方案如图1-8所示。

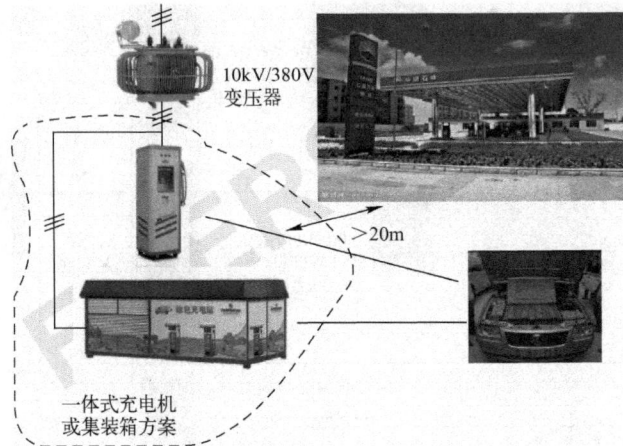

图1-6　石化行业应用方案

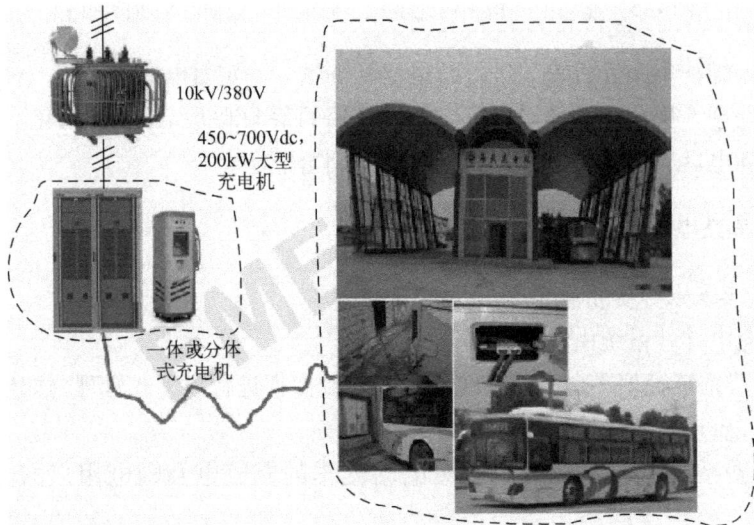

图1-7　公交充电站应用方案

3）电动汽车充电桩安装地点

安装在户外的充电桩防护等级不应低于 IP54，安装在户内的充电桩防护等级不应低于

图1-8 出租车充电站应用方案

IP32。充电桩一般建设在以下场所：

① 公共停车场。公共停车场是充电桩的最佳安装地点之一，其交通方便、出入方便，充电桩可与停车位分开或合并收费。

② 大型购物中心。在大型购物中心设置充电桩必然会受到购物中心欢迎，电动汽车的驾乘人员会利用充电时间顺便购买商品，可与购物中心实现双赢。

③ 可停车的路边地。城市停车越来越难，许多非主干道都被允许用来临时停车，由于箱式电动汽车快速充电站占用的地方非常小（小于20m²），可供箱式电动汽车快速充电站放置的位置较多，并且可根据需要随时移动。

④ 高速路服务区。在高速路服务区设置几座箱式电动汽车快速充电站，就可连接周边城市。数量不多，但意义很大，将大大增加电动汽车用户的信心。

⑤ 居住小区。这是最贴近用户的地方，虽然小区内可以设置许多慢速充电桩，但有急事需要外出是几乎每个人都可能遇到的事情，慢速充电站必须与快速充电站结合起来才能发挥作用。

⑥ 单位、写字楼等。一般单位与写字楼都有停车场地，单位购置充电站不仅可为本单位的电动汽车服务，也可为本单位员工电动汽车服务，当然也可允许社会车辆快速充电。

⑦ 特殊景区，重要国道、偏远公路和用电无保障地域，可采用太阳能和风能等能源形式储能充电。

⑧ 改装部分应急充电车，对因电能耗尽抛锚路边的电动汽车进行应急充电。

1.2.2　电动汽车充电站（桩）分类及业务模式

1. 充电站（桩）分类

（1）充电桩按安装方式可分为落地式充电桩和壁挂式充电桩。

① 落地式充电桩适合安装在不靠近墙体的停车位。

② 挂壁式充电桩适合安装在靠近墙体的停车位。

（2）充电站（桩）按安装地点可分为公共充电桩、专用充电桩和自用充电桩。

① 公共充电桩是结合停车泊位建设在公共停车场（库）内，为社会车辆提供公共充电服务的充电桩。公共场所和大型住宅停车库内设置的充电桩可设置快慢两种充电模式，但充电桩应当智能化，以解决峰谷分时段计费，安全报警、防盗等问题。公共充电桩是电动汽车行业发展的主要环节之一，必须与电动汽车其他领域共同协调发展。充电车位为 8 个以下的充电站，宜均按小型电动汽车配置。充电车位为 8 个及以上的充电站，宜按充电站车位的 75% 服务于小型电动汽车、25% 服务于大中型电动汽车配置。

② 专用充电桩是建设在单位（企业）自有停车场（库），为单位（企业）内部人员使用的充电桩。

③ 自用充电桩是建设在个人自有车位（库），为私人用户提供充电的充电桩。自用充电桩普遍采用慢速充电方式，利用夜间充电（持续 7 ~ 8 小时）。夜间给电动汽车充电可以享受用电量低谷期的电价折扣，既省时又经济，慢速充电还能延长蓄电池寿命。

（3）充电桩按充电接口数可分为一桩一充和一桩多充。

（4）充电站规模宜按以下标准划分为三类。

① 大型充电站：充电车位为 16 个以上。

② 中型充电站：充电车位为 8 ~ 16 个。

③ 小型充电站：充电车位为 8 个以下。

2. 电动汽车充电站（桩）业务模式

电动汽车充电站（桩）的业务模式是指电动汽车用户在汽车电能将要耗尽时，选择到固定地点的充电站（桩）为汽车的蓄电池进行直接充电的模式。这是电动汽车充电站最先考虑的业务模式。在这种业务模式下，电动汽车用户通过在充电站（桩）直接为电动汽车的蓄电池充电，即时消费电力产品并通过现场付费的模式支付费用，完成交易。为此，建设相应的电动汽车充电计费系统，引入集中式的信息管理平台，是开展电动汽车充电站（桩）建设工作的重要组成部分。

从国外电动汽车充电站的实际运行情况来看，根据技术与充电方式的不同，电动汽车充电站的业务模式基本上可以分为"整车充电"与"蓄电池更换"两种模式。

1）整车充电模式

整车充电模式是很多国家研究试验的重点，这种模式把蓄电池与车辆作为一个整体来考虑，其规模化发展的关键是能够研制生产出"容量大、成本低、充电快、寿命长"的蓄电池产品，在便捷性上满足用户的需求，具体又包括常规充电和快速充电两种类型。

在电动汽车整车充电模式中，常规充电和快速充电的盈利方式是一样的，只是向用户所收取的充电费用不同而已。该模式运营需要行业方面的企业和个人参与，主要包括电动汽车制造商、蓄电池生产商、中间运营商（建站企业）、能源供给企业及充电站、电动汽车用户及政府部门。

在该模式的运营过程中，首先是能源供给企业通过向中间运营商（建站企业）支付一定的建站费用来建设电动汽车充电站，当用户来充电站对电动汽车充电时，能源供给企业及充电站向用户收取一定的充电费用来实现自身的盈利。

2）蓄电池更换模式

更换蓄电池模式也称租赁蓄电池模式，是一种把车辆与蓄电池分开考虑的思路。用户只购买汽车，由专门的蓄电池租赁公司负责蓄电池的购买、租赁、充电、快速更换及管理。可以让用户像"汽车加油"一样方便地得到能源供给。它的运营模式是通过各个蓄电池更换站集中对标准化的蓄电池充电，电动汽车用户需要补充能源时，可以非常方便地到任意一个更换站更换充好电的蓄电池。

能源供给企业购买蓄电池后，通过向中间运营商（建站企业）支付一定的建站费用来进行更换站的建设。电动汽车用户在购买"裸车"后，去蓄电池更换站办理相应的"租赁手续"及交一定的租金就能使电动汽车投入使用。租赁的手续及租金由相关部门协商而定，因换给用户的是一块充满电的蓄电池，加上一些其他成本，租赁蓄电池的价格肯定要比用户自己在家充电贵，但是绝对远远低于燃油的费用。用户在蓄电池的使用过程中不仅要交租金，每次更换蓄电池时根据蓄电池电量的消耗情况，用户还要向蓄电池更换站交纳相应的电费。

为了更加快捷地更换蓄电池，在需要更换蓄电池的车辆进站之前，用户应向更换站提出蓄电池更换请求，以便更换站调度安排停车位置，通知蓄电池更换库准备整车更换的蓄电池，并运至更换蓄电池区，准备卸载设备。在车辆进站后，根据调度指令将车辆开到更换蓄电池区的准确位置，准备更换蓄电池。在更换蓄电池前，必须仔细查阅车载监控装置故障记录，检查车辆蓄电池在运营过程中是否有故障。如果有故障记录，则记录故障信息（包括故障位置和类型）。清除故障记录后，再更换蓄电池。首先断开整车的高低压供电，然后才能卸载蓄电池。卸载时，将故障蓄电池箱和无故障蓄电池箱分开摆放。对于故障蓄电池箱，将故障蓄电池和故障信息一并送维护车间，无故障的蓄电池箱送充电区充电。卸载完毕后，将已经准备好的蓄电池装车。接通整车的高低压供电，再进行一次故障诊断，确保更换完蓄电池整车运行正常后将车辆驶出更换蓄电池区。

电动汽车充电站的运营究竟选取哪种模式，应围绕"快速、健康、高效地推动电动汽车产业的发展及普及"这一核心目标，结合技术发展趋势和现实条件进行综合考量，主要包括以下三个方面：

（1）用户使用的总体经济性、方便性，关系到运营模式的竞争力。

（2）能源供给企业的盈利模式，决定着电动汽车充电站的可持续发展能力。

（3）对城市电网运行的影响，是城市整个电网能否安全、高效运行的关键因素。

3）我国电动汽车充电站运营模式的发展方向

（1）整车充电模式中的慢速充电方式可以充分利用低谷电力充电，电费相对降低，但是充电时间过长使车辆的使用十分不便。快速充电方式的充电时间短，易于车辆的使用，但是充电费用较高，且会大大缩短蓄电池的使用寿命。整车充电模式的初次购买及后续更换蓄电池的费用很高（占车辆总费用的30%～50%），换蓄电池模式单纯的租赁费和电费支出可能比整车充电模式有一定幅度的增加，但是由于节省购买蓄电池的费用，如果政策和管理到位，则理论上车辆整个生命时期的运营费用会显著低于整车充电模式，且换蓄电池模式的灵活性、方便性都相对较好。

（2）换蓄电池模式属于能源新物流模式，有利于蓄电池生产企业规模化、标准化生产，有利于能源供给企业的规模化采购与集约化管理，能够显著降低总运营成本。能源供给企业作为一个相对独立的中间运营商，有利于政府施加更具有针对性的扶持和优惠政策，如电价政策、购买蓄电池补贴政策等，容易建立起清晰的财务盈利模式，比单纯提供充电服务可获得更高的经济回报，具有更大的发展空间。

（3）若大量使用整车充电中的快充模式，将使得电网谐波污染问题突出，治理成本提高。换蓄电池模式因集中充电，便于统一调度、管理和监控，能够最大程度地发挥削峰填谷作用，提高电力系统负荷率，最大限度地减少谐波污染等对电网的不利影响，有利于电网的安全稳定运行和电力资源的优化利用。

综上所述，换蓄电池模式具有更突出的优势和更广阔的发展前景。考虑到差异化需求和特殊情况下电能补给的需要，以更换蓄电池为主、整车充电为辅的运营模式将成为我国电动汽车充电站未来发展的主流模式。

1.3 电动汽车充电技术条件及充电系统的标准

1.3.1 电动汽车充电技术条件及对充电技术的要求

1. 电动汽车充电桩技术条件及充电机功能

1）电动汽车充电桩技术条件

（1）在充电桩没有与动力蓄电池建立连接时，充电桩经过自检后自动初始化为常规控制充电方式（可选择手动、IC卡或充电桩监控系统操作方式）。充电桩采用手动操作时，应具有明确的操作指导信息。

（2）在充电桩与动力蓄电池建立连接后，通过通信获得动力蓄电池的充电信息，自动初始化为动力蓄电池自动控制充电方式。

（3）电动汽车充电桩对供电电压的要求：

① 直流充电桩的输入额定电压为 380V ± 10% 、50 ± 1Hz 的三相交流电。

② 对于容量小于（等于）5kW 的交流充电桩，输入额定电压为 220V ± 10% 、50 ± 1Hz 的单相交流电。

③ 对于容量大于 5kW 的交流充电桩，输入额定电压为 380V ± 10% 、50 ± 1Hz 的三相交流电。

④ 交流输入隔离型 AC/DC 充电桩的输出电压为额定电压的 50% ~ 100% ，并且输出电流为额定电流时，功率因数应大于 0.85，效率应大于等于 90% 。

（4）电动汽车充电桩接口和通信要求如下：

① 充电桩接口。充电桩与电动汽车之间的连接应包括以下几部分：高压充电线路、充电控制导引线、充电控制电源线、充电监控通信连接线、接地保护线。同时，充电桩应预留与充电站监控系统连接的通信接口。

② 充电桩通信要求。推荐采用 CAN 总线及 CAN2.0 协议作为充电桩的通信总线和通信协议。通信内容包括：动力蓄电池单体、模块和总成的相关技术参数，充电过程中蓄电池的状态参数，充电桩工作状态参数，车辆基本信息等。

2）电动汽车充充电机功能

在电动汽车充电站可实现对不同厂家生产的多辆不同类型电动汽车的充电，在智能充电网络系统中，作为电能从电网传输到电动汽车的"中转站"，电动汽车充电站内设置的充电机应具备以下功能：

（1）指示功能。包括指示动力源能量、正在充电、充电结束等充电状态及输出过电压及欠电压、温度异常、主断路器断开等异常情况。

（2）记录功能。记录输入的电力、一次充电量和日累计量、温度（充电时动力源温度、充电机温度、环境温度）、输出过电压、欠电压及温度异常（包括动力源与充电机）。

（3）自动计费功能。对充电机可以采用 IC 卡充电操作，充电机自动计费并显示、打印计费结果或直接用 IC 卡结算。

（4）监测功能。监测动力源的温度等参数。

（5）故障保护和报警功能。对输入电源过压、缺相、充电机过流、过热、短路、开路、极性接反、超温等故障均有自动保护并发出声光报警信号；具有断电时保护数据及电流、电压、时间等参数不超出所设定范围，以及软件故障的提示等安全措施。

2. 电动汽车发展对充电技术的要求

尽管电动汽车充电站的建设受到不同因素影响，其建设方式和建设要求需根据实际情况而确定。但随着电动汽车的逐步推广和产业化及电动汽车技术的日益发展，电动汽车对充电站的技术要求表现出了一致的趋势，要求充电站尽可能向以下目标靠近。

1）高安全性

影响电动汽车安全性的主要因素首先是蓄电池的充电过程，蓄电池技术状态的不一致性是各类蓄电池所共有的基本特性之一，主要表现在蓄电池的容量误差、内阻误差和电压误差。少数蓄电池的一致性误差并不明显，但是由数十个甚至到数百个蓄电池单体所组成的电动汽车蓄电池组，其容量误差、内阻误差和电压误差等因素就会凸显出来。

电动汽车的充电过程不可能对蓄电池单体依次充电，而是对整个蓄电池组进行充电。在充电过程中，由于存在内阻误差，导致在整个蓄电池组中的蓄电池单体两端的电压形成误差，内阻误差越大，形成的电压误差越明显。虽然整个蓄电池组两端的充电电压不会超过额定电压，但是个别的单体蓄电池两端的电压，有可能超过其额定电压，从而容易导致蓄电池组充电不均衡，单体蓄电池充电量不一的状况。如果蓄电池的电压误差过大，就有可能超过蓄电池充电的安全能力，引起蓄电池过热，导致安全事故。因而，用于电动汽车的充电装置，必须具备防止蓄电池系统单体电压和温度超过允许值的技术措施，以提高电动汽车充电过程的安全性。

2）充电快速化

相比发展前景良好的镍氢和锂离子动力蓄电池而言，传统铅酸类蓄电池具有技术成熟、成本低、容量大、跟随负荷输出特性好等优点，但同样存在着比能量低、一次充电续驶里程短的问题。因此，在目前动力蓄电池不能直接提供更多续驶里程的情况下，如果能够实现蓄电池充电快速化，从某种意义上也就解决了电动汽车续驶里程短这个致命弱点。

3）充电通用化

在很长一段时间内，电动汽车用的蓄电池仍将是多种类型蓄电池共存的局面，各类电动汽车的蓄电池容量配备不同，而且电压也会参差不齐，种类繁多。在多种类型蓄电池、多种电压等级共存的市场背景下，用于公共场所的充电装置必须具有适应多种类型蓄电池系统和适应各种电压等级的能力，即充电系统需要具有充电广泛性，充电系统应具备多种类型蓄电池的充电控制算法，可与各类电动汽车上的不同蓄电池组实现充电特性匹配，能够针对不同的蓄电池充电。

目前，电动汽车充电装置和电动汽车的蓄电池充电控制算法主要由两个系统的对接协议来完成，为了能给不同的电动汽车充电，用于电动汽车的充电装置必须能够适应电动汽车的多种需求。因此，在电动汽车商业化的早期，就应该制定相关政策措施，规范公共场所用充电装置与电动汽车的充电接口、充电规范和接口协议等。

4）充电智能化

制约电动汽车发展及普及的最关键问题之一是储能蓄电池的性能和应用水平，优化蓄电池智能化充电方法的目标是要实现无损蓄电池充电，监控蓄电池的放电状态，避免过放电现象，从而达到延长蓄电池的使用寿命和节能的目的。充电智能化的应用技术发展主要体现在以下方面：

① 优化的、智能充电技术和充电机、充电站；

② 蓄电池电量的计算、指导和智能化管理；

③ 蓄电池故障的自动诊断和维护技术等。

5）电能转换高效化

电动汽车的能耗指标至关重要，衡量商业化运行的电动汽车的能耗指标，不仅要考察电动汽车驱动等系统的能耗指标，更要关注电动汽车从电网获取电能的利用率。电动汽车的能耗指标与其运行能源费用紧密相关，降低电动汽车的运行能耗是推动电动汽产业发展的关键因素之一。因此，提高充电装置的电能转换效率，采用高效充电装置对于降低电动汽车的能耗具有重要意义。提高充电装置能耗效率的主要技术措施是选择高效变流电路拓扑，提高充电装置的功率因数，尽可能降低输出电流的交流分量并采用高效的充电控制算法。对于充电站，从电能转换效率和建造成本上考虑，应优先选择具有电能转换效率高、建造成本低等诸多优点的充电装置。

6）充电集成化

随着子系统小型化和多功能化的要求，以及蓄电池可靠性和稳定性要求的提高，充电系统将和电动汽车能量管理系统集成为一个整体，集成传输晶体管、电流检测和反向放电保护等功能，无需外部组件即可实现体积更小、集成化更高的充电解决方案，从而为电动汽车其余部件节约出布置空间，大大降低系统成本，并可优化充电效果，延长蓄电池寿命。

7）对蓄电池寿命影响小

电动汽车的蓄电池占电动汽车成本的主要部分，多数电动汽车的动力蓄电池占整车成本的一半以上，有的甚至超过整车成本的65%。因此，蓄电池的使用寿命极大地影响电动汽车的运行成本，这也是制约电动汽车发展的关键因素之一。如果电动汽车车载蓄电池的性能早衰，电动汽车的续驶里程就会大大缩短，影响正常使用。如果蓄电池寿命提前终止，对于电动汽车来说就需要更换蓄电池。一旦更换蓄电池，对于电动汽车运营商来说就会造成极大的负担。蓄电池寿命除了与蓄电池制造技术、制造工艺和蓄电池成组的一致性等因素有较大关系外，还与充电装置的性能直接相关。选用对蓄电池没有伤害的充电控制策略和性能稳定的充电装置，是保障蓄电池使用寿命达到设计指标，防止蓄电池过早损坏的合理途径，也是降低运营成本的重要技术措施之一。

8）操作简单化

电动汽车充电装置的操作必须简单方便，可使所有用户都能独立完成操作。由于电动汽车应用对象是广大群众，虽然有技术要求和技术指导文件，但不能保证每个用户的学习和领会能力都在同一水平，也不可能因此而增加更多的人员来对电动汽车进行充电服务。如果充电装置的操作繁琐而又复杂，势必会需求更多的高素质技术人员，增加管理成本。

1.3.2 电动汽车充电系统的标准及充电连接器标准

1. 电动汽车充电系统的标准

目前，电动汽车充电站建设的规模小、数量少，电动汽车充电站相关技术大部分还处在实际应用的初级阶段。国际上电动汽车充电系统的标准主要是 IEC 发布的 IEC61851：2001。该标准包括三个部分，分别为一般要求（partl）、电动汽车与交流/直流电源的连接要求（part2－1）、电动汽车与交流/直流充电站（part2－2）。

我国根据国内电动汽车的发展状况，于 2001 年制定了 3 个标准，这 3 个国家标准分别等同（或等效）采用了 IEC61851 的 3 个部分。近年来，电动汽车及电力技术的快速发展，这些标准已不能完全满足当前的发展需求，而且这些标准中缺乏通信协议、监控系统等方面的内容。目前，国家电网公司为了规范内部电动汽车的应用，已经颁布了 6 项与电动汽车充电站相关的企业标准。

供电、充电和蓄电池系统应用集成技术和相关标准及规范研究的缺乏，仍然是电动汽车推广应用的主要薄弱环节，给电动汽车下一步的发展和充电设施的统一规划带来了很大的困难。能够保证大规模充电站正常运营的充电站监控系统尚无成熟产品，充电站监控系统和充电机间的通信协议和通信接口尚无统一的标准可以遵循，各充电站之间也无信息联系。

2. 电动汽车充电连接器标准

1）CHAdeMO 快充插座

CHAdeMO 是 CHArgedeMove 的缩写，是日本日产及三菱汽车等支持的 CHAdeMO 插座，CHAdeMO 从日语翻译过来意思为"充电时间短如茶歇"。这种直流快充插座可以提供最大 50kW 的充电容量。CHAdeMO 快充插座如图 1-9 所示。

图 1-9　CHAdeMO 快充插座

支持该充电标准的电动汽车车型包括：日产聆风、三菱 Outlander 插电混动车、雪铁龙 C－ZERO、标致 iON、雪铁龙 Berlingo、标致 Partner、三菱 i－MiEV、三菱 MINICAB－MiEV、三菱 MINICAB－MiEV 卡车、本田飞度电动版、马自达 DEMIOEV、斯巴鲁 Stella 插电混动车、日产 eEV200 等。日产聆风和三菱 i－MiEV 电动汽车都有两个不同的充电用插座，其中一个适用于基础 J1772 连接器，另外一个是适用于日本本土的 CHAdeMO 标准的连接器。

CHAdeMO 采用的快速充电方式如图 1-10 所示。电流受控于汽车的 CAN 总线信号，即在监视蓄电池状态的同时，实时计算充电所需电流值，通过通信线向充电器发送通知，快速充电器及时接收来自汽车的电流命令，并按规定值提供电流。

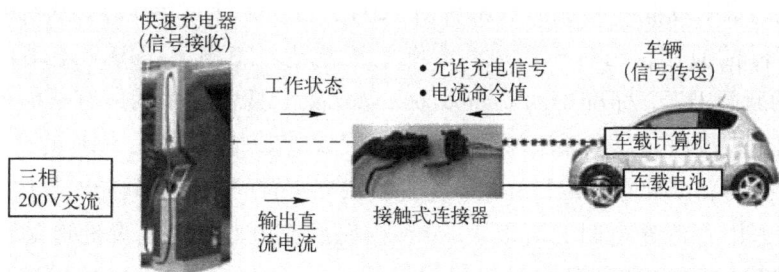

图1-10　CHAdeMO采用的快速充电方式

蓄电池管理系统一边监视蓄电池状况，一边实时控制电流，完全实现了快速、安全充电所需各项功能，确保充电不受蓄电池通用性限制。在日本，按照CHAdeMO标准建设的快速充电站已有1154座投入使用。在美国，采用CHAdeMO标准建设的充电站也已得到推广，来自美国能源部的最新数据显示，美国现有1344个CHAdeMO快速充电站。

CHAdeMO快充插座的优点是：CHAdeMO快充插座除了数据控制线外，还采用CAN总线作为通信接口，抗噪性优越且检错能力高，通信稳定性、可靠性高，良好的充电安全记录受到了业内的肯定。

CHAdeMO快充插座的缺点是：CHAdeMO快充插座最初设计的充电输出功率为100kW，连接器十分笨重，但在充电时的输出功率仅为50kW。

2）Combo插座

Combo插座可以允许电动汽车慢充和快充，是目前在欧洲应用最广的插座类型，奥迪、宝马、克莱斯勒、戴姆勒、福特、通用、保时捷、大众都配置SAE（美国汽车工程师协会）所制定的充电界面。此类插座还可以和Mennekes类型兼容。Combo插座如图1-11所示。

图1-11　Combo插座

2012年10月2日，SAE相关委员会成员投票通过的SAEJ1772修订草案成为全球唯一一个正式的直流充电标准。该标准的推出是为了改变鱼龙混杂的充电系统的现状，提升用户对于电动汽车的购买积极性。基于J1772修订版制订的关于直流快速充电的标准其核心为ComboConnector。

该标准之前的版本（2010 年制订）明确了用于交流电充电的基础 J1772 基础交流连接器的规格，充电水平较低（交流 Level1 针对 120V，Level2 针对 240V）。这种基础连接器今天已经得到广泛的应用，与日产聆风、雪佛兰沃蓝达、三菱 i－MiEV 电动汽车兼容。而 2012 年制定的新版 J1772 标准中的 ComboConnector 除了具备原来的所有功能外，还多了两个引脚，可用于直流快充，但无法与当前生产的旧款电动汽车兼容。SAE 的这套标准来自很多家大汽车制造商，因此它们的目标是希望这套快充装置的充电时间能够与加油时间不相上下，那就是在采用直流充电时，可以 10 分钟内完成充电。这就需要充电站可以提供电压 500V 最高到 200A 的电流。

Combo 插座的优点是：Combo 插座的最大好处在于，未来汽车制造商可以在他们新车型上采用一个插座，不仅适用于第一代尺寸较小的基础交流连接器，还适用于第二代尺寸较大的 ComboConnector，后者可以提供直流及交流两种电流，分别以两种不同的速度充电。

Combo 插座的缺点是：Combo 插座在快充模式下需要充电站提供最高 500V 电压和 200A 电流。

3）Tesla 插座

特斯拉汽车有一套自己的充电标准，号称能在 30 分钟充满可跑 300 公里以上的电量，因此它的充电插座最高容量可以达到 120kW，最高电流可达 80A，Tesla 插座如图 1-12 所示。目前，特斯拉在美国已拥有 908 座超级充电站，而为了进入中国，特斯拉也已在我国建立了 7 座超级充电站，上海 3 座、北京 2 座、杭州 1 座、深圳 1 座。

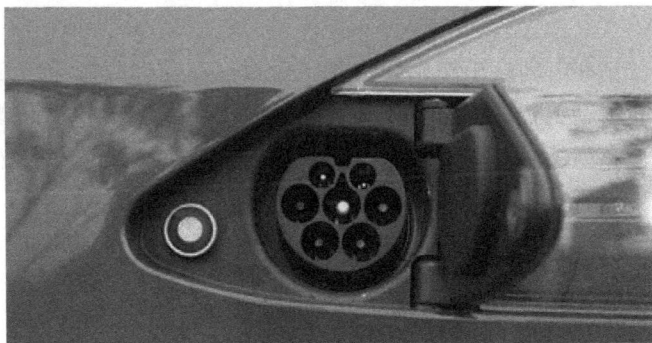

图 1-12　Tesla 插座

特斯拉为了更好地融入各个地区，计划放弃对充电标准的控制，采用各国的国标，在中国已经如此执行。这样可以利用由中国政府投资建设的庞大充电网络，以提升特斯拉产品的销量。但对已经购买了特斯拉车型的车主，在标准改变后如何充电是面临的问题。如果没有相应的解决方案，那么特斯拉车主能做的：要么只能在标准更改前建好的充电站充电，充电便利性不会随时间推移改进；要么找特斯拉退车。

Tesla 插座的优点：技术先进，充电效率高。

Tesla 插座的缺点：与各国国标相悖，不妥协难以提升销量；妥协后充电效率将打折扣，处于两难境地。

4）CCS 标准充电插座

为了改变混乱的充电接口标准现状，美系和德系的八大厂商福特、通用、克莱斯勒、奥迪、宝马、奔驰、大众和保时捷于 2012 年发布了"联合充电系统"（CombinedChargingSystem），即"CCS"标准。

"联合充电系统"可将现行所有充电接口统一起来，用一种接口就能够完成单相交流充电、快速三相交流充电、家用直流充电和超速直流充电四种模式。家庭和户外充电桩都可以使用此类可以提供最大 32A 交流电流的充电插座（慢充方式）。CCS 标准充电插座如图 1-13 所示。

图 1-13　CCS 标准充电插座

SAE 已选定联合充电系统作为其标准，除 SAE 外，欧洲汽车制造商协会（ACEA）也已宣布选择了联合充电系统作为直流/交流充电界面，从 2017 年开始用于所有在欧洲销售的插电式电动汽车。自德国与中国统一了电动汽车充电标准后，中国也加入了欧美系这一阵营，为中国的电动汽车发展带来前所未有的机遇。

CEE 标准充电插座的优点：宝马、戴姆勒、大众这三家德国汽车制造商将加大对中国的电动汽车投入，CCS 标准或更有利于中国。

CEE 标准充电插座的缺点：支持"CCS"标准的电动汽车，或者销量较小，或者刚刚开始发售。

5）GB/T20234 插座

中国在 2006 年就发布了《电动汽车传导充电用插头、插座、车辆耦合器和车辆插孔通用要求》（GB/T20234 - 2006），这个国家标准详细规定了充电电流为 16A、32A、250A 交流和 400A 直流的连接分类方式，主要借鉴了国际电工委员会（IEC）2003 年提出的标准，但是这个标准并未规定充电接口的连接针数、物理尺寸和接口定义。2011 年，中国又推出了GB/T20234 - 2011 推荐性标准，替换了部分 GB/T20234 - 2006 中的内容，其中规定：交流额定电压不超过 690V，频率 50Hz，额定电流不超过 250A；直流额定电压不超过 1000V，额定电流不超过 400A。GB/T20234 插座如图 1-14 所示。

GB/T20234 插座的优点：相比 2006 版的国标，对更多充电接口参数进行了详细标定。

GB/T20234 插座的缺点：标准仍不够完善。另外，其只是推荐性标准，并未强制执行。

各国车企都已逐渐意识到"标准"才是左右电动汽车发展前景的关键因素，近年来全球

图 1-14　GB/T 20234 插座

充电标准逐渐从"多样化"走向了"集中化"。但要真正实现充电标准统一，除了接口标准之外，还需要通信标准，前者关乎接头是否吻合，后者则影响插头插入时能否通电。电动汽车充电标准统一化仍然任重而道远，车企和各国政府都需要进一步"放开姿态"，电动汽车才可能有未来。

2 第2章

电动汽车动力蓄电池及管理系统

2.1 电动汽车动力蓄电池

2.1.1 电动汽车动力蓄电池分类

新能源汽车动力蓄电池可以分为蓄电池和燃料电池两大类，蓄电池用于纯电动汽车（EV）、混合动力电动汽车（HEV）及插电式混合动力电动汽车（PHEV）；燃料电池专用于燃料电池汽车（FaV）。

1. 蓄电池

适用于纯电动汽车的蓄电池可以归类为铅酸蓄电池、镍基蓄电池（镍—氢及镍—金属氢化物蓄电池、镍—镉及镍—锌蓄电池）、钠基蓄电池（钠—硫蓄电池和钠—氯化镍蓄电池）、二次锂离子电池、空气蓄电池等类型。

在仅装备蓄电池的纯电动汽车中，蓄电池的作用是汽车驱动系统的唯一动力源。而在装备传统发动机（或燃料电池）与蓄电池的混合动力汽车中，蓄电池既可扮演汽车驱动系统主要动力源的角色，也可充当辅助动力源的角色。在电动汽车低速和启动时，蓄电池扮演的是汽车驱动系统主要动力源的角色；在全负荷加速时，充当的是辅助动力源的角色；在正常行驶或减速、制动时，充当的是储存能量的角色。

铅酸蓄电池、镍氢蓄电池和锂离子电池（包括锂聚合物电池）的比能量、比功率、安全性等基本性能的比较如图2-1所示。通过比较可以发现，目前这几种蓄电池技术仍然没有一种蓄电池能够占据每个方面性能都具有优势的地位。这是目前在电动汽车应用领域出现这些不同种类蓄电池共存情况的原因，也是各种蓄电池技术在不同程度上存在的缺陷导致电动汽车的发展受到制约而未大规模产业化的原因。

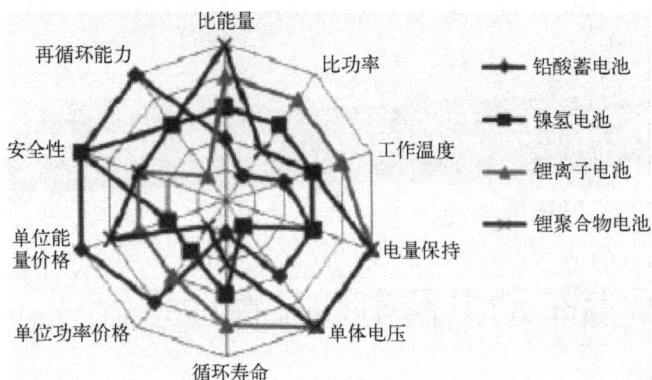

图 2-1　新能源汽车电池的性能比较

由图 2-1 可以看出，在目前市场上的蓄电池中，锂离子电池（包括锂聚合物电池）除在价格和安全性方面处于劣势以外，其他方面均处于绝对领先地位，动力锂离子电池处于高速发展阶段，在诸如日产 Leaf、丰田普锐斯 plug‑in、特斯拉 ModelS、通用 Volt、福特 FocusEV 及宝马 i3 等新能源汽车上都采用动力锂离子电池。此外，锂资源较为丰富，价格也不贵，可以说在纯电动汽车蓄电池中，动力锂离子电池是目前最被市场看好的动力蓄电池。

2. 燃料电池

燃料电池又称"连续电池"，即只要活性物质连续地注入蓄电池，就能长期不断地进行放电的一类蓄电池。可以把燃料电池看成是一种在需要电能时，将反应物从外部送入蓄电池内的一种蓄电池。专用于电动汽车的燃料电池分为碱性燃料电池（AFC）、磷酸燃料电池（PAFC）、熔融碳酸盐燃料电池（MCFC）、固体氧化物燃料电池（SOFC）、质子交换膜燃料电池（PEMFC）、直接甲醇燃料电池（DMFC）等类型。

燃料电池由阳极、阴极、电解质和隔膜构成，燃料在阳极氧化，氧化剂在阴极还原。如果在阳极（即外电路的负极，也可称燃料极）上连续供给气态燃料（氢气），而在阴极（即外电路的正极，也可称空气极）上连续供给氧气（或空气），就可以在电极上连续发生电化学反应，并产生电流。由此可见，燃料电池与常规蓄电池不同，它的燃料和氧化剂不是储存在蓄电池内，而是储存在蓄电池外部的储罐中。当它工作（输出电流并做功）时，需要不间断地向蓄电池内输入燃料和氧化剂并同时排出反应产物。因此，从工作方式上看，它类似于常规的汽油或柴油发电机。由于燃料电池工作时要连续不断地向蓄电池内送入燃料和氧化剂，因此燃料电池使用的燃料和氧化剂均为流体（气体或液体）。最常用的燃料为纯氢、各种富含氢的气体（如重整气）和某些液体（如甲醇水溶液），常用的氧化剂为纯氧、净化空气等气体和某些液体（如过氧化氢和硝酸的水溶液等）。

燃料电池不需要充电，具有比能量高、使用寿命长、维护工作量少、能连续大功率供电等优点。另外，燃料电池汽车可达到与燃油汽车相同的续驶里程。

根据电解质的不同，燃料电池可分为碱性燃料电池、磷酸燃料电池、质子交换膜燃料电池、溶融碳酸盐燃料电池和固体氧化物燃料电池5类。目前，质子交换膜燃料电池在燃料电池汽车中的应用较多，是未来新能源汽车动力蓄电池领域极具竞争力的电池。

燃料电池阳极的作用是为燃料和电解液提供公共界面，并对燃料的氧化产生催化作用，同时把反应中产生的电子传输到外电路或者先传输到集流板后再向外电路传输。阴极（氧电极）的作用是为氧和电解液提供公共界面，对氧的还原产生催化作用，从外电路向氧电极的反应部位传输电子。由于电极上发生的反应大多为多相界面反应，为提高反应速率，电极一般采用多孔材料并涂有电催化剂。

电解质的作用是输送燃料电极和氧电极在电极反应中所产生的离子，并能阻止电极间直接传递电子。隔膜的作用是传导离子、阻止电子在电极间直接传递和分隔氧化剂与还原剂。因此隔膜必须是抗电解质腐蚀和绝缘的物质，并具有良好耐润湿性。

2.1.2 电动汽车动力蓄电池技术现状

电动汽车用动力蓄电池是影响电动汽车发展的关键因素之一，目前，新能源汽车的动力蓄电池多采用锂离子电池，其体积小、重量轻、工作电压高（约为镍氢蓄电池、镍镉蓄电池的3倍）、寿命长、循环次数多、无记忆效应、自放电率低、无污染、安全性能好。锂离子电池主要包括锰酸锂离子电池和磷酸铁锂离子电池，后者寿命更长、安全性能更高。

不同种类动力蓄电池具有不同的充电特性，最佳充电率在 $0.2 \sim 2.0C$ 之间变化。在蓄电池系统额定电压相同的情况下，最高充电电压因蓄电池种类、结构形式上的区别也体现出一定的差别。对于不同种类的蓄电池，充电方法及充电控制策略也不同，应根据蓄电池的不同特性采用不同的充电方法。

不同运行模式的电动汽车对充电时间提出了不同的要求，而充电时间的不同需要不同的充电方式来满足。在电动汽车对充电时间要求不高的情况下，可在停运时间利用电力低谷进行常规充电，以延长电动汽车的续驶里程；在充电时间较为紧迫的情况下，需要采用快速充电或蓄电池组快速更换及时给电动汽车补充电能。

动力蓄电池充放电工作效率受充电站的环境条件的影响，尤其是受环境温度的影响。在常温下，蓄电池充电接受能力较强，随着环境温度的降低，其充电接受能力逐渐降低。因此，随环境温度降低，充电站功率需求将增加。因而，建设充电站时应尽可能保证其环境不受人为温度条件的影响。

动力蓄电池的种类不同，其充电特性也有较大差异，主要表现在最大可接受充电电流、最高充电电压、充/放电率、充/放电终止电压、循环寿命、荷电保持能力等参数上。充电电流越大、充电电压越高，则对充电机的功率需求就越大。锂离子电池的充电特性主要受充电电流、健康状态（state of health，SOH）、电池的荷电状态（state of charge，SOC）和循环次数等的影响。

1. 铅酸蓄电池

铅酸蓄电池是应用最为广泛的蓄电池，如图 2-2 所示。铅酸蓄电池以氧化铅为正极板，以海绵铅为负极板，硫酸水溶液作为电解液。充放电过程依靠极板上活性物质和电解液发生化学反应来实现。铅酸蓄电池的主要优点是电压稳定、价格便宜，同时也存在着比能低、使用寿命短和日常维护频繁等问题。铅酸蓄电池在国内低速电动汽车上应用很普遍。除了上面提到的优点外，铅酸蓄电池也比其他的蓄电池价格低。铅酸蓄电池有 2V、4V、6V、8V、12V 和 24V 等系列。铅酸蓄电池的放电时长可以用下式粗略计算：

$$放电时长 = 额定容量 \times 放电容量倍率 \times [1 + 温度系数 \times (环境温度 - 25)]/放电电流$$

$$(2-1)$$

铅酸蓄电池价格低廉，续航能力较低，所以电动汽车完全由铅酸蓄电池提供能源并不是太合适。

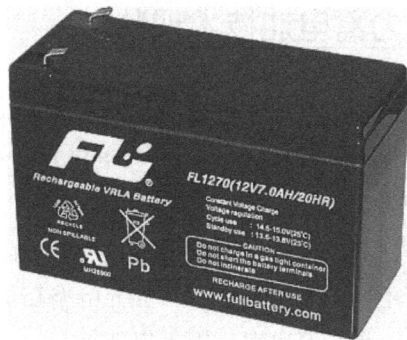

图 2-2　铅酸蓄电池

2. 磷酸铁锂离子电池

磷酸铁锂离子电池如图 2-3 所示，属于锂离子二次蓄电池，主要用作动力蓄电池，放电效率较高，在倍率放电情况下，充放电效率可达到 90% 以上（铅酸蓄电池大约为80%）。在各类蓄电池中，磷酸铁锂离子电池的安全性也高于其他蓄电池，理论寿命可以达到 7~8 年，实际使用寿命为 3~5 年，性能价格比在理论上为铅酸蓄电池的 4 倍以上。

磷酸铁锂离子电池的缺点是价格高于其他类型的蓄电池，而且蓄电池容量较小，续行里程短，报废后基本上不能回收再利用，没有可回收价值。磷酸锂铁离子电池在电动汽车上应用会使整体成本提升，而且蓄电池又不可回收利用，造成资源的浪费和消耗。

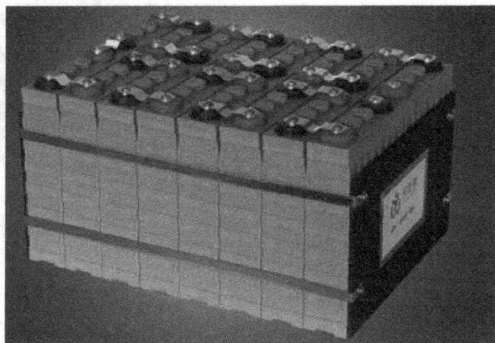

图2-3　磷酸铁锂离子电池

3. 磷酸铁锰锂离子电池

比亚迪最新研究的磷酸铁锰锂离子电池如图2-4所示，是在磷酸铁锂路线下的改进型，是在磷酸铁锂材料里面添加锰元素，称为磷酸铁锰锂。这种蓄电池的能量密度已经达到了三元材料的密度，突破了传统的磷酸铁锂离子电池的能量密度限制，在成本控制上比普通的磷酸铁锂更加优秀，已经应用在比亚迪电动汽车上，在续航能力上比现在的磷酸铁锂离子电池更加持久。

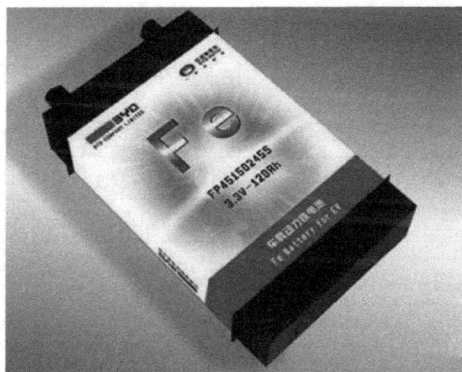

图2-4　磷酸铁锰锂离子电池

4. 钴酸锂离子电池

TESLA电动汽车的蓄电池采用了松下提供的NCA系列（镍钴铝体系）18650钴酸锂离子电池，单颗离子电池容量为3100mAh。TESLA电动汽车采用了18650钴酸锂离子电池组策略，一共运用8142个18650钴酸锂离子电池，将这些18650钴酸锂离子电池以砖、片逐一平均分配，最终组成一个85kWh的18650钴酸锂离子电池包，位于车身底板，如图2-5所示。

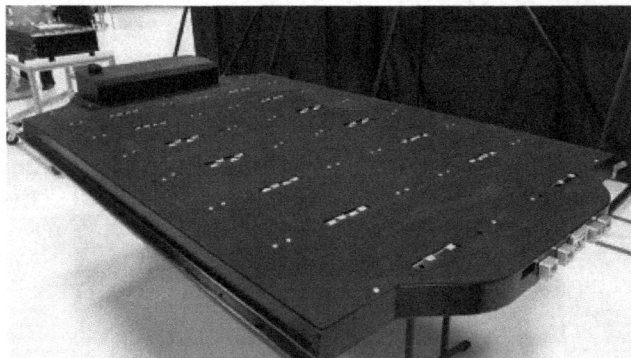

图 2-5 18650 钴酸锂离子电池包

钴酸锂离子电池结构稳定、容量比高、综合性能突出，安全性差，成本非常高，主要用于中小型号电芯，标称电压为 3.7V。TESLA 把钴酸锂离子电池组合到一起，安全性就成了一个很需要关注的问题。TESLA 将钴酸锂离子电池包内的保险装置分布到每一节 18650 钴酸锂离子电池，每一节 18650 钴酸锂离子电池两端均设有保险丝，当钴酸锂离子电池出现过热或电流过大时，保险丝会切断，以此避免因某个钴酸锂离子电池出现异常情况（过热或电流过大）时影响到整个钴酸锂离子电池包。

就此来看，钴酸锂离子电池虽然本身存在缺陷，但通过 TESLA 的封装，其安全性基本上可以保障。显然，这样的解决方案很适合在纯电动汽车上应用。钴酸锂离子电池组的续航里程、总容量相对于其他蓄电池要高，如果钴酸锂离子电池的安全性再提高一点，那么在电动汽车上是可以得到推广应用的。电动汽车用的主要锂离子电池类型和参数见表 2-1。

表 2-1 电动汽车用的主要锂离子电池类型和参数

参　　　数	锰酸锂离子电池	磷酸锂离子电池
电池平台电压	3.6V	3.3V
充电终止电压	3.7 ~ 4.2V	3.6 ~ 3.9V
放电终止电压	2.75V	2.5 ~ 2.8V
能量密度	高	低
成本	高	低
循环充电次数	300 ~ 500	1000 ~ 2000

2.2 动力蓄电池组充放电特性及基本参数

2.2.1 动力蓄电池组充放电特性

动力蓄电池在蓄电池组中，单体之间的差异总是存在的，以容量为例，其差异性是不会趋于消失的，而是逐步恶化的。在蓄电池组中流过同样的电流，相对而言，容量大者总是处于小电流浅充浅放、趋于容量衰减缓慢、寿命延长，而容量小者总是处于大电流过充过放、趋于容量衰减加快、寿命缩短，两者之间性能参数差异越来越大，形成正反馈特性，小容量提前失效，动力蓄电池组寿命缩短。

1. 充电

目前，动力蓄电池组充电主要采用的是限压限流法，初期恒流（CC）充电，蓄电池接受能力最强，主要为吸热反应，但温度过低时，材料活性降低，可能提前进入恒流阶段，因此，在北方冬天低温时，充电前给蓄电池预热可以改善充电效果。随着充电过程不断进行，极化作用加强，温升加剧，伴随析气，电极过电位增高，电压上升，当荷电达到70% ~ 80%时，电压达到最高充电限制电压，转入恒压（CV）阶段。理论上并不存在客观的过充电压阈值，若理解为析气、升温就意味着过充，则在恒流阶段末期总是发生不同程度的过充，温升达到40℃ ~50℃，壳体形变容易感测，部分逸出气体还可以复合，另一些就作为不可逆反应的结果，损失了容量，这可以看作是电流超出蓄电池接受能力。在恒压阶段，也称涓流充电，大约花费30%的时间充入10%的电量，电流减小，析气、温升不再增加，并反方向变化。

2. 过充电

上述充电过程考虑动力蓄电池组总电压或平均电压控制，其实总有单体电压较高者，相对动力蓄电池组内其他蓄电池已经进入过充电阶段。过充电时，若在恒流阶段发生，由于电流大，电压、温升、内压持续升高，以4V锂离子电池为例，电压达到4.5V时，温升40℃，塑料壳体变硬，4.6V时温升可达60℃，壳体形变明显并不可恢复，若继续过充，气阀打开，温升继续升高，不可逆反应加剧。

在恒压阶段，电流较小，过充症状不如恒流阶段显著。只要温升、内压过高，就伴随副反应，蓄电池容量就会减少，而副反应具有惯性，发展到一定程度，可能在充电中也可能在充电结束后的短时间里使蓄电池内部物质燃烧，导致蓄电池报废，过充电将加速蓄电池容量衰减，导致蓄电池失效。

3. 放电

动力蓄电池组在恒流放电时，电压有一陡然跌落，主要由欧姆电阻造成压降。该电阻包括连接单体电极的导线电阻和触点电阻，电压继续下降，经过一段时间以后，到达新的电化学平衡，进入放电平台期，电压变化不明显，放热反应加电阻释热使蓄电池温升较高。放电电压曲线近似单体放电曲线，持续放电，电压曲线进入马尾下降阶段，极化阻抗增大，输出效率降低，热耗增大，接近终止电压时停止放电。

4. 过放电

动力蓄电池组内的单体蓄电池在放电后期，电压接近马尾曲线，动力蓄电池组中单体蓄电池容量按正态分布，电压分布很复杂，容量最小的单体蓄电池电压跌落得也就最早、最快，这时若其他单体蓄电池电压降低不是很明显，则小容量单体蓄电池电压跌落情况被掩盖，此时容量较小的单体蓄电池已经被过度放电。

单体蓄电池进入马尾曲线以后，若电流持续较大，电压迅速降低，并很快反向，则蓄电池被反方向充电，或称被动放电，活性物质结构被破坏，过一段时间，蓄电池活性材料接近全部丧失，等效为一个无源电阻，电压为负值，数值上等于反充电流在等效电阻上产生的压降，停止放电后，原蓄电池电动势消失，电压不能恢复。因此，一次反充电足以使蓄电池报废。动力蓄电池组中单体蓄电池过放容易发生而不易控制，电动机控制器的限压限流办法都不起有效作用，蓄电池输出功率变化产生的欧姆、极化电压波动足以淹没单体电压跌落信号，使动力蓄电池组电压监视失去意义。

5. 经济速度与续驶里程

传统汽车以经济速度行驶耗油最省，用百公里耗油量评价，经济速度由发动机效率、动力传动效率和摩擦力决定。电动汽车也有经济速度，由动力蓄电池组使用效率、电动机和控制器效率、摩擦阻力决定。经济速度与动力蓄电池组内阻有直接关系，并在一定范围内变化。以经济速度行驶，电动汽车能达到最大的续驶里程。续驶里程可以考察动力蓄电池组的能量供给能力。经济速度反映动力蓄电池组功率提供能力。电动汽车希望动力蓄电池组能提供大容量和高功率。

6. 加速与爬坡

电动汽车在加速和爬坡时输出功率大，动力蓄电池组放电电流大，电压跌落幅度也大，输出效率下降，欧姆损耗增大，另一方面，电压下降也会导致电动机效率降低，工作条件恶劣，可能发生过强度放电，即超出动力蓄电池组电流输出能力，此时动力蓄电池组处于过载使用。避免过载的措施是：

① 使用功率较大的动力蓄电池组；

② 限电压、电流、功率或其组合限制方式，限制动力蓄电池组的输出功率；

③ 平稳行驶，限制电动汽车的加速度。

7. 刹车制动与逆变

只要加速度为负值，传动机构就可以带动发电机发电，回馈电能可以给动力蓄电池组充电，将机械动能转化为化学能存储起来，瞬间逆变功率与输出功率属同一数量级，取决于发电机逆变效率，加速时有过强度放电，逆变时就有可能存在过强度充电。

过充过放对动力蓄电池组的损害都是致命的。不同之处仅在于过充产生大量气体，易自燃和爆炸，表象剧烈，过放外观变化和缓，但失效速度却极快，在动力蓄电池组正常使用中应严格避免出现。

相同原材料、同批次的单体蓄电池，容量、内阻、寿命等性能参数符合正态分布并且离散程度有限，在相同的电流激励条件下，单体蓄电池电压变化过程的一致性渐进逼近其他性能参数的一致性，其中最重要的参数是荷电程度。蓄电池在未曾历经过过充、过放的损害，在其寿命期内是不容易提前失效的，可以推断，如果在充放电过程中通过能量变换的办法实施动力蓄电池组中单体电压的均衡控制，使单体蓄电池电压趋于一致，那么单体蓄电池的相对荷电程度也趋于一致，可以实现同时充足电，也同时放空电，进而动力蓄电池组的寿命应接近于单体蓄电池的平均寿命。

2.2.2 电动汽车动力蓄电池的基本参数

1. 动力蓄电池的容量

动力蓄电池在一定放电条件下所能给出的电量称为动力蓄电池的容量，常用 C 表示。动力蓄电池作为电源，由于其端电压是一个变值，选用安培小时（Ah）表示动力蓄电池的电源特性更为准确。动力蓄电池容量的定义为

$$Q = \int_0^t i dt \tag{2-2}$$

理论上，t 可以趋于无穷大，但实际上，当动力蓄电池放电低于终止电压时仍继续放电，这可能损坏动力蓄电池，故对 t 值有限制。所谓终止电压指动力蓄电池低于这一规定的电压时，动力蓄电池就无法正常工作的电压。换言之，动力蓄电池在低于终止电压的情况下继续放电使用，可能会造成动力蓄电池永久性损坏。

在动力蓄电池行业中，以小时或分钟表示动力蓄电池可持续放电的时间，常见的有 C_{24}、C_{20}、C_{10}、C_8、C_3、C_1 等标称容量值。动力蓄电池容量可分为理论容量、额定容量、实际容量。

（1）理论容量是把活性物质的质量按法拉第定律计算而得到的最高理论值。

（2）实际容量是指动力蓄电池在一定条件下所能输出的电量，等于放电电流与放电时间的乘积，其值小于理论容量。

（3）额定容量也称标称容量、保证容量，是按国家或有关部门颁发的标准，保证动力蓄电池在一定的放电条件下应该放出的最低限度的容量。固定型动力蓄电池一般采用 10 小时率放出的容量为动力蓄电池的额定容量，并用来标定动力蓄电池的型号。动力蓄电池的额定容量或标称容量用字母 C 表示。例如，额定容量为 6Ah 的动力蓄电池，$C = 6Ah$；额定容量为 24Ah 的动力蓄电池，$C = 24Ah$。

为了比较不同系列动力蓄电池，常用比容量的概念，即单位体积或单位质量动力蓄电池所能给出的电量，分别称为体积比容量和重量比容量，单位分别为 Ah/L（安时/升）或 Ah/kg（安时/千克）。

在衡量动力蓄电池的指标中，动力蓄电池的额定电压和额定容量是两个最常用的技术指标。例如，日本汤浅 NP6—12 型动力蓄电池的额定电压为 12V，额定容量为 6Ah/20h；德国

阳光 A406/165 型动力蓄电池的额定电压为 6V，额定容量为 165Ah/20h。

在恒流放电的情况下，动力蓄电池容量为

$$Q = I \times t \tag{2-3}$$

式中，Q 为动力蓄电池放出的电量，单位为 Ah；I 为放电电流，单位为 A；t 为放电时间，单位为 h。

容量的概念实质是动力蓄电池能量转化的表示方式。例如，考虑到动力蓄电池的端电压 E 等于 12V，在实际使用时保持近乎不变的事实，输出能量表达式为 $W(t) = I \times V \times t = I \times E \times t$。因此，6Ah 从能量效果的角度可理解为 NP6-12 型动力蓄电池在保持端电压不变的情况下释放能量，若以 6A 电流放电，则可释放 1h 或以 1A 的电流放电 6h。

2. 动力蓄电池的电压

（1）开路电压。动力蓄电池在开路状态下的端电压称为开路电压，动力蓄电池的开路电压等于动力蓄电池在断路时（即没有电流通过两极时）动力蓄电池的正极电位与负极电位之差。动力蓄电池的开路电压用 V_k 表示，即

$$V_k = E_z - E_f \tag{2-4}$$

式中，E_z 为动力蓄电池正极电位；E_f 为动力蓄电池负极电位。

（2）工作电压。动力蓄电池接通负荷后在放电过程中显示的电压，又称负荷（载）电压或放电电压，放电电压常用 V 表示

$$V = V_k - I(R_0 + R_j) \tag{2-5}$$

式中，I 为动力蓄电池放电电流；R_0 为动力蓄电池的欧姆电阻；R_j 为动力蓄电池的极化电阻。

（3）初始电压。动力蓄电池在放电初始的工作电压称为初始电压。

（4）充电电压。充电电压是指动力蓄电池在充电时，外电源加在动力蓄电池两端的电压。

（5）浮充电压。动力蓄电池的浮充电压为充电器对动力蓄电池进行浮充电时设定的电压值。动力蓄电池要求充电器应有精确而稳定的浮充电压值。浮充电压值高，意味着储能量大，质量差的动力蓄电池浮充电压值一般较小，人为地提高浮充电压值对动力蓄电池有害而无益。

（6）终止电压。动力蓄电池放电终止电压是动力蓄电池放电时电压下降到不能再继续放电的最低工作电压，一般规定固定型动力蓄电池以 10 小时率放电时，单体动力蓄电池放电的终止电压为 1.8V（相对于单体 2V 动力蓄电池、25℃时）。

3. 动力蓄电池充放电曲线

动力蓄电池电压随充电时间变化的曲线称为充电曲线，动力蓄电池电压随放电时间变化的曲线称为放电曲线。

4. 放电时率与放电倍率

（1）放电时率。动力蓄电池放电时率是以放电时间长短来表示动力蓄电池放电的速率，

即动力蓄电池在规定的放电时间内，以规定的电流放出的容量，放电时率可用下式确定

$$T_K = \frac{C_K}{I_K} \qquad (2-6)$$

式中，T_K（T_{10}、T_3、T_1）分别表示 10、3、1 等小时放电率；C_K（C_{10}、C_3、C_1）分别表示 10、3、1 等小时率放电容量，（安时）；I_K（I_{10}、I_3、I_1）分别表示 10、3、1 等小时率放电电流，（A）。

（2）放电倍率。放电倍率（X）是放电电流为动力蓄电池额定容量的一个倍数，即

$$X = \frac{I}{C} \qquad (2-7)$$

式中，X 为放电倍率；I 为放电电流；C 为动力蓄电池的额定容量。

为了对容量不同的动力蓄电池进行比较，放电电流不用绝对值（安培）表示，而用额定容量 C 与放电制时间的比来表示，称作放电速率或放电倍率。20h 制的放电速率就是 $C/20 = 0.05C$，单位为 A。对于 NP6－12 型动力蓄电池，0.05C 等于 0.3A 电流。

5. 能量和比能量

（1）能量。动力蓄电池的能量是指在一定放电制度下，动力蓄电池所能给出的电能，通常用 W 表示，单位为 Wh。动力蓄电池的能量分为理论能量和实际能量，理论能量可用理论容量和电动势的乘积表示，而动力蓄电池的实际能量为在一定放电条件下的实际容量与平均工作电压的乘积。

（2）比能量。动力蓄电池的比能量是单位体积或单位重量的动力蓄电池所给出的能量，分别称为体积比能量和重量比能量，单位为 Wh/L 和 Wh/kg。

6. 功率和比功率

（1）功率。动力蓄电池的功率是指动力蓄电池在一定的放电制度下，在单位时间内所给出能量的大小，常用 P 表示，单位为 W。动力蓄电池的功率分为理论功率和实际功率，理论功率为在一定放电条件下的放电电流和电动势的乘积，而动力蓄电池的实际功率为在一定放电条件下的放电电流和平均工作电压的乘积。

（2）比功率。动力蓄电池的比功率是指单位体积或单位质量的动力蓄电池输出的功率，分别称为体积比功率 W/L 或质量比功率 W/kg。比功率是动力蓄电池重要的性能技术指标，动力蓄电池的比功率大，表示承受大电流放电的能力强。

7. 循环寿命

循环寿命又称使用周期，是指动力蓄电池在一定的放电条件下，动力蓄电池容量降到某一规定值前所经历的充放电次数。

8. 自放电

动力蓄电池的自放电是指动力蓄电池在开路搁置时自动放电现象，动力蓄电池发生自放

电将直接减少动力蓄电池可输出的电量，使动力蓄电池容量降低。自放电产生的主要原因是由于电极在电解液中处于热力学的不稳定状态，是动力蓄电池的两个电极各自发生氧化还原反应的结果。在两个电极中，负极的自放电是主要的，自放电的发生使活性物质被消耗，转变成不能利用的热能。自放电的大小可以用自放电率来表示，即在规定时间内动力蓄电池容量降低的百分数来表示

$$Y\% = \left[\frac{(C_1 - C_2)}{C_1 \times T} \right] \times 100\% \qquad (2\text{-}8)$$

式中，$Y\%$ 为自放电率；C_1 为动力蓄电池搁置前的容量；C_2 为动力蓄电池搁置后的容量；T 为动力蓄电池的搁置时间，一般用天、周、月或年来表示。

动力蓄电池自放电速率的大小是由动力学的因素决定的，主要取决于电极材料的本性、表面状态、电解液的组成和浓度、杂质含量等，也取决于搁置的环境条件，如温度和湿度等因素。

9. 内阻

动力蓄电池的内阻是指电流通过动力蓄电池内部受到的阻力，包括欧姆内阻和极化内阻，极化内阻又包括电化学极化内阻和浓差极化内阻等。由于内阻的存在，因此动力蓄电池的工作电压总是小于动力蓄电池的开路电压或电动势。

欧姆内阻是由动力蓄电池板栅、活性物质、隔膜和电解液产生的，虽遵循欧姆定律，但也随动力蓄电池荷电状态而改变，而极化内阻则随电流密度增加而增大，但不是线性关系。因此动力蓄电池的内阻不是常数，在充放电过程中随时间而不断改变，即随活性物质的组成状态、电解液浓度和温度的不断改变而改变。

高质量的动力蓄电池和差的动力蓄电池在内阻上差别很大。高质量动力蓄电池能持续大电流放电，就是因为其内阻很小，而质量差的动力蓄电池则不然，由于其内阻较大，一来在大电流放电时，端电压下降很快，达不到所要求的时间，就已接近终止电压，另一方面由于内阻较大，在充放电过程中功耗加大使动力蓄电池发热。

宏观看来，如果动力蓄电池的开路电压为 U_0，当用电流 I 放电时，其端电位为 U，则 $r = (U_0 - U)/I$ 就是动力蓄电池内阻。这样得到的动力蓄电池内阻并不是一个常数，不但随动力蓄电池的工作状态和环境条件而变，而且还因测试方法和测试持续时间而异，究其实质是动力蓄电池内阻 r 包含着复杂的而且是变化着的成分。

宏观上测出的动力蓄电池内阻 r（即稳态内阻）是由 3 部分组成的：欧姆内阻 R_Ω、浓差极化内阻 R_c 和活化极化内阻 R_e。

（1）欧姆内阻 R_Ω 包括动力蓄电池内部的电极、隔膜、电解液、连接条和极柱等全部零部件的电阻，虽然在动力蓄电池整个寿命期间会因板栅腐蚀和电极变形而改变，但是在每次检测动力蓄电池内阻过程中可以认为是不变的。

（2）浓差极化内阻是由电化学反应过程中离子浓度变化引起的，只要有电化学反应在进行，反应离子的浓度就总是在变化的，因而它的数值是处于变化状态，测量方法不同或测

量持续时间不同，其测得的结果也会不同。

（3）活化极化内阻是由电化学反应体系的性质决定的，动力蓄电池体系和结构确定了，其活化极化内阻也就确定了；只有在动力蓄电池寿命后期或放电后期电极结构和状态发生了变化而引起反应电流密度改变时才有改变，但其数值仍然很小。

动力蓄电池内部金属电阻的传导路径一直困扰着动力蓄电池测试，这是因为动力蓄电池性能退化现象发生得特别快，可能在每年一次的容量测试的间隔中出现。失效动力蓄电池的反常内阻说明了动力蓄电池的极柱、内部的汇流排及板栅已被化学腐蚀，这时会看到浸入电解液中铜垫接触表面已被腐蚀或铅质极柱脱落的现象。

动力蓄电池的极板涂膏、电解质和隔离板构成了动力蓄电池内阻中的电化学电阻部分，动力蓄电池长时间的使用会造成活性物质减少或涂膏老化，使动力蓄电池的电化学电阻不断增加。在动力蓄电池充放电时，电解液的比重变化及隔离网的成分或其表面的化学构成改变，都会使动力蓄电池的电化学电阻产生暂时的变化。隔离网蠕变、堵塞、短路或者硫化现象，是使动力蓄电池电化学电阻异常或增加的原因。

2.3 动力蓄电池组的充电控制

2.3.1 动力蓄电池组的充电要求及分段恒流控制

1. 动力蓄电池组的充电要求

动力蓄电池组的充电模式若采用"限流、限压"两阶段充电模式，在充电开始阶段，一般采用最佳充电倍率（锂离子电池为 0.3CA）进行限流充电。在这一阶段，由于蓄电池的电动势较低，即使蓄电池充电电压不高，蓄电池的充电流也会很大，必须对充电电流加以限制。所以，这一阶段的充电称为"限流"充电，即充电电流保持在限流值。随着充电的延续，蓄电池电动势不断上升，蓄电池的充电压也不断上升。当蓄电池电压上升到允许的最高充电电压时，保持恒压充电。在这一阶段，由于蓄电池电动势还在不断上升，而充电电压又保持不变，所以蓄电池的充电电流呈双曲线趋势不断下降，一直下降到零。但在实际充电过程中，当充电电流减小到 0.015CA 时，就可停止充电。这一阶段的充电被称为"恒压"充电，充电电压 $U = E + I \times R =$ 恒压值。

动力蓄电池组充电过程的充电电压、电流的变化曲线如图 2-6 所示。这是锂离子电池组对充电模式的基本要求。此外，充电系统还必须具有自动调节充电参数、自动控制和自动保护功能。

（1）自动调节充电参数。在充电过程中，充电系统必须能根据蓄电池组的状态、蓄电池管理系统（BMS）输出的信息和整车监控输出的信息，自动调节充电参数和自动控制充电。

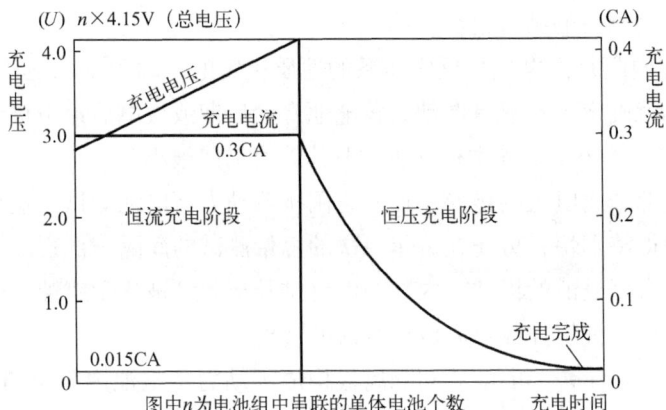

图 2-6　充电过程及充电电压、电流的变化曲线

例如，在充电时，尤其在恒压充电阶段，如果锂离子电池组中有某一个单体电池的充电电压超过允许的充电电压（根据不同锂离子电池的特性，一般设定为 3.9~4.3V）时，充电系统应会根据蓄电池管理系统（BMS）输出的信号，自动减小充电电压和电流，使该锂离子电池的充电电压不超过允许的充电电压，防止该锂离子电池过压充电。

又如，在充电开始时，经蓄电池管理系统（BMS）监测到有某一个单体电池的电压过低，充电系统应能自动减小初始充电电流，待锂离子电池的电压正常后，再转入正常充电。

（2）自动控制和自动保护功能。在充电过程中，锂离子电池组和电动汽车发生任何不正常情况时，如锂离子电池组短路、断路、高温、起火及损坏时，充电系统应能迅速切断电源，停止充电。

（3）与整车 CAN 总线通信。在充电过程中，充电系统的信息可与整车 CAN 总线通信。

2. 动力蓄电池组充电分段恒流控制

在蓄电池组充电过程中，增大充电电流，蓄电池极板上单位时间内恢复的活性物质增多，充电时间就可缩短，但过大的充电电流会损害蓄电池。蓄电池可接受的充电电流是有限的，且会随充电时间呈指数规律下降。在蓄电池充电过程中，充电电流曲线在该指数函数曲线以上时会导致蓄电池电解液发生析气反应（过充电），反之则不能有效缩短充电时间。理想化的蓄电池快速充电过程是充电电流始终保持在蓄电池充电可接受电流的极限值，即充电电流曲线与该蓄电池的充电可接受电流曲线相重合。

1）分段恒流充电控制方案

要实现分段恒流充电的自动控制，阶段恒流充电终止判断参数可选择充电时间、蓄电池温度和蓄电池电压等。大量的调查分析和蓄电池充电试验结果表明，单参数控制方法难以实现理想的分段恒流充电控制。

（1）充电时间参数控制方法简单，但在蓄电池型号不同、充电起始状态不同、所需的充电时间也不一样的条件下，如果单以充电时间来控制阶段恒流充电的结束，容易导致蓄电池过充电或延长充电时间。

（2）温度参数控制方法的优点是可实现蓄电池温度过高保护，但是由于受环境和传感器响应时间延迟的影响，如果仅以蓄电池温度参数作为阶段恒流充电终止判断标准，则容易造成蓄电池过充电。

（3）电压参数控制被认为是较好的阶段恒流充电终止控制方法，其不足也是显而易见的，如不能识别因蓄电池极板硫化而产生的充电电压异常升高及蓄电池充电过程中出现的异常温升等，将导致蓄电池充电时间延长或蓄电池损坏。

为了保证在各种情况下均能检测蓄电池的实际充电状态，并实现较为理想的阶梯形充电电流曲线，采用充电时间、蓄电池温度和终止电压3个参数作为各阶段恒流充电终止判断依据，控制流程如图2-7所示。图中，T为蓄电池温度；T_0为停充温度；I_0为最小恒流充电电流；$t_{(n)}$为设定的第n次恒流充电的充电时间；$I_{(n)}$为设定的第n次恒流充电的电流值；$U_{(n)}$为设定的第n次恒流充电的终止电压，分段恒流充电结束后再进行一段时间的定压充电，是为了确保蓄电池能完全充足。

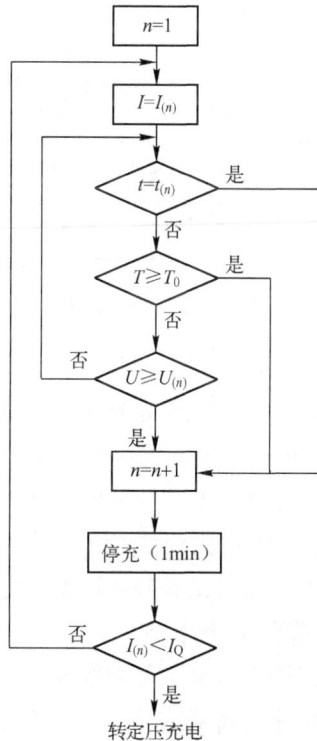

图2-7　分段恒流充电控制流程图

3个控制参数的具体控制策略如下：

（1）时间参数控制。根据蓄电池容量和充电电流，预先设定某段恒流充电的时间，当充电时间达到设定值时，通过定时器发出信号，结束该阶段的恒流充电并自动将充电电流减小，进入下一段恒流充电。

（2）温度参数控制。设定某段恒流充电至可接受电流极限时的蓄电池温度最高值，根据温度传感器检测的蓄电池温度来控制充电装置。当外界环境温度较低、设置的蓄电池最高温度较高时，采取控制温升法，当蓄电池的温升达到设定值时，温控器使充电装置停止充电，直到温度下降至适当值时，自动进入下一阶段恒流充电。

（3）电压参数控制。蓄电池的绝对电压可以反映蓄电池的充电情况，设定某段恒流充电达到或接近充电可接受电流极限值的电压，当电压达到设定值时，充电装置便自动结束本阶段恒流充电，进入下一阶段。

2）分段恒流充电智能化控制方案

分段恒流充电智能化控制框图如图2-8所示。该电路采用CPU控制，可对充电蓄电池和充电环境温度进行检测，对蓄电池充电进行计时，采样充电过程中蓄电池的电压和电流，对分段恒流充电过程进行控制。

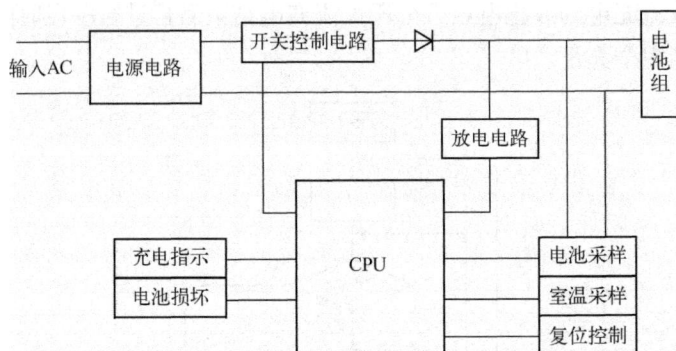

图2-8 分段恒流充电智能化控制框图

分段恒流充电智能化控制方案如下：

（1）采用容量梯度法确定阶段恒流充电终止标准。采用容量梯度参数 dU/dC 作为阶段恒流充电终止判断标准，按该型蓄电池恒流充电特性曲线确定充电终止容量梯度参数，在充电过程中，控制器以设定的频度对充电电压进行采样，计算 $I_{(n)}$ 下的容量梯度值，并与设定的充电终止容量梯度标准进行比较，根据比较结果判断是否终止当前阶段恒流充电。

（2）减小各段恒流值下降梯度。通过试验确定该型蓄电池初次恒流值 $I_{(1)}$，并减小阶段恒流充电的电流下降幅度。如果降低充电电流后，达到充电终止容量梯度值的时间很短（设定一个最小充电时间），则适当增大电流下降的幅度。

（3）将蓄电池温度设为充电安全保障控制参数。设置蓄电池最高温度限定值，在充电过程中，如果蓄电池温度达到了限定值，立即停止充电。当蓄电池温度降至正常温度时，适当减小充电电流继续充电，直到该段恒流充电结束。

2.3.2 动力蓄电池组充电的均衡控制

目前，限压限流充电方法无论在充电速度还是效果上都不够科学，充电初期，极化效应并不激烈，蓄电池的电流接受能力最强，充电电流还应该加大，恒流后期蓄电池温升、内压增大，电流已经超出蓄电池接受能力，电流应该减小，同时，极化作用、趋肤效应降低了材料反应的活性，可利用反向电流脉冲削弱这些不利影响。要实现单体蓄电池电压的均衡控制，均衡器是蓄电池管理系统的核心部件，离开均衡器，管理系统即使得到了蓄电池组测量数据，也无所作为，也就无所谓管理。

1. 断流与分流

均衡器按能量回路处理的方式分为断流和分流。断流是指在监控单体电压变化的基础上，在满足一定条件时把单体蓄电池的充电或负载回路断开，通过机械触点或电力电子部件组成开关矩阵，动态改变蓄电池组内单体蓄电池之间的连接结构。电动汽车用蓄电池组功率很大，瞬时电流可达数百安培而且双极性变化，在考虑可行性、性价比、实用性、可靠性等诸多因素，断流的实施难度极大，不适合在电动汽车动力蓄电池组上使用。

分流并不断开蓄电池的工作回路，而是给每只单体蓄电池各增加一个旁路装置，就像蓄电池伴侣，两者合起来的特性趋于蓄电池组内各单体蓄电池的平均特性。

2. 能耗型与回馈型

能耗型是指给各单体蓄电池提供并联电流支路，将电压过高的单体蓄电池通过分流转移电能以达到均衡的目的，实现并联电流支路的装置可以是可控电阻，或经能量功率变换器带动空调、风机等耗电设备。其实质是通过能量消耗的办法限制单体蓄电池出现过高或过低的端电压，只适合在静态均衡中使用，因高温升等特点降低了系统的可靠性，消耗能源，故不适合在动态均衡中使用。

回馈型与能耗型不同。回馈型是通过能量功率变换器将单体蓄电池之间的偏差能量馈送回蓄电池组或组中某些单体蓄电池。理论上，当忽略转换效率时，回馈型不消耗能量，可实现动态均衡。回馈型具有更高的研究价值和使用价值，最有可能达到实用化设计。

3. 能量功率变换器

蓄电池电压均衡可利用能量变换装置来实现，依据高频开关电源（SMPS）的原理和技术设计，基本的电源电路包括非隔离式的 Buck、Boost、BuckBoost、Cuk、Sepic、Zeta，隔离式的 Forward、Flyback、PushPull、HalfBridge、FullBridge、Iso-Cuk 等。充电时小容量蓄电池充入较少能量，分流电路吸收电能，放电时分流电路补充能量，能量功率变换器应能实现双向变换。原则上各种电源电路经改进设计都可以实现双向，最简单的方案是用两个电源，输入与输出交叉并联，两个电路分别控制。由于受成本、体积与重量、长期工作的可靠性等因素的影响，双向单功率变换器比单向双功率变换器更有优势，是发展方向。

4. 充电、放电和动态均衡

按均衡功能特点分充电、放电和动态均衡，充电均衡在充电过程中后期，单体蓄电池电压达到或超过截止电压时，均衡电路开始工作，减小单体蓄电池电流，以期限制单体蓄电池电压不高于充电截止电压。与充电均衡类似，放电均衡在蓄电池组输出功率时，通过补充电能限制单体蓄电池电压不低于预设的放电终止电压。充电截止电压和放电终止电压的设置与温度有关联。与充电和放电均衡不同，动态均衡不论在充电状态、放电状态，还是浮置状态，都可以通过能量转换的方法实现蓄电池组中单体蓄电池电压的平衡，实时保持相近的荷电程度。

充电均衡的唯一功能是防止过充电，而在放电使用中带来的是负面影响，在不加充电均衡时，容量小的蓄电池被一定程度过充，蓄电池组内任何单体蓄电池过放以前，蓄电池组输出 Ah 电量略高于单体蓄电池最小容量。使用充电均衡时，小容量蓄电池没有过充，能放出的电量小于不用均衡器时轻度过充所能释放的电能，使得该单体蓄电池放电时间更短，过放的可能性就更大了。另外，当电动机控制器以蓄电池组电压降低到一定程度为依据减小或停止输出功率时，由于大容量蓄电池因充电均衡被充入更多电能而表现出较高的平台电压，掩盖了小容量蓄电池的电压跌落，将出现蓄电池组电压足够高，而小容量单体蓄电池已经过放。

放电均衡与充电均衡情形相似，即大容量浅充足放，小容量过充足放，加速单体蓄电池性能差异性变化的结果是相同的，都不能形成真正实用的产品，只有动态均衡集中了两种均衡的优点，尽管单体蓄电池之间初始容量有差异，工作中却能保证相对的充放电强度和深度的一致性，渐进达到共同的寿命终点。

5. 单向和双向

根据均衡器处理能量的可能流向分为单向和双向均衡。双向型均衡器使用双向功率变换器，输入输出方向动态调整。比较而言，双向型均衡器更具优势，基于均衡效率考虑，对于单向型均衡器，使用自蓄电池组高压到单体蓄电池低压的功率变换器适用于放电均衡，如图 2-9（a）所示，使用自单体蓄电池低压到蓄电池组高压的逆变器适合充电均衡，如图 2-9（b）所示。

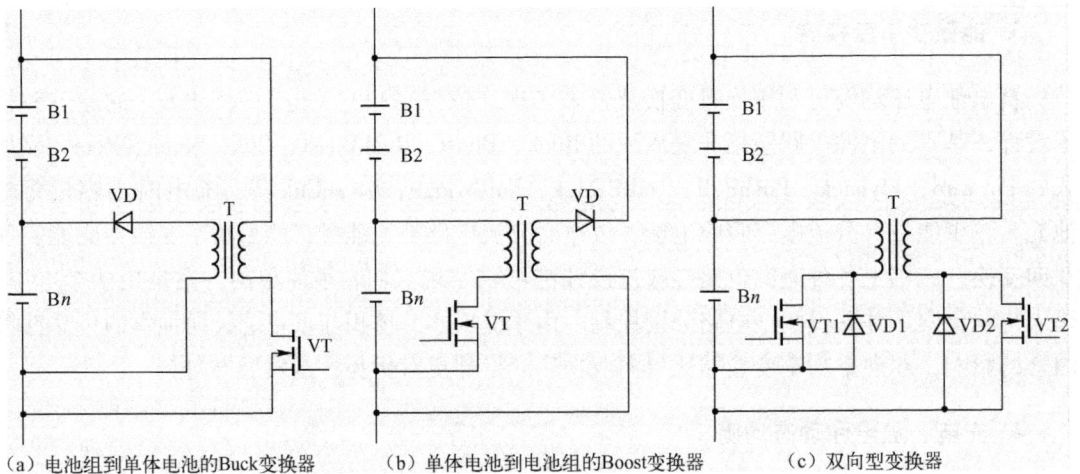

（a）电池组到单体电池的Buck变换器　　（b）单体电池到电池组的Boost变换器　　（c）双向型变换器

图 2-9　Buck 或 Boost 单向与双向型变换器

最先进的均衡方案是从单体蓄电池到单体蓄电池，从高压单体蓄电池直接把能量变换到低压单体蓄电池，具有最佳的均衡效率，实现难度也较大。按单体蓄电池容量大小排序 $C_1 > C_2 > \cdots > C_n$，n 是串联单体蓄电池数量，平均容量为 $C_a = (C_1 + C_2 + \cdots C_n)/n$，设第 k 只单体蓄电池容量最接近平均值，即 $C_k = C_a$，则均衡系统的目标是从 C_1，C_2，$\cdots$，C_{k-1} 取出能量 $C_{out} = (C_1 + C_2 + \cdots + C_{k-1}) - (k-1)C_a$，转移到 C_{k+1}，C_{k+2}，$\cdots$，C_n。考虑到能量变换效率，k 值需要适当后移。

6. 集中与分散

在把上述单向和双向功率变换器连接蓄电池组电压的所有绕组合并为一个绕组后，就得到如图 2-10 所示的集中式功率变换器，优点是功率变换器成本和技术复杂度大幅降低，主要缺点有低压绕组到各单体蓄电池之间的导线长度和形状不同，变比有差异，均衡误差大。另一方面，功率变换器与蓄电池组之间的 $n+1$ 条功率导线的布线工艺不容易设计，车辆行驶过程中对导线的拉伸和剪切给安全带来隐患。

基于成本和均衡效率考虑，集中式可应用于助力车等中小功率及蓄电池组无振动或少移动的场合。一种使用单只电容器循环均衡每只单体蓄电池的方法称为飞渡电容法，也属于集中式，如图 2-10 （d）所示。其特点是均衡功能直接通过电容器充放电进行，但开关上瞬间开启电流很大，易出现电弧或电磁干扰，开关触点压降直接影响均衡效果。

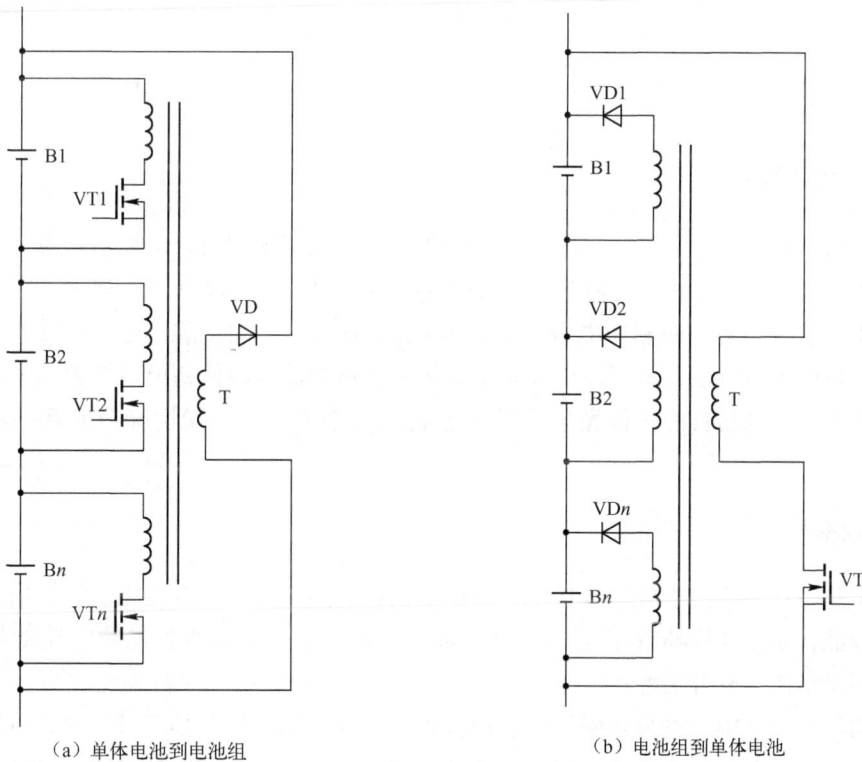

（a）单体电池到电池组　　　　　　　　　　（b）电池组到单体电池

图 2-10　集中式功率变换器

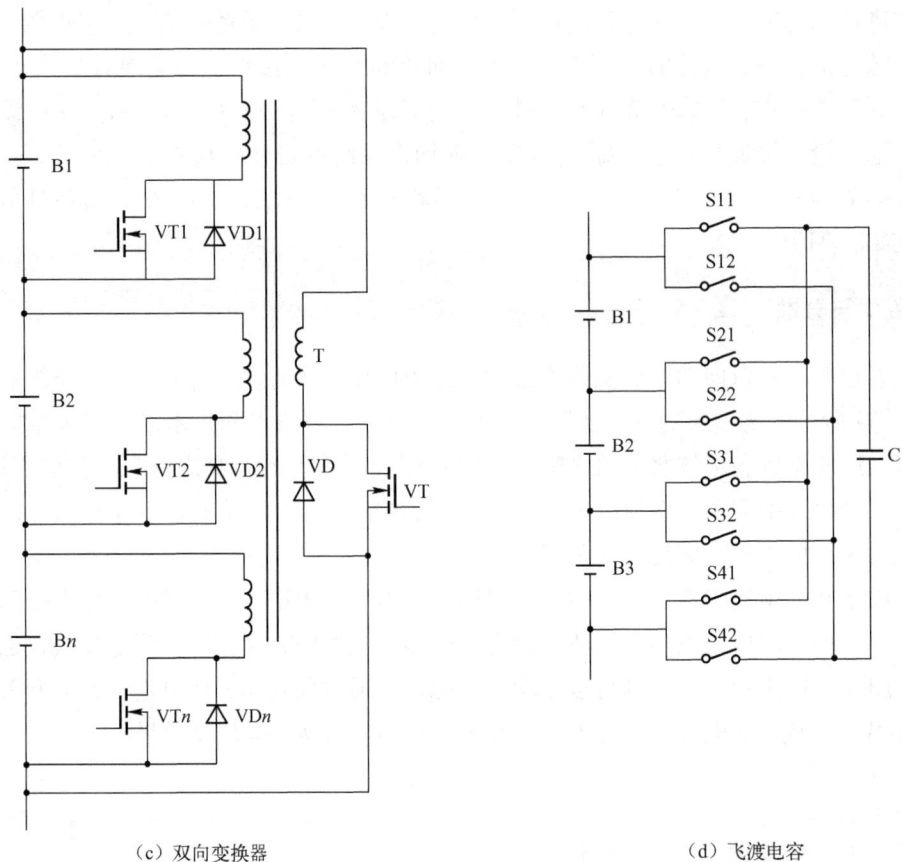

（c）双向变换器　　　　　　　　（d）飞渡电容

图2-10　集中式功率变换器（续）

7. 独立与级联

一种均衡器的设计思路让每两只邻近的单体蓄电池实现均衡，进而达到各单体蓄电池之间的均衡。图2-11列出了3种级联式变换器，双向BuckBoost功率变换器利用电感传能，双向Cuk和开关电容网络利用电容传能，蓄电池组中高压单体蓄电池与低压单体蓄电池之间间隔数只单体蓄电池，从高压单体蓄电池导出能量给低压单体蓄电池需要多只级联功率变换器同时工作，到达目的单体蓄电池的能量转换效率极低，极端情况与能耗型功率变换器接近。

8. 效率与安全

在将动态均衡应用于放电过程中，功率变换器的热耗取自蓄电池组能量，由于单体蓄电池电压较低，功率变换器效率是一个设计难点，须采纳和借鉴当代电源电路的最新设计技术，如同步整流、软开关等。

在均衡器设计中，参数超限报警、热保护等常规检测功能是必不可少的，电动汽车内环境长期处于颠簸和振动，配线工艺、紧固结构都须认真设计，导线外皮磨损破裂短路，可能导致与蓄电池性能无关的火灾隐患，就功率变换器而言，还需要考虑浪涌抑制、过压过流保

双向Buck Boost　　　　　　　　开关电容网络

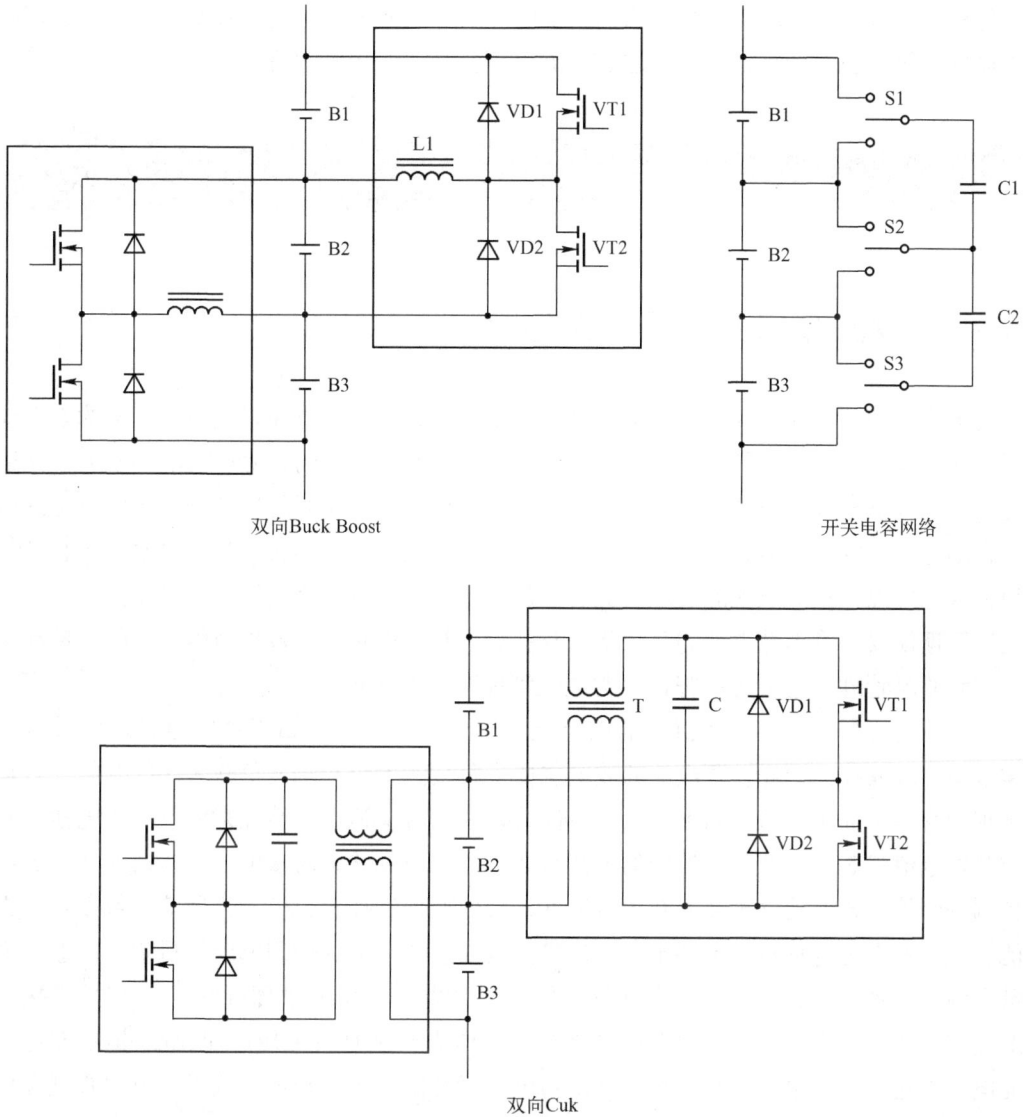

双向Cuk

图 2-11　级联式变换器

护、电磁兼容等问题，可靠性是均衡器的的另一个设计难点。

9. 控制与管理

均衡控制方案不同，管理系统复杂程度也不一样，被动型均衡由充电器调整输出电压和电流，控制最简单，均衡能力也最差。国外产品有的采用主辅模块的分布式管理结构，辅模块相当于独立式均衡器，主模块完成管理系统的功能，两者通过现场总线联接。有的采用分级管理，上级模块管理下级模块，下级模块管理12只蓄电池。

在控制策略方面，要求把蓄电池电化学特性、电源技术、控制技术相结合，电动汽车在行使中随时会出现加速、滑坡、堵转、刹车等情况，蓄电池组输出的电流和功率呈双极性变化，各种阻抗特性和电动机控制器的调制特性都给蓄电池组电压变化带来复杂性，管理决策不能仅依据简单公式计算，应避免往复均衡，造成蓄电池能源的浪费。

2.4 动力蓄电池管理系统功能及运行模式

2.4.1 动力蓄电池管理系统功能

蓄电池管理就其涉及的范围而言可以分为广义和狭义两个方面来论述。广义的蓄电池管理可以涉及蓄电池的充电及负载放电，以提高蓄电池性能为目的，协调充电和放电，在适当情况下可以调整充放电速度，相当于一个系统的电源管理和能源管理部分。比较典型的应用是混合动力汽车的蓄电池管理。由于混合动力汽车的能源供给不仅仅是蓄电池，还有其他的能源，因此可以根据蓄电池的实际情况安排蓄电池的充放电速度及能量供给比例等。狭义的蓄电池管理仅仅是管理蓄电池的各项状态及参数，并提供必要的数据通信等功能，不涉及充电管理和放电管理。这也比较符合"蓄电池管理"这个名词。

蓄电池的充电受充电器（机）的供电能力、电压等限制，属于蓄电池管理的外延，不受蓄电池管理操控；同样，蓄电池的放电主要受负载的大小影响，负载大小的调整一般在更高级别的管理层面去调节，而不是由蓄电池管理根据蓄电池自身情况来调整。蓄电池管理仅仅监测蓄电池状态，以及蓄电池中的电荷状态，并根据其状态对蓄电池及其内部部件做适当的控制调整等。蓄电池管理并不对蓄电池外的其他部件做控制，仅提供通信的数据状态告知功能。但是蓄电池管理接收上层主控模块的控制信息作必要的控制响应。目前，一般意义上的蓄电池管理系统是指狭义的蓄电池管理概念。充电管理由充电器（机）实现，其接口一般通过蓄电池电压来实现。充电器通过蓄电池电压来判断是否采用恒流充电/恒压充电、涓流充电、浮充等。放电管理和负载管理由蓄电池管理的上层主控模块根据蓄电池管理提供的信息作必要的调整。

电动汽车蓄电池管理系统作为电动汽车的重要组成部分，具有实时监控蓄电池状态、优化使用蓄电池能量、延长蓄电池寿命和保证蓄电池的使用安全等重要作用。蓄电池管理系统对电动汽车整车的安全运行、整车控制策略的选择、充电模式的选择及运营成本都有很大影响。蓄电池管理系统无论在车辆运行过程中还是在充电过程中都要可靠地完成蓄电池状态的实时监控和故障诊断，并通过总线的方式告知车辆集成控制器或充电机，以便采用更加合理的控制策略，达到有效且高效使用蓄电池的目的。

蓄电池管理系统与蓄电池紧密结合在一起，对蓄电池的电压、电流、温度进行实时检测，同时还进行漏电检测、热管理、蓄电池均衡管理、报警提醒，计算剩余容量、放电功率，报告 SOC、SOH 状态，还根据蓄电池的电压电流及温度用算法控制最大输出功率以获得最大行驶里程，以及用算法控制充电机对蓄电池进行最佳电流的充电，通过 CAN 总线接口与车载总控制器、电动机控制器、能量控制系统、车载显示系统等进行实时通信。

动力蓄电池管理系统是蓄电池在充电过程中必不可少的。蓄电池管理系统的主要作用是实时监测蓄电池组在充电过程中每一个单体蓄电池的电压、温度和蓄电池组的电流，经过处理、比较，输出报警、调控信息，并显示蓄电池组和每一个单体蓄电池实时的和历史的信息。蓄电池管理系统是蓄电池最佳安全充电的重要保障。

蓄电池组在充电过程中容易发生问题，主要是蓄电池的一致性误差过大引起的。为此，近十几年来，国内外的许多专家学者，广大蓄电池的制造者和使用者，都大力开展了旨在解决蓄电池一致性误差所带来危害的研究，开发出了各种各样的蓄电池管理系统，为满足对蓄电池进行均衡的要求，研发出的均衡方法有分流法、切断法、并联法、能量回收法、辅助充电法、单充法等。

但是从理论分析和实际的使用效果看，很少有令人满意的结果。这并不是由于电子技术存在问题，而是由于对蓄电池管理系统的理念和蓄电池管理策略存在问题。为此，必须按照科学的理念，采用有效的策略设计蓄电池管理系统。推荐的方法就是在充、放电和停车时，全天候实时监测每个单体蓄电池的电压、温度和蓄电池组的电流，根据蓄电池的使用性能和使用条件设定最高充电电压、最低放电电压、最高和最低使用温度、最大电流的门限值，当某一个蓄电池的电压、温度、蓄电池组电流超限时，就启动调控和报警功能。一方面，保证任何一个单体蓄电池都不会超限工作。另一方面，保证在稍小的充电电流下继续充电，一直到充电总电压和最小充电电流达到设定值时充电结束，蓄电池的均衡充电是在调控的充电过程中自动进行的。

目前，影响电动汽车推广应用的主要因素包括动力蓄电池的安全性和使用成本问题，延长蓄电池的使用寿命是降低使用成本的有效途径之一。为确保蓄电池性能良好，延长蓄电池使用寿命，必须对蓄电池进行合理有效的管理和控制，蓄电池管理系统可以实时监测动力蓄电池的状况，保障电动汽车的正常运行。

国内外均投入大量的人力物力对蓄电池管理系统开展广泛深入的研究。日本青森工业研究中心从1997年开始至今，仍在持续进行蓄电池管理系统实际应用的研究；美国Villanova大学和USNanocorp公司已经合作多年对各种类型的蓄电池SOC（蓄电池剩余电量）进行基于模糊逻辑的预测；丰田、本田及通用汽车公司等都把蓄电池管理系统纳入技术开发的重点。我国在十五期间设立电动汽车重大专门研究项目，积极推进蓄电池管理系统研究、开发和工程化应用，取得了一系列的成果和突破。

与电动机、电动机控制技术、蓄电池技术相比，蓄电池管理系统还不是很成熟。蓄电池管理系统作为电动汽车最关键的技术之一，近年来已经有很大的提高，很多方面都已经进入实际应用阶段，但有些部分仍然不够完善，尤其是在采集数据的可靠性、SOC的估算精度和安全管理等方面都有待进一步改进和提高。

蓄电池管理系统无论在车辆运行过程中还是在充电过程中都要可靠地完成蓄电池状态的实时监控和故障诊断，并通过总线的方式告知电动汽车控制器或充电机，以便采用更加合理的控制策略，达到有效且高效使用蓄电池的目的。蓄电池管理系统采用集散式系统结构，每套蓄电池管理系统由 1 台中央控制模块（或称主机）和 10 个蓄电池测控模块（或称从机）组成。蓄电池管理系统检测模块安装在蓄电池箱前面板内，蓄电池管理系统主控模块安装在车辆尾部高压设备仓内。蓄电池管理系统的功能如下：

（1）检测功能，包括单体蓄电池电压的检测、温度的检测、蓄电池组工作电流的检测、绝缘电阻的检测等。

（2）动态检测功能，动态检测动力蓄电池与车底盘之间的绝缘电阻，并能在面板上显示绝缘电阻的变化过程。

（3）蓄电池组 SOC 的估测功能。

（4）冷却风机控制功能。

（5）记录功能，包括充放电次数记录、单箱蓄电池充放电次数记录等。

（6）单箱蓄电池离散性评价。

（7）通信功能，包括与车载设备通信，为整车控制提供必要的蓄电池数据（CAN1）；与车载监控设备通信，将蓄电池信息送面板显示（CAN2）；与充电机通信，安全实现蓄电池的充电（CAN3）。

（8）蓄电池均衡性维护功能，检测单体蓄电池之间的温度差，并达到一定的温度差值，给出指令，进行蓄电池均衡性维护。

（9）初始化功能，由简易的设备实现蓄电池管理系统的初始化，能满足蓄电池快速更换及蓄电池箱重新编组的需要。

（10）故障检测及报警功能，包括蓄电池故障分析与在线报警、蓄电池管理系统自检及处理，当蓄电池管理系统出现故障时，系统能进行自检，按蓄电池组要求进行控制，并进行相应处理。铅酸锂离子电池的故障类型及处理措施见表 2-2。

表 2-2　铅酸锂离子电池的故障类型及处理措施

故障类型	处理措施
铅酸锂离子电池单体电压高于 4.3V	不能继续充电
铅酸锂离子电池单体电压高于 4.2V	充电限制电压，充电到该电压后建议降低电流
铅酸锂离子电池单体电压与平均电压差超过 0.2V	铅酸锂离子电池一致性差，需要维护
铅酸锂离子电池单体电压与平均电压差超过 0.5V	铅酸锂离子电池需要更换
最低铅酸锂离子电池单体电压低于允许下限值	铅酸锂离子电池电量低，铅酸锂离子电池不能再放电
最高铅酸锂离子电池温度超过 50℃	禁止使用铅酸锂离子电池，包括充电和放电。确认风机开启
箱体内铅酸锂离子电池温度在 35℃~50℃间	可以运营，但是需要开启本箱冷却风机
箱体内温度低于 25℃	关闭本箱的冷却风机
铅酸锂离子电池温度比整车平均温度高 5℃	铅酸锂离子电池一致性差，需要维护
某箱铅酸锂离子电池 SOC 低于 30%	下一次到站后需要卸下铅酸锂离子电池充电
铅酸锂离子电池绝缘等级低于 500Ω/V	可以运营，但是需要及时检查，排除漏电
铅酸锂离子电池绝缘等级低于 100Ω/V	不能运营，需要立即检查漏电，排除之后才能出车
铅酸锂离子电池管理系统自检失败	不能运营，需要立即更换铅酸锂离子电池管理模块

（11）蓄电池管理系统的基本保护功能包括：

① 过压保护功能（OV）。充电时（含制动能量回收），任一蓄电池的充电电压超过设定值时，充电电压自动减小，防止蓄电池过充电。

② 低压保护功能（UV）。放电时，任一蓄电池的放电电压低于设定值时，停止放电，防止蓄电池过放电。

③ 高温保护功能（OT）。无论是充电还是放电时或者停车休眠状态，任一蓄电池的温度超过设定值时，启动蓄电池热管理系统，降低蓄电池温度。在超过允许的最高温度时，要立即自动切断电路。

④ 低温保护功能（UT）。充电时，蓄电池的温度低于设定值时，自动改变充电电流，一般要减少到充电电流的 1/3；放电时，蓄电池的温度低于设定值时，启动蓄电池热管理系统，提高蓄电池温度。

⑤ 过流保护功能（OC）。充、放电时，蓄电池的电流超过设定值，自动限制电流的增长。

⑥ 短路保护功能（SC）。充、放电时和停车休眠状态，遇到蓄电池发生短路，自动切断电路。

2.4.2　动力蓄电池管理系统运行模式

1. 车载模式

车载模式下蓄电池管理系统结构框图如图 2-12 所示。蓄电池管理系统在车载运行模式下的作用是控制和显示。控制作用是蓄电池管理系统（中央控制模块）通过 CAN1 总线将实时的必要的蓄电池状态告知整车控制器及电动机控制器等设备，以便采用更加合理的控制

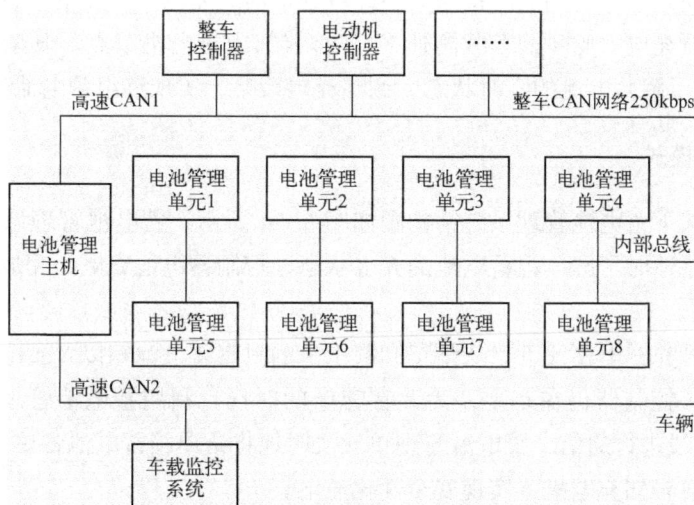

图 2-12　车载模式下蓄电池管理系统结构框图

策略，既能有效完成运营任务，又能延长蓄电池使用寿命。显示作用是蓄电池管理系统（中央控制模块）通过高速 CAN2 总线将蓄电池组的详细信息告知车载监控系统，完成蓄电池状态数据的显示和故障报警等功能，为蓄电池的维护和更换提供依据。

2. 整车充电模式

整车充电模式下蓄电池管理系统结构框图如图 2-13 所示。电池管理系统在整车充电运行模式下的作用是实时了解整组蓄电池的充电状态，控制蓄电池充电，完成整组蓄电池的充电过程。

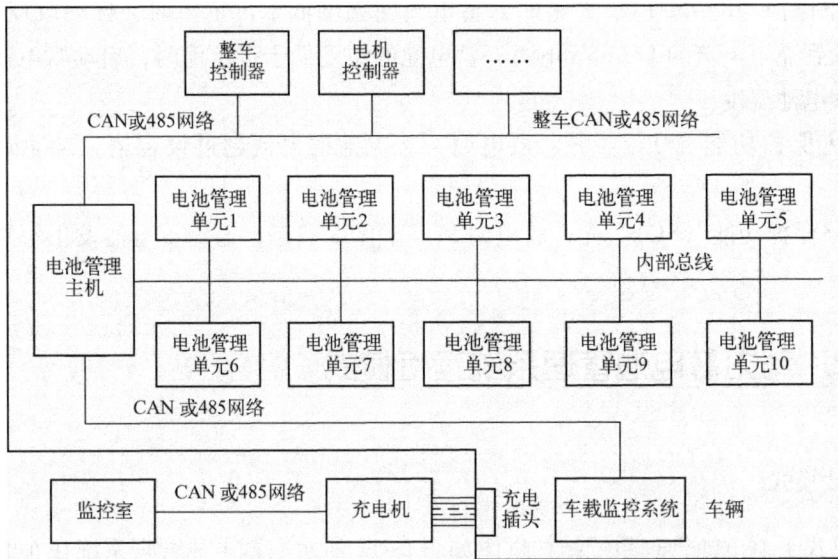

图 2-13　整车充电模式下蓄电池管理系统结构框图

在整车充电模式下，车辆上的蓄电池不卸载到地面。充电机的充电线直接插在电动汽车的充电插头上进行充电。此时的车载高速 CAN 总线加入充电机节点，其余不变。充电机通过高速 CAN 总线了解蓄电池的实时状态，调整充电策略，实现整组蓄电池的安全充电。

3. 单箱充电模式

单箱充电模式下蓄电池管理系统结构图如图 2-14 所示。蓄电池管理系统在单箱充电运行模式下的作用是适时了解单箱蓄电池的充电状态，控制蓄电池充电，完成单箱蓄电池的充电过程。

由于在日常补充充电模式下，从整车卸载下来的只有蓄电池箱以及蓄电池箱内的蓄电池测控模块，而中央控制器仍在车上，为此在充电的时候，利用蓄电池管理单元的 RS—485 总线或者 CAN 总线进行通信，蓄电池管理单元实时地将该单箱蓄电池各单体蓄电池的电压、温度和故障等信息告知充电机，实现安全优化充电。

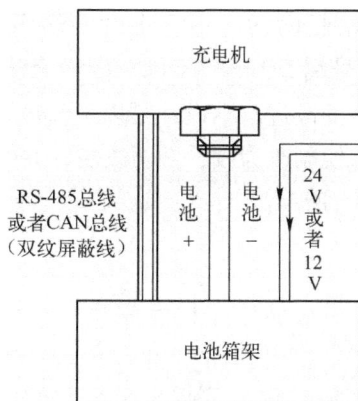

图2-14　单箱充电模式下蓄电池管理系统结构图

2.4.3　基于 DS2438 的电动汽车能量管理系统

1. DS2438 的功能特点

美国 DALLAS 公司生产的蓄电池监测芯片 DS2438 具有的丰富功能，可以方便地实现对电动汽车蓄电池组运行状态的监测。DS2438 可以提供以下参数信息：

（1）蓄电池温度值。DS2438 可以通过片内集成的温度传感器测量温度值，测量的温度范围为 $-55℃ \sim +125℃$，分辨率为 $0.03125℃$。

（2）蓄电池电压。DS2438 片内集成有 10 位 A/D 转换器，可以检测当前蓄电池的电压值。测量范围是 $0 \sim 10V$，分辨率为 10mV。

（3）蓄电池电流。DS2438 通过测量外接电阻上的电压来达到测量流经蓄电池上的电流，将参考电阻 R_{SENS} 上的电压值采样至电流寄存器中，蓄电池电流等于电流寄存器中的值（$4096 \times R_{SENS}$），而且专门设置了补偿寄存器以消除转换误差。

（4）剩余电量的跟踪。DS2438 能利用集成电流累加器（ICA）对蓄电池的剩余电量进行跟踪。ICA 中保存着流经蓄电池的总电流，可以反应出蓄电池的电量。

DS2438 是单总线工作方式，数据的输入/输出是依靠一根数据线来完成的，而且每一片 DS2438 都拥有唯一的 64 位序列号，可以通过查询序列号的方式进行通信，以便实现一条总线上连接多个 DS2438。

2. DS2438 的应用

DS2438 可以应用于各种蓄电池的监测。电动汽车所用动力电源是由多节蓄电池串、并联构成的蓄电池组。每一节蓄电池性能的好坏直接影响整个蓄电池组的特性，因而在实际应用中，应对每节蓄电池进行在线实时检测。每节蓄电池都应配置一片 DS2438，且它们的数据端可挂接到一条总线上。DS2438 的供电电源可以来源于被测蓄电池本身，DS2438 信号端

DQ 的电位是针对本片 DS2438 的地而言的，由于各片 DS2438 的参考地电位的不一致，势必造成对同一参考点各 DS2438 信号端 DQ 电位不同，因而无法挂接到同一条总线上，所以在用于测量蓄电池组时，需做适当的改进。本设计是以 DS2438 为核心构成一个监测模块，通过增加隔离措施，将数据线由单线制改为收、发两线制，并使所有模块的数据线分别挂接在 REC、TRA 两根线上，如图 2-15 所示。

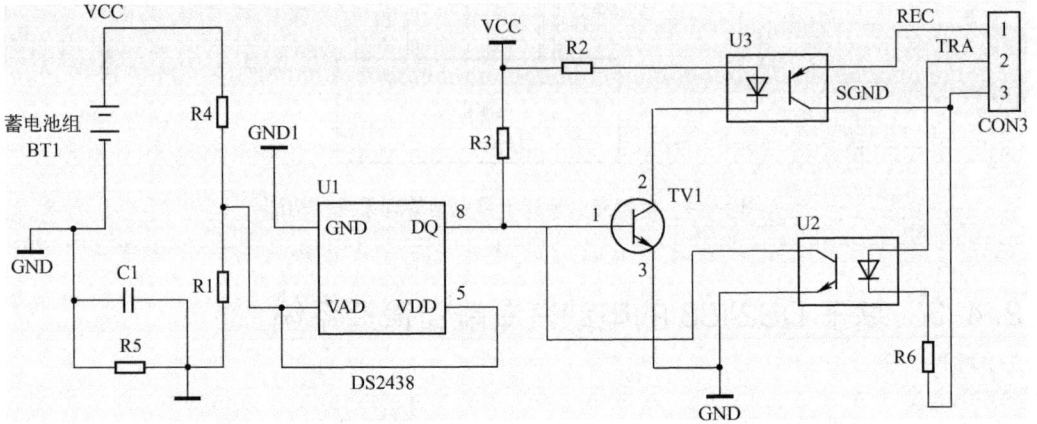

图 2-15　DS2438 用于测量电池组时的接线图

3. 在系统设计时的注意事项

（1）DS2438 通信协议改为信号取非，"0""1"互换。主机发信号时，主机接收线 REC 应为高；主机接收信号时，主机发信号线 TRA 必须保持为低，且收发不可同时进行。

（2）通信时，主机向总线上所挂接的所有模块发出信号，每个模块都需要一定的驱动电流，所以主机发出的信号要经过放大。

（3）模块中，DS2438 的信号地 GND1 要比被测蓄电池的地 GND 抬高，因为 DQ 有效低电平的最大值为 0.5V，适当抬高 DS2438 的地，可以保证在各种运行条件下数据传输的可靠性。

第3章

电动汽车充电技术

3.1　电动汽车充电机及充电模式

3.1.1　电动汽车充电机及充电方式

1. 电动汽车充电机类型

自 19 世纪第 1 辆电动汽车面世至今，均采用可充电蓄电池作为动力源。对于一辆电动汽车来讲，蓄电池充电设备是不可缺少的子系统之一。它的功能是将电网的电能转化为电动汽车车载蓄电池的电能。电动汽车充电机的分类有不同的方法，总体上可分为车载充电机和非车载充电机。

1）车载充电机

车载充电机指安装在电动汽车上的，采用地面交流电网和车载电源对蓄电池组进行充电的装置，包括车载充电机、车载充电发电机组和运行能量回收充电机。车载充电机通常使用结构简单、控制方便的接触式充电器，也可以是感应充电器，完全按照车载蓄电池的种类进行设计，针对性较强。

车载充电机一般设计为小充电率，充电时间长（一般是 5~8 小时），由于电动汽车车载质量和体积的限制，车载充电机要求尽可能体积小、重量轻（一般小于 5kg）。车载充电机对于要充电的蓄电池是有针对性的，蓄电池的充电方式也是预先定义好的。由于充电机和蓄电池管理系统都装在车上，它们相互之间容易利用电动汽车的内部总线网络进行通信。

2）非车载充电机

非车载充电机即地面充电机。地面充电机是指固定在地面上的对交流电进行整流变换，其直流输出端对蓄电池组进行充电的装置，因此也可以称为直流充电机。根据充电场所和充电需求的不同，地面充电机主要应用于家庭、充电站及各种公共场所。为了满足各种蓄电池的各种充电方式，通常地面充电机的功率、体积和重量都比较大，一般设计为大充电率。由于地面充电机和蓄电池管理系统在物理位置上是分开的，因此它们之间必须通过有线或者无线进行通信。

地面充电机还需具备计量计费功能，一般情况下，充电机应至少能为以下三种类型动力蓄电池中的一种充电：锂离子蓄电池、铅酸蓄电池、镍氢蓄电池。根据蓄电池管理系统提供的关于蓄电池的类型、电压、温度和荷电状态的信息，地面充电机选择一种合适的充电方式为蓄电池充电，以避免蓄电池的过充和过热。

地面充电机由一个能将输入的交流电转换为直流电的整流器和一个能调节直流电功率的功率转换器组成，通过把线缆的插头插入电动汽车上配套的插座上，在通信信号握手确认后，地面充电机将直流电能输入至电动汽车车载蓄电池对其进行充电。充电器设置了一个锁止杠杆以利于插入和取出插头，同时杠杆还能提供一个确定已经锁紧的信号，如果没有此信号，充电器就不会给蓄电池充电，以确保安全。根据地面充电机和车上蓄电池管理系统相互之间的通信，功率转换器能在线调节直流充电功率，而且地面充电机能显示充电电压、充电电流和充电电量，甚至所需充电费用等。

2. 电动汽车充电方式

1）传导式充电方式

传导式充电方式又称接触充电方式，接触充电方式通常采用传统的接触器控制，使用者把充电电源接头（插头）连接到汽车上（插座），即利用金属接触来导电。接触充电方式的最大优点是：技术成熟、工艺简单和成本低廉。接触充电方式的缺点是：导体裸露在外面不安全，而且会因多次插拔操作，引起机械磨损，导致接触松动，不能有效传输电能。接触式充电的最大问题在于它的安全性和通用性，为了使它满足严格的安全充电标准，必须在电路上采用许多措施使充电设备能够在各种环境下安全充电。

2）无线充电方式

电动汽车无线充电方式的研究目前主要集中在感应式充电方式，不需要接触即可实现充电。感应充电方式是采用感应耦合方式充电，即充电电源和汽车接受装置之间不采用直接电接触的方式，而是采用由分离的高频变压器组合而成，通过感应耦合，无接触式传输能量。采用感应耦合方式充电，可以有效解决接触式充电的缺点。感应充电的最大优点是安全，因为充电器与车辆之间并无直接的电接触，即使车辆在恶劣的气候下，如雨雪天，充电也无触电的危险。

3.1.2 电动汽车充电机性能及其技术要求

1. 充电机性能

（1）安全性。电动汽车充电时，如何保证人员的人身安全和蓄电池组的安全是至关重要的，涉及的环节有：

① 操作者将电动汽车蓄电池组通过充电机与供电网相连接时。

② 充电结束后，操作者进行断开操作时。

③ 充电过程中，人员接触电动汽车车体时。

④ 充电机发生故障时。

⑤ 外部环境恶劣，如雨雪天气时。

充电机必须保证各个环节正常，即使某个环节发生了故障时，人员及蓄电池组都是安全的。美国保险商实验室（UnderwritersLaboratoriesInc.）已经制定了 UL2231（PersonnelProtectionSystemsforEVSupplyCircuits）安全标准来规范电动汽车充电机的安全性能。

（2）易于使用。当在供电电源、充电机和蓄电池组之间进行连接或断开时，涉及插头和插座的插拔操作。这种插头一般较大、较重，需要一定的插拔力度。插头和插座应该具有明确的极性，防止错误的连接。充电机应具有较高的智能性，不需要操作人员过多干预充电过程。

（3）成本经济。成本经济、价格低廉的充电机有助于降低整个电动汽车的成本，提高运行效益，促进电动汽车的商业化推广。

（4）高效率。高效率是对现代充电机最重要的要求之一，对整个电动汽车的能量效率有巨大的影响。

（5）对供电电源污染小。采用电力电子技术的充电机是一种非线性的设备，会产生对供电网及其他用电设备有害的谐波污染。由于充电机功率因数低，因此在充电机负载增加时，对供电网的影响也不容忽视。

2. 技术要求

充电机在安全和控制方面需要满足以下技术要求：

（1）充电机应能和蓄电池管理系统或蓄电池管理单元通信，接收蓄电池数据，充电过程中应采用适当方法保证串联蓄电池中的单体蓄电池电压不超过上限，在蓄电池管理系统发出蓄电池严重故障信息后应能自动停止充电。

（2）充电机应具有面板操作和远程操作功能，应能和监控系统连接，在监控计算机上能完成除闭合和切断输入电源外的所有功能。

（3）充电机应能通过监控网络向监控计算机传送由蓄电池管理系统发送的数据。

（4）充电机应具有故障报警功能，能主动向监控系统发送故障信息。

（5）充电机应具有输入欠压、输入过压、输出短路、蓄电池反接、输出过压、过温、蓄电池故障等保护功能。

（6）在脱离蓄电池管理系统的情况下，充电机应停止充电。

（7）充电机应提供一条充电电缆连接确认信号：一方面，在充电期间，在充电插头连接到车辆后，车辆控制逻辑可通过此信号禁止在充电期间车辆驱动系统工作，保证充电安全；另一方面，此确认线与充电线形成闭锁，保证充电人员安全。

（8）提供良好的人机界面，完成充电机充电过程的闭环控制，并显示故障类型，提供一定的故障排除指示。提供开放式充电过程参数（包括充电模式、充电参数、阶段数）设定功能，并按照参数完成对充电过程的自动控制。在充电机的保护系统动作引起充电过程中断时，应能显示故障类型，对比较容易排除的故障提供简单的处理方法。

（9）整车充电时要为蓄电池管理系统提供所需的直流电源，目前一般取24V/50A。

（10）充电机的监控系统应具备事件记录功能，为事故分析和运行测试提供历史数据。对于有多台充电机的充电站，充电机还需要为充电站监控系统提供事件记录数据。

（11）充电机的可靠性必须满足一定的指标，综合考虑成本和利用率，充电机须保证70000～80000小时的安全可靠充电小时数。

（12）充电机的设计必须充分保证人身安全，其带电部分不可外露，同时保证车体和大地等电位。充电机与充电站接地连接，充电机与车体外壳连接、充电站接地网连接等要可靠方便。

3. 电动汽车充电机的输出要求

（1）电动汽车充电机的输出电压、电流范围：

① 输出电压范围。根据蓄电池组电压等级的范围，电动汽车充电机的输出电压分为150～350V、300～500V、450～700V三级。

② 输出电流范围。电动汽车充电机的输出直流额定电流宜采用10A、20A、50A、100A、160A、200A、315A、400A（500A）。

（2）稳压精度。当交流电源在标称值的±15%范围内变化，输出直流电流在额定值的0～100%范围内变化时，输出直流电压在规定值相应调节范围内任一数值上应保持稳定，充电机输出电压稳压精度不应超过±0.5%。

（3）稳流精度。当交流电源在标称值的±15%范围内变化，输出直流电压在规定值相应范围内变化时，输出直流电流在额定值的20%～100%范围内任一数值上应保持稳定，充电机输出电流稳流精度不应超过±1%。

（4）纹波系数。当交流电源在标称值的±15%范围内变化，输出直流电流在额定值的0～100%范围内变化时，输出直流电压在规定值相应调节范围内任一数值上应保持稳定。输出纹波有效值系数不应超过±0.5%，纹波峰值不应超过±1%。

（5）输出电流误差。电动汽车充电机在恒流状态下运行，输出直流电流设定在额定值的20%～100%范围内，在设定的输出直流电流大于等于30A时，输出电流整定误差不应超

过 ±1% ；在设定的输出直流电流小于 30A 时，输出电流整定误差不应超过 ±0.3A。

（6）输出电压误差。电动汽车充电机在恒压状态下运行，输出直流电压在规定值相应范围内，输出电压整定误差不应超过 ±0.5% 。

（7）输出限流、限压特性：

① 电动汽车充电机在恒压状态下运行时，当输出直流电压超过限压整定值时，应能立即进入恒压充电运行，自动限制其输出直流电压的增加。

② 电动汽车充电机在恒流状态下运行时，当输出直流电流超过限流整定值时，应能立即进入限流状态，自动限制其输出直流电流的增加。

（8）充电机的效率与功率因数。当输出功率为额定功率的 50% ~100% 时，充电机的功率因数应不低于 0.90，效率不低于 90% 。

（9）均流不平衡度。多台同型号的高频电源模块并机工作时，充电机的各模块应能按比例均分负载，当各模块平均输出直流电流为 50% ~100% 的额定电流值时，均流不平衡度不应超过 ±5% 。

（10）谐波电流。充电机产生的谐波电流应不超过 GB/T19826—2005 中的规定限值。

（11）噪声。在额定负载和周围环境噪声不大于 40dB 的条件下，距充电机水平位置 1m 处测得的噪声最大值应不大于 65dB（A 级）。

（12）可靠性指标。平均故障间隔时间（MTBF）应不小于 8760 小时。

3.1.3　电动汽车充电模式

根据电动汽车动力蓄电池组的技术和使用特性，电动汽车的充电模式存在一定的差别。对于电动汽车动力蓄电池组充电方案的选择，现今普遍存在常规充电、快速充电和蓄电池组快速更换三种模式。

1. 常规充电方式

蓄电池在放电终止后应立即采用小电流或中电流以恒压或恒流方式充电（在特殊情况下也不应超过 24 小时），一般充电时间为 5 ~8 小时，甚至长达 10 ~20 小时，这种充电称为常规充电（普通充电）。尽管常规充电的充电时间较长，但可充分利用电力低谷时段进行充电，降低充电成本，并可提高充电效率和延长蓄电池的使用寿命。

常规充电方式的主要缺点是充电时间过长，有紧急运行需求时难以满足。常规充电方式通常适用于设计的续驶里程尽可能长，满足一天的运营需要，可利用晚间停运时间充电的电动汽车。在现阶段技术条件下，蓄电池的续驶里程大约为 200km，如私家车、市内环卫车、企业商务车等车辆日均行驶里程都在蓄电池的续驶里程范围之内，均可采用常规充电方式。常规充电分为小电流充电和中电流充电两种方式。

1）小电流充电方式

小电流充电方式一般是以较小的电流根据蓄电池的充电曲线进行充电，充电时间通常为

8～10 小时，因采用恒流、恒压充电方式对蓄电池充电，使整个充电过程更接近蓄电池的固有特性，可有效避免蓄电池的过充和欠充问题。这种方式以比较低的充电电流为蓄电池充电，相关技术成熟可靠，充电机的工作和安装成本也比较低。

小电流充电方式主要应用于家庭充电场合，典型的充电电流约为 15A，充电时间为 8～10 小时（充到 95% 以上）。这种充电方式对电网没有特殊要求，直接从低压照明电路取电，充电功率小，一般为 1～3kW。车载充电器可采用国标三口插座，基本不存在接口标准问题，由 220V/16A 规格的标准电网电源供电。由于在家中充电通常是晚上或在用电低谷期，有利于电能的有效利用，因此电力部门一般会采取一定的措施吸引电动汽车用户在用电低谷期充电。

电动汽车家用充电设备（车载充电机）和小型充电站多采用小电流充电方式。车载充电机是纯电动汽车的一种最基本的充电设备，充电机作为标准配置固定在车上或放在后备箱里，由于只需将车载充电机的插头插到家中的电源插座上即可进行充电，操作简单，实现方便，因此充电过程一般可由用户自己独立完成。对蓄电池和电动汽车来说，小电流充电方式是最安全可靠的充电方式，但是难以满足使用者紧急或长距离行驶需求。

2）中电流充电方式

中电流充电方式主要应用在购物中心、饭店门口、停车场等公共场所的小型充电站。小型充电站的充电电流为 30～60A，充电功率一般为 5～20kW，采用三相四线制 380V 供电或单相 220V 供电，计费方式是投币或刷卡，用户只需将车停靠在小型充电站指定的位置上，接上电线即可开始充电。该方式的充电时间是：补电 1～2 小时，充满 5～8 小时（充到 95% 以上），在小型充电站使用中电流充电 1 小时，电动汽车的行驶里程可增加 40km。

3）常规方式的充电模式

电动汽车蓄电池类型不同，适应的充电模式也不同。常规充电方式采用的充电模式有：

（1）恒流充电模式。恒流充电模式是最常用的充电模式，控制简单，设备简单，仅适用于部分蓄电池（如 Ni/MH），不能将蓄电池组完全充满电，充电效率低。

（2）分级恒流充电模式。分级恒流充电模式是在普通恒流充电方式的基础上发展而来的，在初期用较大的电流进行充电，充电一定时间或充电电压达到一定值后改用较小电流，再充电一定时间或充电电压达到另一更高值后改用更小的电流。这种充电方式的效率较高，所需充电时间较短，充电效果也比较好，并且对延长蓄电池组使用寿命有利，但对充电机系统有较高的要求。分级恒流充电模式适用于 Ni/MH 蓄电池和锂离子蓄电池的前期充电。

（3）低压恒压浮充模式。低压恒压浮充模式不同于通常的将均充和浮充分开进行的方式，充电电源一直按照稳压限流的方式工作，蓄电池在浮充状态下渐渐补足失去的能量，直到充电至终止电压。这种充电方式具有原理简单、实现方便等特点，但有可能会导致蓄电池欠充，而且长时间充电会损害蓄电池组，加速蓄电池自放电，适用于锂离子蓄电池。

（4）梯度恒压充电模式。梯度恒压充电模式综合了恒流充电方式和恒压充电方式的优点，在充电时根据电流衰减情况逐步提供充电电压，电流呈阶梯方式下降。在充电初期（1~3 小时），蓄电池电压呈直线上升；在充电中期（3~7h），充电电流接近指数衰减；在充电后期（8~12h），当充电电流小于设定值时，终止充电或转入涓流充电阶段。

蓄电池的四种充电特性曲线如图 3-1 所示。图中，1 为蓄电池最大可接受充电电流曲线，2 为连续递减式充电电流曲线，3 为多级恒流式充电电流曲线，4 为小电流慢速充电电流曲线。

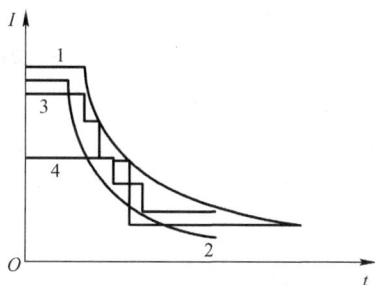

图 3-1　蓄电池的四种充电特性曲线

2. 快速充电

快速充电又称应急充电，是以较大电流短时间在电动汽车停车的 20 分钟至 2 小时内，为其提供短时充电服务，一般充电电流为 150~400A。快速充电不同于常规充电所采用的恒流、恒压充电方式。该充电方式是以 150~400A 的大电流对蓄电池进行恒流充电，力求在短时间内充入较大的电量，充电时间应该与燃油车的加油时间接近，因此快速充电也可称为迅速充电，主要应用于大型充电站。

快速充电方式适用的主要对象是长距离行驶或需要进行快速补充电能的电动汽车，充电时间一般为 10~30 分钟，充电容量可以达到蓄电池容量的 80%，充电机功率很大，一般为50~100kW，采用三相四线制 380V 供电。快速充电方式采用 1~3C 的大充电电流，因电流较大，对技术、安全性要求也较高。

快充方式主要在充电站中进行，由于功率和电流的额定值都很高，因此这种充电方式对电网有较高的要求，一般应靠近 10kV 变电站或充电站自建 10kV 变电站，在充电站的配电系统中需采取较为复杂的谐波抑制措施，与慢充方式相比，快充方式的安装成本相对较高，只适合大型充电站使用。这种充电方式对蓄电池的寿命有一定的影响，在短时间内接受大量的电量会导致蓄电池过热。

目前，快速充电方式的充电插口的针脚定义、电压、电流值、控制协议等均没有国家标准，也没有国际标准，已投入使用的充电桩和电动汽车蓄电池充电插口均由各生产厂家自定，世界各国都在积极争夺标准的制订权，各大电动汽车厂家也纷纷抢先投放产品，抢占市场，提高占有率，试图使多数充电站不得不采用其充电设备，从而成为事实标准。

快速充电方式是利用电动汽车蓄电池在充电初期、中期可以接受较大的充电电流特性，并结合停充和脉冲放电的去极化技术来实现的。如果充电电流采用如图 3-1 所示中的 1 号曲线，那么蓄电池充电时间在理论上应该是最短的。但在实际操作中，由于蓄电池组的新旧程度、环境温度、蓄电池容量的差异，不可能刚好按照 1 号曲线的充电电流充电。为了保证蓄电池的安全使用及使用寿命，往往在充电时根据经验采用 2 号曲线，在连续递减电流中留有一定余量，使充电电流略小于最大可接受电流。图 3-1 中的 2 号曲线一般可以根据多组蓄电池试验得到，但是在用户实际操作时，存在曲线特性参数设定比较困难的问题，因此这种充电方式很少采用。

快速充电方式的主要优点是充电时间短，在短时间内（10～15 分钟）就能使蓄电池储电量达到 80%～90%，与加油时间相仿，因此建设相应充电站时可不配备大面积停车场。

相对常规充电方式，快速充电也存在一定的缺点，充电器充电效率较低，且相应的工作和安装成本较高；采用快速充电，充电电流大，这就对充电技术及充电的安全性提出了更高的要求，同时计量收费设计也需特别考虑。

快速充电适用于续驶里程适中（日平均里程大于蓄电池的续驶里程即 200km）的电动汽车，即在车辆运行的间隙进行快速补充电来满足运营需要，如公交车、出租车等车辆，日平均行驶里程为 300km 左右，还有 100km 左右的电量需要通过快速充电方式补充。快速充电方式对公用电网可能产生有害的影响，因而只适用于专用的充电站。

3. 机械充电

机械充电也就是更换蓄电池组，即蓄电池组快速更换，通过直接更换电动汽车的蓄电池组来达到为其充电的目的。蓄电池组快速更换的时间与燃油汽车加油时间相近，需要 5～10 分钟，快换可以在充电站、换电站完成，电动汽车蓄电池不需现场充电，但是需要电动汽车的车载蓄电池实现标准化，即蓄电池的外形、容量等参数完全统一，同时，还要求电动汽车的构造设计能满足更换蓄电池的方便性、快捷性。

由于蓄电池组重量较大，更换蓄电池的专业化要求较强，需配备专业人员借助专业机械来快速完成蓄电池组的更换。换电站的主要设备是蓄电池拆卸、安装设备。

电动汽车用户把车停在充换电站的指定区域，然后用更换蓄电池组的设备将电能已经耗尽的蓄电池组取下，更换上已经充满电的蓄电池组。整个蓄电池更换过程一般在 10 分钟内，时间很短，对于更换下的蓄电池，可以在充换电站充电，也可以集中收集起来在蓄电池管理中心，进行维护和充电。蓄电池组快换方式具有以下优点：

（1）电动汽车用户可租用充满电的蓄电池，更换电能已经耗尽的蓄电池，有利于提高车辆使用效率，提高用户使用的方便性和快捷性。

（2）对更换下来的蓄电池可以利用低谷时段进行充电，降低了充电成本，提高了车辆运行经济性。

（3）从另一个侧面来看，蓄电池组快换方式也解决了蓄电池充电时间、蓄存电荷量、维护、续驶里程及价格等难题。

（4）可以及时发现蓄电池组中单体蓄电池的问题，对于蓄电池的维护工作将具有积极意义，降低蓄电池组的放电深度将有利于提高蓄电池的使用寿命。

蓄电池组快换方式虽然可行，但还存在不少问题有待解决：

（1）成本高。这种蓄电池更换系统的成本很高，需要昂贵的机械设备和大量的蓄电池。

（2）占用空间大。由于需要存放大量的未充电和已充电的蓄电池，需要很多的存放空间。修建一个蓄电池充换站所需空间远大于修建一个正常充电站或快速充电站所需的空间，因此这种蓄电池更换系统的初始成本高。

（3）不便管理。由于有未充电蓄电池和已充电蓄电池之分，需要对蓄电池进行分别归类存放，这样就加大了管理难度。

（4）蓄电池与电动汽车的标准化，车辆蓄电池组设计标准化和易更换问题。

（5）电动汽车设计的改进、充换电站的建设和管理及蓄电池的流通管理等问题。

电动汽车蓄电池组快速更换模式只适用于专用的充换电站，目前车载动力蓄电池的电气和尺寸参数还没有统一标准，市场应用还需等待时日。

4. 电动汽车几种充电方式的适用性及优缺点比较

综上所述，三种充电方式各有优缺点。三种充电方式适用性见表3-1。电动汽车整车充电和更换蓄电池组比较见表3-2。目前，我国电动汽车电能补给的方式有家庭交流慢充、公共交流慢充、公共直流快充、充电站交流慢充、充电站直流快充、充换电站蓄电池更换。这几种电能补给方式在推广及使用上各有优缺点，见表3-3。

表3-1　三种充电方式适用性

方　　式	适　　用　　性
常规方式	设计的电动汽车续驶里程尽可能大，须满足车辆运营一天的需要，仅利用晚间停运时间充电，由于慢充的电流小，在家里的停车场就可以充电
快充方式	电动汽车的续驶里程适中，在车辆运行的间隙可进行快速补充充电，满足车辆安全运行的需要。大电流快充使充电时间大为缩短，由于电流大，只适用于标准的充电站
快换方式	车辆的蓄电池组为标准化设计，易更换，车辆运营中可根据蓄电池状态在充电站快速更换蓄电池组。要求充电站可以对蓄电池组和车辆快速分离，此方式适用于标准充电站

表3-2　电动汽车整车充电和更换蓄电池组比较

充电方式		实现方式	充换电时间（小时）	充电功率（kW）	对蓄电池寿命的影响	基础设施投入	实现难易程度
整车充电	小电流充电	位于停车场、家庭的充电接口	5～8	1～3	有利	小	容易
	中电流充电	位于购物中心、饭店门口、停车场的短时充电接口	1～3	5～20	中等	小	容易
	大电流充电	快速充电站	0.3～0.5	50～100	有损害	中	困难
更换蓄电池组		换电站	<0.1	3～20	有利	大	非常困难

表 3-3　电动汽车各种充电方式的优缺点比较

序号	充电方式	优　点	缺　点	适用范围
1	家庭交流慢充	建设成本低 运营成本较低 充电方便 电费便宜 无服务费	充电时间长 需要固定车位 安装手续繁琐	有固定车位的用户，日常充电
2	公共交流慢充	建设成本较低 运营成本较低 无服务费 电费较便宜	排队时间长 故障率高 故障处理慢	无固定车位的用户、公共用户、集团用户
3	公共直流快充	运营成本较低 无服务费 电费较便宜	建设费用较高 排队时间长 故障率高 故障处理慢	无固定车位的用户、公共用户、集团用户
4	充电站交流慢充	建设成本较低 运营成本较低 电费较便宜 排队时间较短 故障处理快	有服务费 充电速度慢 经济效益较低	无固定车位的用户、公共用户、集团用户
5	充电站直流快充	排队时间短 充电速度快 故障处理快 经济效益高 网络布局合理	建设费用较高 运营成本较高 有服务费 电费较高	无固定车位的用户、应急充电者、公共用户、集团用户
6	充电站蓄电池更换	排队时间短 换电速度快	建设费用很高 运营成本很高 有服务费 电费较高	公共用户、集团用户

　　在运营中，公共充电桩因运营模式及资金问题，故障维修较慢、排队时间长、数量较少等问题难以解决，即使不收充电服务费，用户的使用积极性也会不高。经营性交流充电站由于充电速度慢，导致经济效益不佳，投资者将缺乏投资动力，用户也会因便利性问题不愿使用。从车辆电能补给的技术趋势看，蓄电池更换站很可能因技术趋势和用户范围窄等因素逐渐消失。

　　普通用户将主要采用家庭交流慢充解决电动汽车的电能补给，这在私人车位相对充足的城市将十分普遍；没有固定车位的电动汽车用户、需应急充电的车辆和集团车辆用户将主要在充电站解决电动汽车的电能补给。

经过上述分析，电动汽车充电还是采用常规充电为主、快速补充充电为辅的充电方式。未来将出现家庭交流充电（满足有固定车位用户的需求）为主，经营性直流快充（满足无固定车位用户、应急充电用户的需求）为辅，集团用户直流快充（满足如公交车、出租车等集团用户的需求）为补充的电能补给格局。对于电动公交车而言，充电站设在公交车总站内。在晚间下班后利用低谷充电，充电时间为 5 ~ 6 小时。全天运行的车辆，续驶里程不够时，可利用中间休息待班时间进行补充充电。因此，投资建设并运营提供有偿充电服务的充电站符合未来电动汽车电能补给的趋势。

3.2 电动汽车充电桩工作原理及接口连接器的连接方式

3.2.1 电动汽车充电桩工作原理

1. 充电站电气系统

充电站的电气系统包括供电系统、充电设备、监控系统三大部分。其结构框图如图 3-2 所示。供电系统为充电设备提供电源，主要由一次设备（包括开关、变压器及线路等）和二次设备（包括检测、保护、控制装置等）组成。电动汽车充电机为非线性负荷，会产生谐波，对电网是一种污染，必须采取有效措施，如功率因数校正或无功补偿等技术，限制电动汽车充电机进入电网的总谐波量。

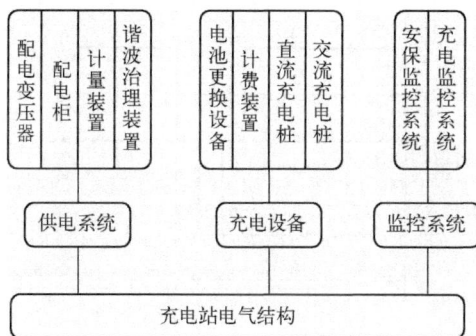

图 3-2 充电站的电气系统结构框图

监控系统由一台或多台工作站或服务器组成，可以包括监控工作站、数据服务器等，通过网络联接。监控工作站提供充电监控人机交互界面进行充电机的监控和数据收集、查询等工作；数据服务器存储整个充电系统的原始数据和统计分析数据等，提供数据服务及其他应用服务。

2. 充电桩工作原理

充电站内的充电设备是整个充电站电气系统的核心部分，一般分直流充电桩和交流充电桩。

1）直流充电桩工作原理

充电站电气系统的三相交流电经过三相桥式不可控整流电路整流变成直流电，滤波后提供给高频 DC/DC 功率变换器，经高频 DC/DC 功率变换器变换输出需要的直流，再次滤波后为电动汽车动力蓄电池充电。直流充电桩电气系统如图 3-3 所示。

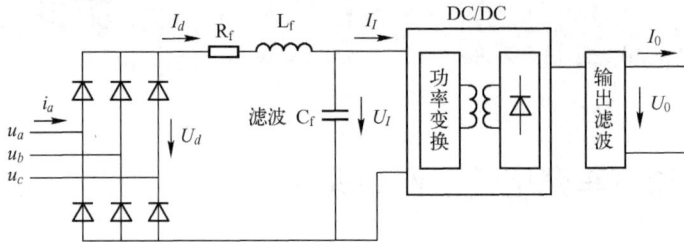

图 3-3　直流充电桩电气系统

新型的直流充电桩采用快速充电法，有别于传统充电桩。其连续电流充电和脉冲电流充电方式采用智能化变脉冲充电方式的充电脉冲电流波形如图 3-4 所示，包括充电脉冲 T_1、间歇脉冲 T_2 及放电脉冲 T_3。通过间歇停充，使铅酸蓄电池经化学反应产生的氧气和氢气有时间重新化合而被吸收掉，使下一轮的恒流充电能够更加顺利地进行，使铅酸蓄电池可以吸收更多的电量。

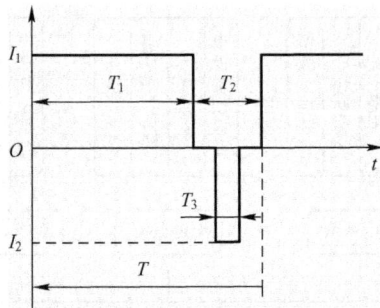

图 3-4　充电脉冲电流波形

2）交流充电桩工作原理

交流充电桩电气系统原理框图如图 3-5 所示。主回路由输入保护断路器、交流智能电能表、交流控制接触器和充电接口连接器组成；二次回路由控制继电器、急停按钮、运行状态指示灯、充电桩智能控制器和人机交互设备（显示、输入与刷卡）组成。

主回路输入断路器具备过载、短路和漏电保护功能；交流接触器控制电源的通断；连接器提供与电动汽车连接的充电接口，具备锁紧装置和防误操作功能。

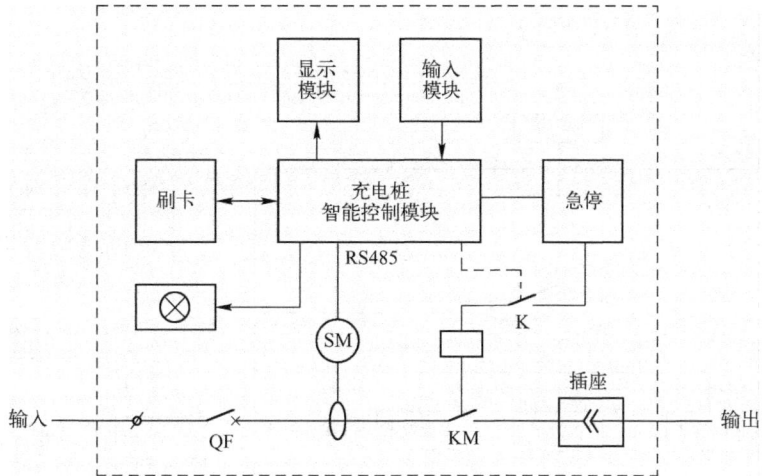

图 3-5 交流充电桩电气系统原理框图

二次回路提供"启停"控制与"急停"操作;信号灯提供"待机""充电""充满"状态指示;交流智能电能表进行交流充电计量;人机交互设备则提供刷卡、充电方式设置与启停控制操作。交流充电桩刷卡交易工作流程如图 3-6 所示。

3. 交流充电机功能特点

(1)交流输入侧配置漏电保护开关,具备输出侧的过载保护、短路保护和漏电保护功能。

(2)交流输入侧配置 D 级防雷器,具备防感应雷、防操作过电压的保护功能。

(3)交流输出侧配置交流智能电能表,进行交流充电计量,可将计量信息通过 RS-485 分别上传给充电桩智能控制器和用电采集终端。

(4)充电桩智能控制器具备对充电桩运行状态的综合测量、控制与保护功能,如运行状态监测、故障状态监测、充电计量与计费、充电过程的联动控制等。

(5)配置彩色触摸屏或 LCD 人机操作界面,充电计费方式可设置按电量、按金额、按时间和自动充满;充电启动方式可选择立即充电和预约充电;充电过程中实时显示充电方式、时间、电量及计费信息。

(6)配置运行状态指示发光条,绿灯常亮指示充电桩"待机"状态,红灯常亮指示充电桩"充电"状态,黄灯常亮指示充电桩"充满"状态,黄灯闪烁指示充电桩"故障"状态,包括联锁失败、断路器跳闸(过载保护、短路保护或漏电保护)。

(7)配置射频读卡器,支持 IC 卡付费方式,采用"预扣费与实结账"相结合的方式。

(8)具备完善的通信功能,充电桩智能控制器通过 RS-485 获取智能电能表的计量信息,完成充电计费和充电过程的联动控制;通过 CAN、以太网或 GPRS/CDMA 无线网络将用户信息、设备状态信息上传给后台监控系统,获取并执行后台监控系统的控制命令。

开始

初始化

自检

刷卡 —否—→

扣除预售金额

未结算标志置位

是／否

未结算卡　有效卡　非有效卡

充电完成标志置位 ←是— 充电加电超时

结算 ←是— 充电完成 —否→ 用户确认

充电完成标志置位 ←是— 充电电缆断开

结束充电 —否→ 连接插头 —否→ 充电完成

结束充电阶段 —是→ 定时识别 —是→ 充电完成标志置位

结算 —否→ 连接确认 —否→ 连接超时 —是→ 结束充电阶段

设置充电模式

显示充电结束界面

充电模式确认 —否→

结算 —否→

握手阶段超时 —是→

为结算标志清零

配置阶段超时 —是→

定时识别

加电确认 —否→ 加电超时 —是→ 暂停服务

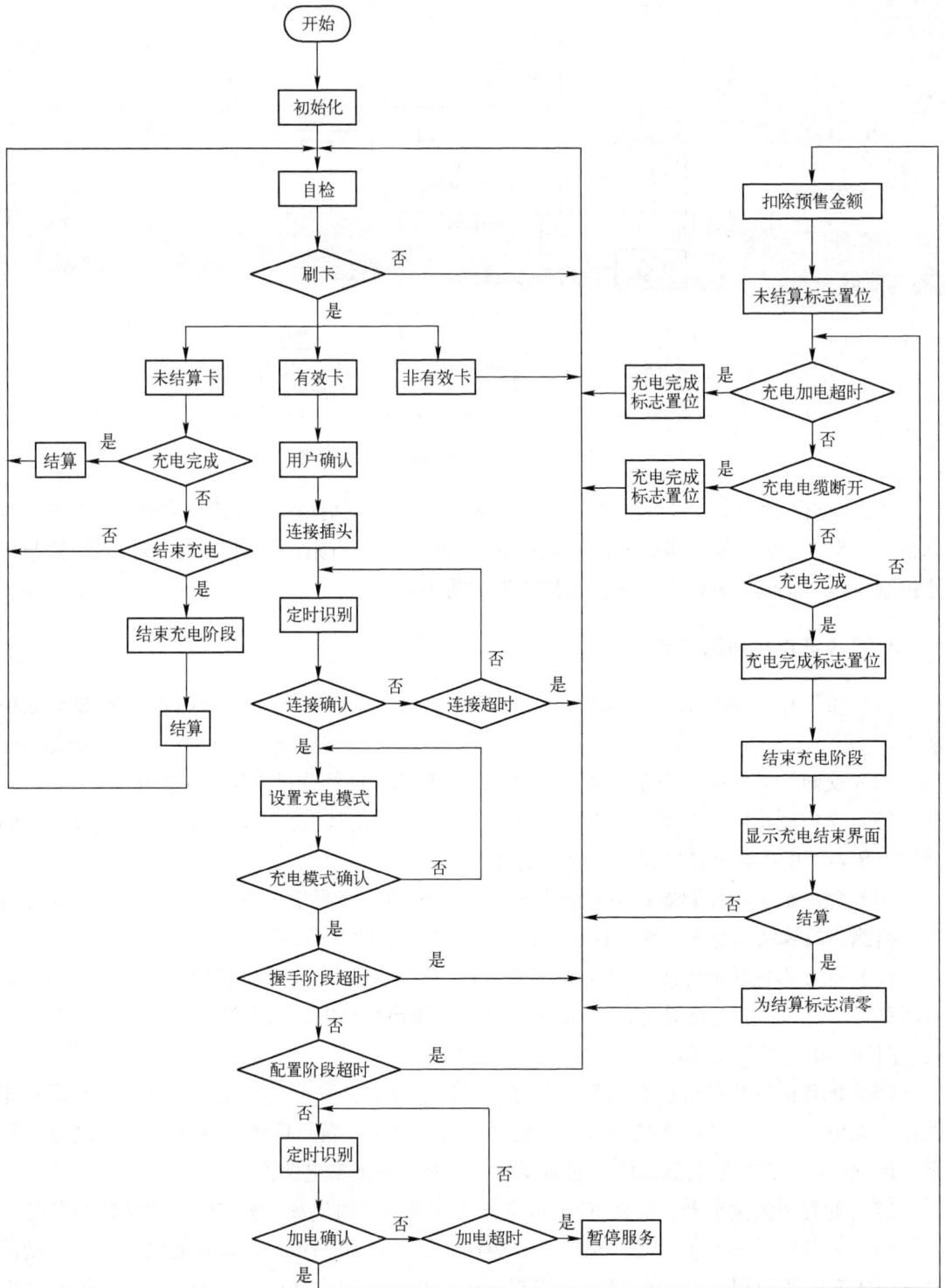

图3-6　交流充电桩刷卡交易工作流程

3.2.2 充电接口连接器的连接方式

依据 GB/T20234.2 - 2011《电动汽车传导充电用连接装置/交流充电接口》中相关规定的要求,采用控制导引电路的方式来作为充电连接装置的连接状态及额定电流参数的判断装置。典型控制导引电路如图 3-7 所示。

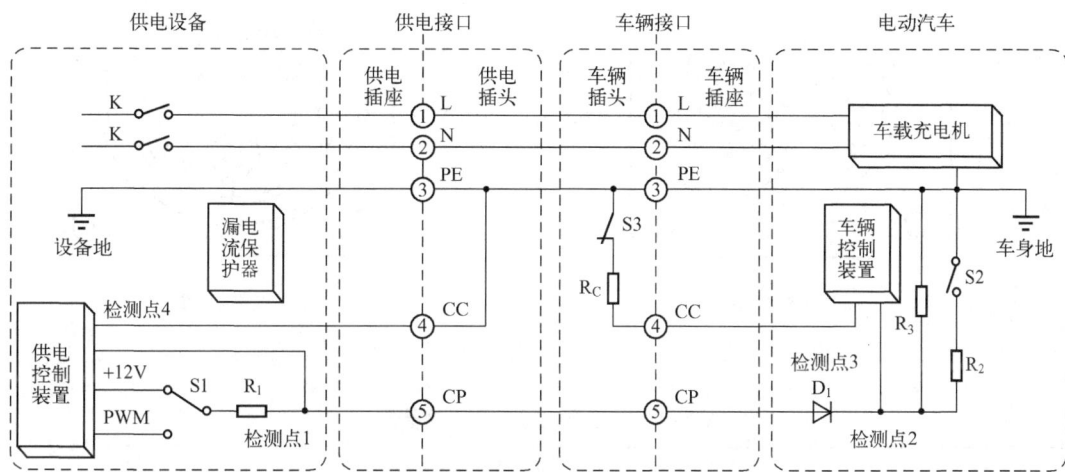

图 3-7 典型控制导引电路

供电设备插头与插座连接后,供电控制装置通过检测如图 3-7 所示检测点④的电压值判断供电插头与供电插座是否已完全连接。同时,电动汽车车辆控制装置通过测量检测点③与 PE 间的电阻值判断车辆插头与车辆插座是否已完全连接。在完成插头与插座连接状态检测后,操作人员对供电设备完成充电启动设置,则开关 S1 从连接 +12V 状态切换至 PWM 连接状态,供电控制装置发出 PWM 信号。供电控制装置通过测量检测点①的电压值判断充电连接装置是否已完全连接。车辆控制端检测无误后闭合 S2,供电控制装置通过再次测量检测点①的电压值判断车辆是否准备就绪,如满足要求,则通过闭合开关 K 使交流供电回路导通。

充电接口是指用于连接活动电缆和电动汽车的充电部件,由充电插座和充电插头两部分构成,是电动汽车传导式充电方式的必备设备。充电插头在充电过程中与充电插座安全可靠接触,从而实现电能的传输。

电动汽车的充电接口的种类主要有三种:单相交流充电接口、三相交流充电接口和直流充电接口。单相交流充电接口主要用于家庭用户充电设施和一些标准的公共充电设施。这类充电插头比较简单,一般插头有三个端子,分别是交流火线、交流零线和接地线,与传统的电源插座类似,只是形体和额定电流较大。

三相交流充电接口和直流充电接口比单相交流接口要复杂得多。这类充电接口一般用于较大的充电站,为较大型的电动汽车进行充电服务,而且充电电流相对较大,外形较大,功能复杂。

三相交流充电接口共包含7对触头，可以满足目前的交流单相充电，待发展后扩展为交流三相充电。交流充电接口连接器插座界面如图3-8（a）所示。连接器插头具有锁紧装置，用于防止连接时意外断开，并具备防误操作功能。交流充电接口端子功能定义见表3-4。

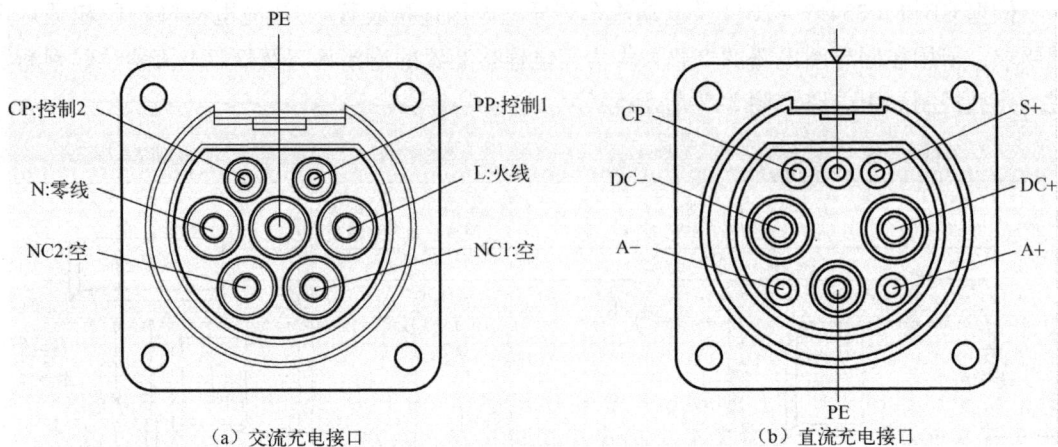

图3-8　交流充电接口连接器插座界面

表3-4　交流充电接口端子功能定义

触点编号/功能	功能定义	触点编号/功能	功能定义
L	交流电源（火线）	PE	连接供电设备地线和车辆底盘地线
NC1	交流电源（空）	PP	控制1
NC2	交流电源（空）	CP	控制2
N	零线		

图3-8（b）为直流充电接口。直流充电接口端子功能定义见表3-5。

表3-5　直流充电接口端子功能定义

触点编号/功能	功能定义	触点编号/功能	功能定义
DC +	连接直流电源正与电源正极	CP	连接非车载充电机与电动汽车的通信线
DC −	连接直流电源负与电源负极	▽	连接CAN通信用屏蔽线
PE	连接供电设备地线和车辆底盘地线，在充电接口连接和断开时，该端子相对于其他端子首先完成连接，并最后断开	A +	连接非车载充电机，为电动汽车提供低压辅助电源+
S +	连接非车载充电机与电动汽车的通信线	A −	连接非车载充电机，为电动汽车提供低压辅助电源−

在电动汽车的产业化过程中，充电接口的标准化至关重要。充电接口应该满足以下几方面要求：

（1）能够实现较大电流的传输和传导，避免因电流过大引起插座发热和故障。

（2）插头能够与插座充分耦合，接触电阻小，避免因接触不良引起火花烧蚀或虚接。

（3）能够实现必要的通信功能，便于电动汽车 CAN 通信或电池管理系统与充电动机对接。

（4）具备防误插能力。由于电动汽车使用的充电设备或电池的型号和性能不同，因而所需要的电源就不一样，同时，由于各插头的性能不同，插头的电极不能插错，这就要求不同的电源插头要有一定的识别能力。

（5）具备合理的外形，便于执行插拔作业。

控制引导电路可以满足供电设备侧和车辆侧的连接确认，通过相关电路的检测保证充电电流和车载充电机、电源侧供电设备、充电连接装置在允许值范围内的匹配。充电过程中通过不断检测供电设备的 PWM 占空比实时调整充电电流，满足电网侧智能调度的需要。控制导向器功能表见表 3-6。充电接口连接方式如图 3-9 所示。

表 3-6　控制导向器功能表

代号	部　件　表	功能/特性	方　式		
			图 3-9（a）	图 3-9（b）	图 3-9（c）
A	辅助触点	连接器的检测 车载充电桩的启动（可选） 导引回路	× ×	× × ×	× ×
BP	断开连接器的耦合	在主要的触点断开以前，打开导引回路，给系统断电 $t > 100\text{ms}$			×
C1	供电设备上的主要连接器	如果 $0.5\text{k}\Omega < R_0 < 2\text{k}\Omega$，正常操作时闭合		×	×
C2（可选）	车辆上的主要接触器	正常操作时闭合			×
E1	辅助供电	用低压直流电来为导引电路供电，包括：保护性接地导体、导引和车体		×	×
VD1	二极管	不用 防止电动车辆上的计算机被供电设备供电	×	×	×
VD2	二极管	防止辅助电路 E_1 和 M_1 被电动汽车辆加电		×	×
VD3	二极管	防止充电桩内辅助供电电路 E_1 和地的短路			×
FC（可选）	闭合活门	启动车载充电桩	×	×	
G	控制触点（连接时最后闭合）	检测连接器所用的地 控制回路所用的地 数据的零地	×	× ×	× × ×
M1	测量电路	整个回路的电阻值 R_0 $0.5\text{k}\Omega < R_0 < 2\text{k}\Omega$		×	×
R	附加的电阻或传感器	安装在车辆的连接器中 安装在充电站中		×	×
T1	辅助变压器	与主供电电路隔离			×
L	通信 +	串行通信			×
K	通信 -	串行通信			×

注：×代表现有附件。

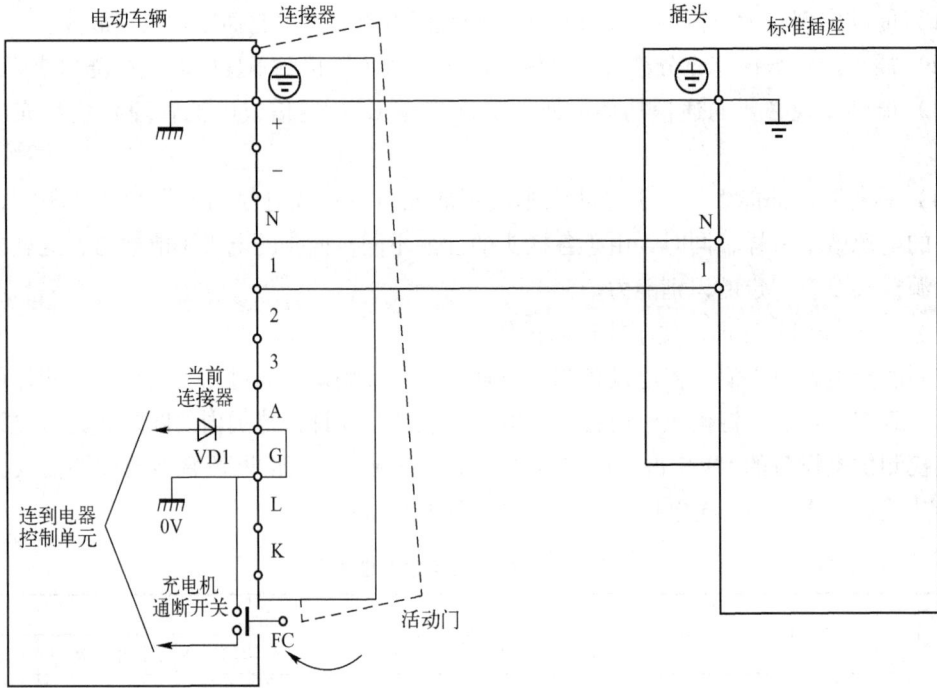

（a）普通充电接口连接方式

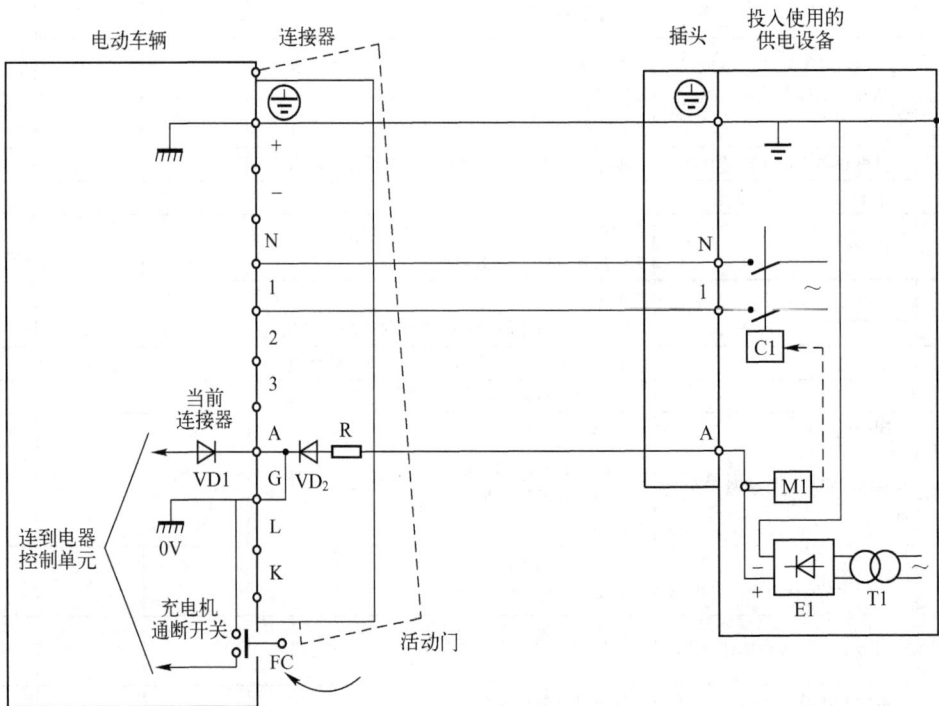

（b）附件电阻在连接器中的充电接口连接方式

图3-9　充电接口连接方式

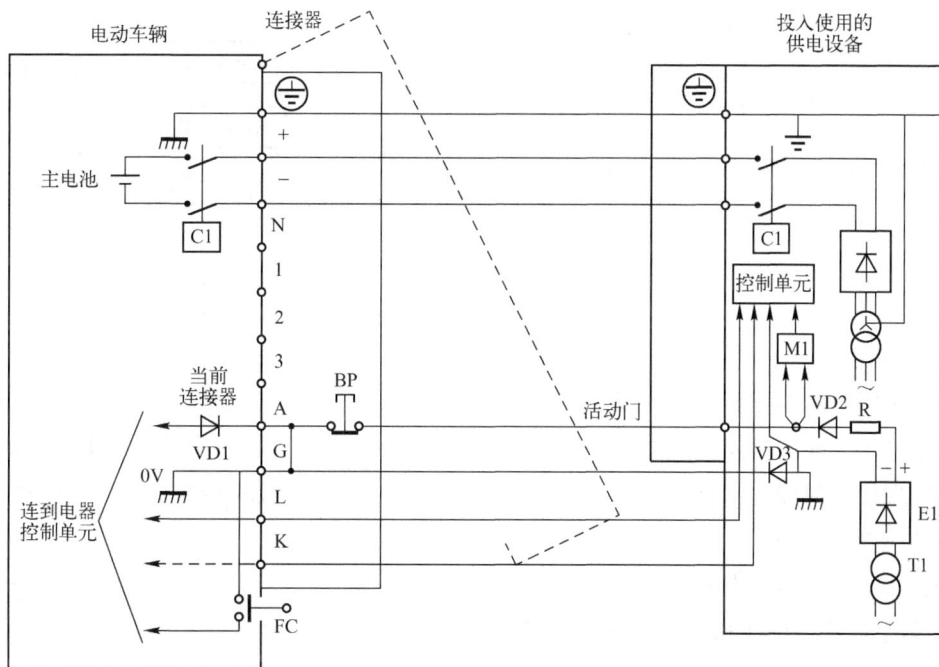

（c）附件电阻在充电站中的充电接口连接方式

图3-9 充电接口连接方式（续）

3.3 充电机结构及功率变换器主电路拓扑

3.3.1 充电机（桩）结构

1. 充电机结构

充电机控制结构框图如图3-10所示。

充电机具有的功能如下：

（1）具备手动充电功能。在充电过程中，操作人员设置充电方式、充电电压、充电电流等参数，充电机根据设定参数执行相应操作，完成充电过程。

（2）具备高速CAN网络与蓄电池管理系统的通信功能。判断充电机是否与电动汽车正确连接，判断动力蓄电池类型，获得蓄电池系统参数及充电前和充电过程中整组和单体蓄电池的实时数据。

（3）可通过高速CAN网络或工业以太网与充电监控系统通信，上传充电机和动力蓄电池的工作状态、工作参数和故障告警信息，接受启动充电或停止充电控制命令。

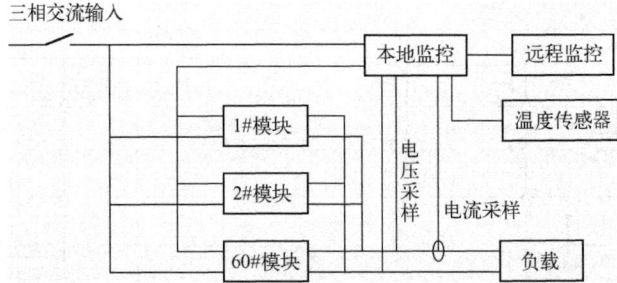

图 3-10　充电机控制结构框图

（4）彩色触摸屏显示与输入人机交互界面可显示当前蓄电池类型、充电方式、充电电流、充电电压、充电时间、充电电量及计费信息；在手动设定过程中能显示输入和帮助信息；在出现故障时能显示相应告警内容；通过触摸屏可对充电机的参数进行设定或对充电机进行启动或停止控制。

（5）完备的安全防护措施：

① 紧急停止充电按钮，人工确认启动充电。

② 交流输入过电压保护功能，交流输入欠电压告警功能。

③ 交流输入过电流保护功能。

④ 直流输出过电流保护功能，直流输出短路保护功能；直流输出防止反接功能。

⑤ 输出软启动功能，防止电流冲击。

⑥ 在充电过程中，充电机能保证动力蓄电池的温度、充电电压和电流不超过允许值。

⑦ 具有单体蓄电池电压限制功能，自动根据蓄电池管理系统提供的蓄电池信息动态调整充电电流。

⑧ 自动判断充电连接器、充电电缆是否正确连接。在充电机与电动汽车正确连接后，充电机才能允许启动充电过程；当充电机检测到与电动汽车连接不正常时，立即停止充电。

⑨ 充电联锁功能，保证充电机与电动汽车连接分开前车辆不能启动。

⑩ 具有阻燃功能。

1）充电机功能模块

充电机的拓扑结构有多种，大功率充电机多以三相交流电为输入电源，采用高频隔离型桥式 DC/DC 变换技术，根据预先设定的充电过程参数对电动汽车蓄电池组进行充电。电动汽车充电机功能模块框图如图 3-11 所示。

充电模块由三相无源 PFC 和 DC/DC 两个功率部分组成，在两个功率部分之外还有辅助电源及输入输出检测保护电路。前级三相无源 PFC 电路由输入 EMI 和无源 PFC 组成，用以实现交流输入的整流滤波和输入电流的校正，使输入电路的功率因数大于 0.92，以满足 DL/T781-2001 中三相谐波标准和 GB/T17794.2.2-2003 中相关 EMI、EMC 标准。

后级的 DC/DC 电路由 DC/DC 变换器及其控制电路、整流滤波、输出 EMI 等部分组成，

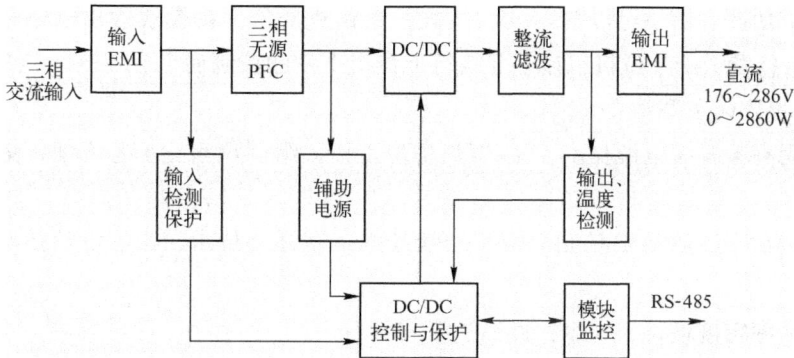

图3-11　电动汽车充电机功能模块框图

用以实现将前级整流电压转换成满足要求的稳定的直流电压输出。辅助电源在输入无源PFC之后，DC/DC变换器之前，利用三相无源PFC的直流输出，产生控制电路所需的各路控制电源。输入检测电路实现输入过/欠压、缺相等检测，DC/DC的检测保护电路包括输出电压电流的检测、散热器温度检测等，所有这些信号用以DC/DC的控制和保护。

2）充电模块的功能

（1）输入过/欠压保护。模块具有输入过/欠压保护功能，当输入电压低于$313\pm10Vac$或者高于$485\pm10Vac$时，模块保护，无直流输出，保护指示灯（黄色）亮。电压恢复到$335\pm10Vac\sim460\pm15Vac$后，模块自动恢复工作。

（2）输出过压保护/欠压告警。模块具有输出过压保护欠压告警功能，当输出电压高于$293\pm6Vdc$时，模块保护，无直流输出，保护指示灯（黄色）亮。模块不能自动恢复，必须将模块断电后重新上电。

当输出电压低于$198\pm1Vdc$时，模块告警，有直流输出，保护指示灯（黄色）亮。电压恢复后，模块输出欠压告警消失。

（3）短路保护。模块具有短路保护功能，当模块输出短路时，输出电流不大于40%额定电流。短路因素排除后，模块自动恢复正常输出。

（4）缺相保护。模块具有缺相保护功能。当输入缺相时，模块限功率，可半载输出。在输出电压为260V时输出5A电流。

（5）过温保护。模块的进风口被堵住或环境温度过高导致模块内部的温度超过设定值时，模块会过温保护，模块面板的保护指示灯（黄色）亮，模块无电压输出。在清除异常条件、模块内部的温度恢复正常后，模块将自动恢复为正常工作。

（6）原边过流保护。异常状态下模块整流侧出现过流，原边过流保护动作。原边过流保护不能自动恢复，必须将模块断电后重新上电。

（7）风扇温度控制。模块采用温度和电流联合控制风扇转动的方式，风扇转速分为停转、半转和全转三挡，通过对输出电流和模块温度综合考虑进行风扇调速控制。

（8）故障显示。模块告警信息以故障代码的形式在LED上实时闪烁显示，按下显示切换按钮后显示电压。

（9）通信功能。模块可以 RS-485 方式与上位机通信，将模块输出电压和电流、模块保护和告警信息发送给上位机，接受并执行上位机下发的控制命令。

3）充电模块的主要特点

（1）采用高频开关电源技术，N+1 热备份工作，组屏灵活，扩容方便，更可靠，更节省空间。

（2）采用数字化双 DSP 控制，CAN 总线技术、软开关技术、钳位专利技术、分散散热等专利技术。

（3）高功率密度设计，功率密度高达 $13.5W/in^3$。

（4）具备超宽电压输入范围（260~530Vac）和宽输入频率范围（45~65Hz），以及宽工作温度范围（-40℃~+65℃）。

（5）模块面板增加故障代码显示，方便故障检查。

（6）具有输入侧过、欠压保护、输出侧过压保护、欠压告警、过流及短路保护、过温保护等功能。

（7）充电模块采用业界领先的有源功率因数校正（APFC）技术，输入功率因数高达0.99，总谐波含量≤3%，无需在充电站内单独配置消谐滤波装置。

（8）充电模块符合 CE 安规和电磁兼容 ClassA 标准要求，符合欧盟 RoHS 指令，安全绿色环保。

2. 充电桩结构

电动汽车充电桩作为电动汽车的能量补给装置，其充电性能关系到蓄电池组的使用寿命、充电时间。实现对电动汽车动力蓄电池快速、高效、安全、合理的电量补给是电动汽车充电桩设计的基本原则，另外还要考虑充电桩对各种动力蓄电池的适用性。

快速充电桩的控制结构框图如图 3-12 所示。典型地面充电站中充电桩的方案如图 3-13 所示。该充电桩由一个能将输入的交流电转换为直流电的整流器和一个能调节直流电功率的功率转换器组成，通过把带充电桩输出插头插入与电动汽车上配套的插座上，直流电能就输入至蓄电池并对其充电。充电桩设置了一个锁止杠杆以利于插入和取出插头，同时杠杆还能提供一个确定已经锁紧的信号以确保安全。根据充电桩和车上蓄电池管理系统相互之间的通信，功率转换器能在线调节直流充电功率，而且充电桩能显示充电电压、充电电流、充电量和充电费用。地面充电站中充电系统不同于车载充电机，有其特殊技术要求。

（1）充电系统应能服务于由不同厂商制造的技术指标不同的电动汽车、不同类型的蓄电池、不同标称容量的蓄电池、不同标称电压的蓄电池。不同类型蓄电池的充电控制算法是不同的，相同类型不同容量和不同标称电压的蓄电池对充电设备的技术要求也不同。

（2）公共场所用的电动汽车充电系统必须实现无人值守自动充电，作为服务面广、量大的公共场所用电动汽车充电系统，不可能，也不允许由专业充电技术人员进行充电操作，应由驾驶员利用设置在公共场所的无人值守智能化充电装置，在网络管理下，实现无人值守自

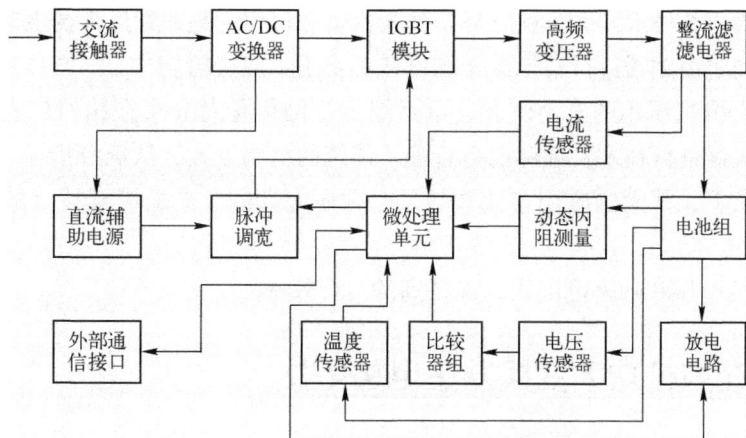

图3-12 快速充电桩的控制结构框图

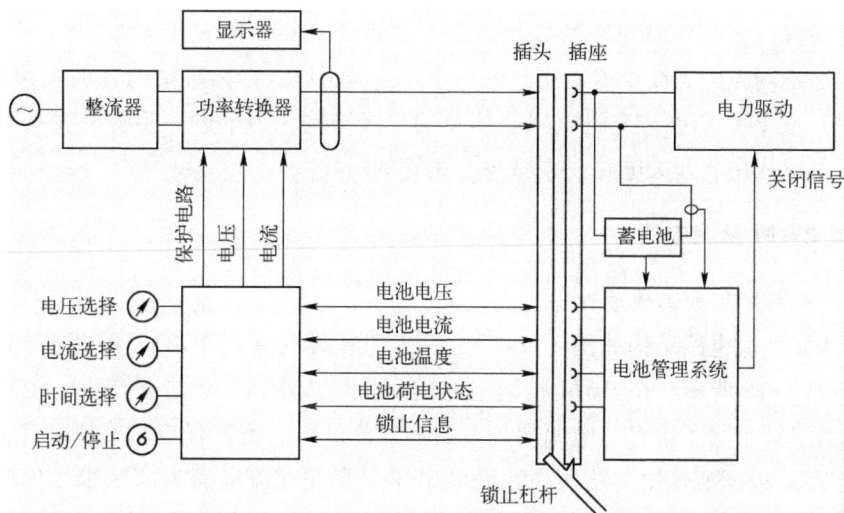

图3-13 典型地面充电站中充电桩的方案

动充电。

（3）充电装置必须能适应蓄电池组技术状态离散性大的技术特点。蓄电池的显著特点之一就是技术性能离散性大。同一种类型的蓄电池、同一品牌的不同批次、同一批次的不同产品，其技术性能离散性都很大，无法实现典型的充电控制算法适应所有蓄电池组。对于串联单体数量很多的电动汽车蓄电池组，蓄电池技术状态离散性大的问题就更为突出。如果不能有效解决蓄电池组技术性能离散性对充放电的影响，就难以保证充放电时不损坏蓄电池。

（4）不同电动汽车制造厂商或不同蓄电池制造商对充电控制算法有不同的要求，公共场所用充电装置必须可满足用户对特殊充电控制算法的要求。

（5）随着电池技术的发展，更高性能的新型电池将不断取代原来的电池应用于电动汽车，作为用于公共场所电动汽车的充电系统，必须能适应未来应用新型电池的电动汽车对充电的需要，因为当今技术发展日新月异，作为投资和规模都是非常巨大的电动汽车能源补给系统，在短时间之内频繁进行技术改造和设备更新是不现实的。

（6）用于公共场所用的电动汽车充电系统管理网络是对分布在相对广大地域内的、数量庞大的充电机群进行技术管理和商务管理。传统的组网方式，从经济指标、系统安全或对环境的基本要求上，都无法应用在该领域，必须研究新的、能适应其特点的管理网络组网方式。

（7）在宽的电压和功率范围内，保持高的运行效率。

3.3.2　充电桩功率变换器主电路拓扑

电动汽车充电桩的功率变换器工作在高频，会对电网造成谐波污染，必须采取有效措施，如功率因数校正或无功补偿等技术，限制电动汽车充电桩功率变换器进入电网的总谐波量。就目前而言，充电功率变换器必须满足 IEEE519—1992 标准或类似的标准。要满足这些标准，根据不同充电等级要求，充电桩功率变换器可以选择两级结构（前级为 PFC + 后级为充电电路）或 PFC 功能与充电电路一体化的单级结构。为了进一步提高变换效率，允许高频工作，可以采用软开关电路，以减少开关管的损耗。

1. 三相 PWM 整流电路

1）整流电路结构和工作原理

三相 PWM 整流电路结构如图 3-14 所示。其开关器件采用 IGBT。单相 PWM 整流电路的原理图如图 3-15 所示。在 PWM 整流电路的交流输入端 A、B 之间产生一个正弦波调制 PWM 波 U_{AB}，U_{AB} 中除了含有与电源同频率的基波分量外，还含有与开关频率有关的高次谐波。由于电感 L_S 的滤波作用，这些高次谐波电压只会使交流电流 I_S 产生很小的脉动。如果忽略这种脉动，I_S 为频率与电源频率相同的正弦波。在交流电源电压 U_S 一定时，I_S 的幅值和相位由 U_{AB} 中基波分量的幅值及其与 U_{AB} 的相位差决定。改变 U_{AB} 中基波分量的幅值和相位，就可以使 I_S 与 U_S 同相位。

单相 PWM 整流电路的向量图如图 3-16 所示。其中，U_S 表示电网电压，U_{AB} 表示 PWM 整流电路输入的交流电压，U_L 为连接电抗器 L_S 的电压，U_R 为电网内阻 R_S 的电压。图 3-16 中，U_{AB} 滞后 U_S 的相角为 φ，I_S 与 U_S 的相位完全相同，电路工作在整流状态，且功率因数为 1。这就是 PWM 整流电路的基本工作原理。

三相 PWM 整流电路的工作原理与单相 PWM 整流电路类似，通过对图 3-14 电路进行 SPWM 控制，便可在交流输入端得到正弦 PWM 电压 U_{AB}（U_{BC}、U_{CA} 为其他另两相，图 3-15 为单相电路），通过控制 U_{AB}（U_{BC}、U_{CA}）基波分量的幅值和相位，使各相电流为正弦波，与电网电压同相位，输入功率因数接近于 1。

要使三相 PWM 整流电路正常工作，其直流侧电压必须大于交流输入线电压的峰值。整流电路输出电压即为蓄电池的充电电压，一般浮充电压为 390V 左右。当蓄电池放电后

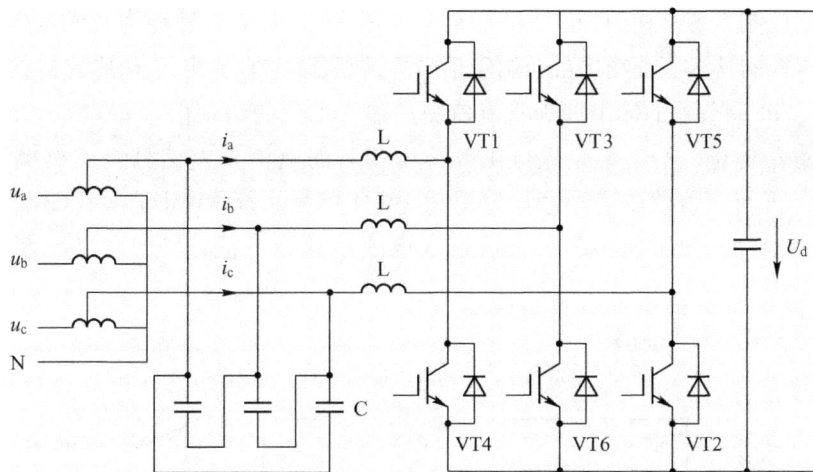

图 3-14 三相 PWM 整流电路结构

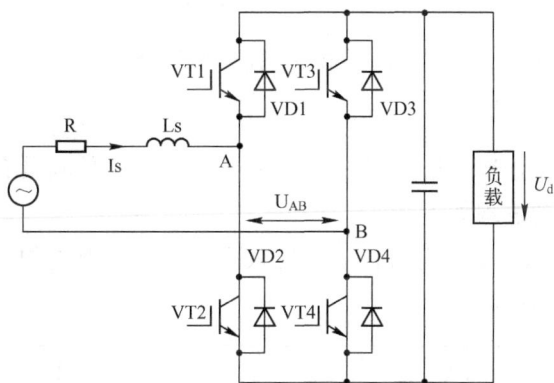

图 3-15 单相 PWM 整流电路的原理图

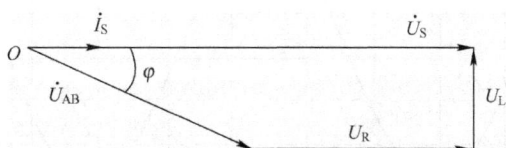

图 3-16 单相 PWM 整流电路的向量图

重新充电时，充电电压在 280~410V 范围内变化。对于线电压为 380V 的三相输入整流电路，其线电压峰值远远大于 280V，不满足三相 PWM 整流电路正常工作的条件。可采用自耦变压器 T_c 将三相输入电压降低以后再输入 PWM 整流电路，T_c 的变比为 380/210，这样，当输入电压在允许的范围变化时，在整个充电电压范围内均能满足 PWM 整流电路的电压变换条件。

2）PWM 整流电路控制方法

PWM 整流电路的控制方法有直接电流控制和间接电流控制两种，直接电流控制引入交流输入电流反馈进行闭环控制，其电流指令运算电路比不引入交流反馈的间接电流控制简单。直接电流控制系统结构图如图 3-17 所示，采用双环控制，外环为直流电压控制环，内环为交流电流控制环。直流输出电压给定信号 U_d 和实际的直流电压 U_f 比较后的误差信号送入 PI 调节器，PI 调节器的输出即为整流器交流输入电流的给定信号 i_a^*（i_b^*、i_c^*）。其在与实际的交流输入电流 i_a（i_b、i_c）进行比较，比较后的电流误差信号经比例调节器放大后送入比较器，再与三角载波信号经比较形成 PWM 信号。该 PWM 信号经驱动电路后去驱动主电路开关器件，便可使实际的交流输入电流跟踪指令值，同时达到控制输出电压的目的。

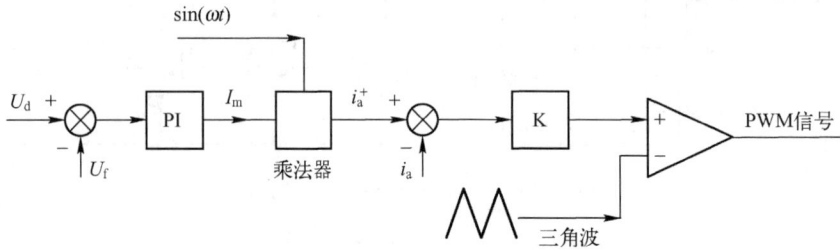

图 3-17　直接电流控制系统结构图

3）主要技术特性

三相 PWM 整流电路由于采用了先进的 PWM 控制技术，使其具有比采用相控整流电路更优的输入特性。这主要表现如下：

（1）具有完美的正弦波输入电流，极大地减少了整流器对电网的谐波污染。整流电路输入电流波形如图 3-18 所示。

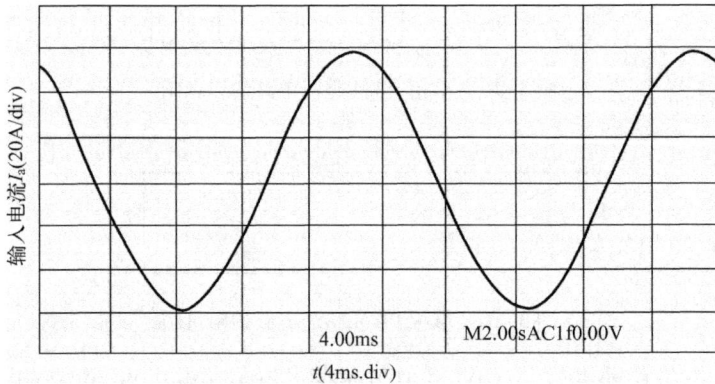

图 3-18　整流电路输入电流波形

（2）输入功率因数近似为 1，使得整流电路与电网之间几乎没有无功传递，可以降低电源系统变压器的容量，大幅减少无功损耗，从而可以节约能源，降低系统成本。

（3）输入电压范围宽，更适合于电网电压剧烈波动的地区，有利于减少蓄电池的充放电次数。

（4）整流输出直流电压纹波小，可延长蓄电池使用寿命。

2. 单级 PFC 功率变换器

典型三端式单级 PFC 电路框图如图 3-19（a）所示。图 3-19（b）为相应的基本电路。从图 3-19（b）可以看到，典型的单级 PFC 功率变换器是由 BOOST 功率变换器与基本的功率变换器合成的。两部分共用一个开关管，其中 VD1 电路是充电电路，VD2 是放电电路（同时防止开关管关断时电流倒流）。由于控制电路只对输出电压进行控制，因此要求变换电路本身具有自然的 PFC 功能。BOOST 功率变换器恰恰具有这种内在的功率因数校正能力。

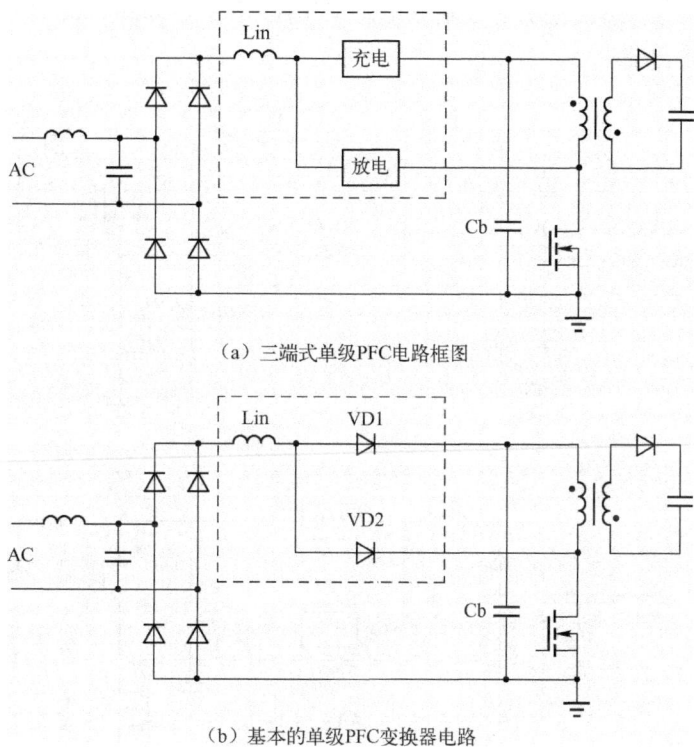

（a）三端式单级PFC电路框图

（b）基本的单级PFC变换器电路

图 3-19 单级 PFC 电路

从图 3-19（a）可以看到，典型的 PFC 功率变换器是直接与交流电路相连的，因此瞬时输入功率是随时变化的，要得到稳定的功率输出，储能电容 Cb 是必需的功率平衡手段。由于整流后的输入电压与负载大小无关，因此负载越轻，积累在 Cb 上的不平衡能量就越多，导致 Cb 上的电压应力很大，对器件耐压要求提高。

基于典型单级 PFC 电路的上述特点，在开发新结构的单级 PFC 电路时，应尽可能满足以下几个方面的要求：

（1）功率变换器电路要有较好的谐波处理能力，可以满足各种标准的要求。

（2）功率变换器要有较好的稳定输出电压能力。

（3）功率变换器的电路拓扑应具有降低电压应力、减少电路损耗的能力。

（4）开关管的控制方式应达到较好的校正、输出效果。

许多新型的单级 PFC 功率变换器拓扑结构，基本都是在典型单级 PFC 电路的基础上，围绕着减少器件的电压应力、降低电路的损耗而进行的改进。

1）基本电路的改进

在对基本电路的实际改进中，通常是在如图 3-19（b）所示电路中的 VD1、VD2 两条二极管电路中加入电感线圈等元件，以减少电路的电压应力。图 3-20（a）是一个改进的电路实例，在如图 3-19（b）所示电路中的 VD1、VD2 两条电路中加入负反馈线圈 W1、W2。在电路开通或关断时，两个线圈提供负反馈电压，减轻了储能电容 Cb 的电压应力，延缓了输入电流的变化。这种方法还有利于输入电感工作在 CCM（Continuous Current Mode）模式，可保持较低的谐波含量。

（a）单级PFC变换器电路拓扑

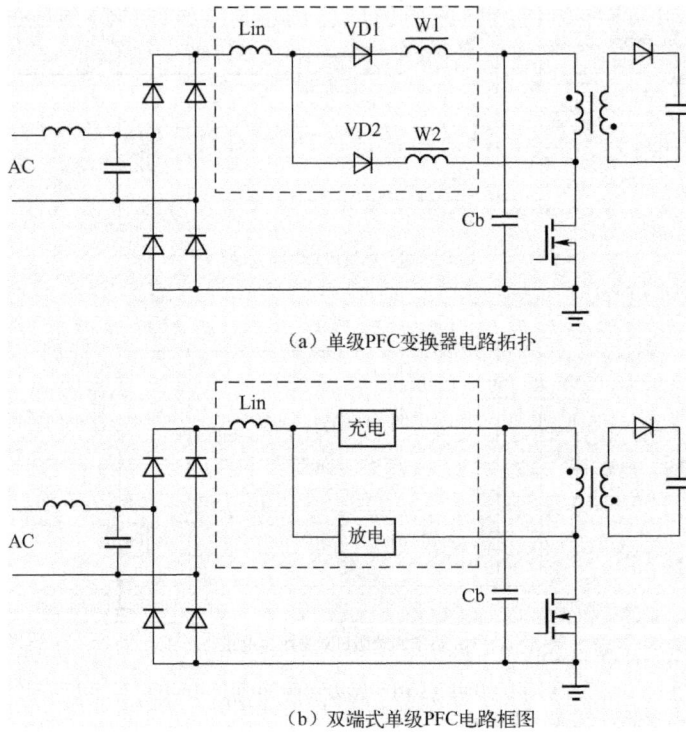

（b）双端式单级PFC电路框图

图 3-20　改进的单级 PFC 变换电路

在实际设计中，通常采用如图 3-20（b）所示的双端式单级 PFC 电路。它与三端式单级 PFC 电路类似，但充、放电电路的连接方法与三端式有差别。实际上，双端式单级 PFC 电路往往与三端式 PFC 有相对应的关系，两类电路的工作原理、所要实现的目标是基本一致的。

2）与其他功率变换器电路的结合

PFC 技术发展至今已经逐渐融入到许多优秀的功率变换器电路中，这些新的拓扑结构可以很好地抑制电源输入谐波，整定输入电流波形，同时又具有极好的输出特性，充分发挥了 PFC 电路和功率变换电路的特点。

根据如图 3-19 所示单级 PFC 功率变换器的原理，可以将 BOOST 电路与其他功率变换器结合在一起。将 BOOST 电路与全桥功率变换器结合的单级 PFC 电路如图 3-21 所示。在实际应用中，对 VDx1、VDx2 的充放电电路进行改进，可以得到更好的效果。该电路可以实现对输入电流波形的整定，同时又可以工作在较大功率场合，发挥了全桥电路的特点。同样，PFC 电路还可以与其他电路结合，也能收到很好的效果。

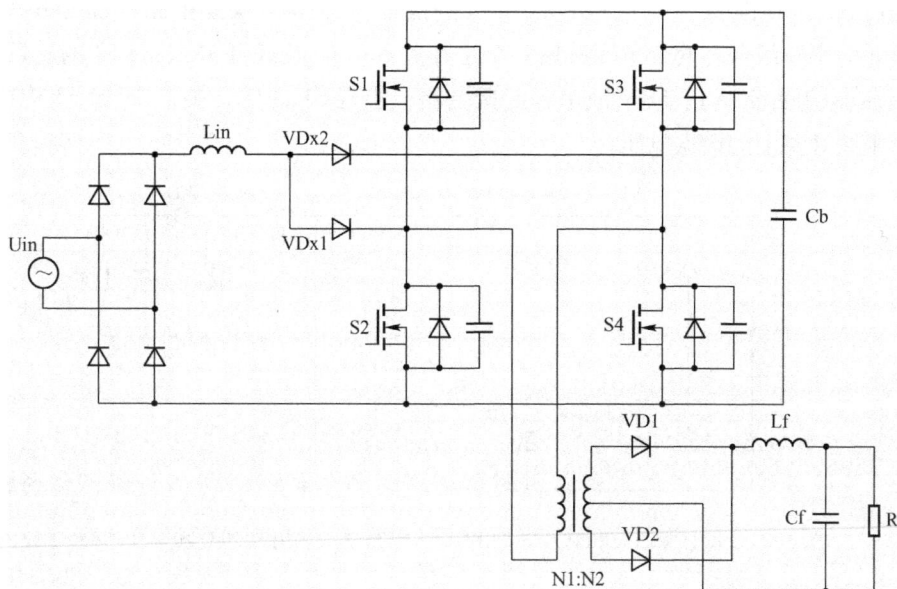

图 3-21　单级全桥 PFC 变换器

3. 单级隔离式 PFC 功率变换器

1）串联式单级隔离式 PFC 功率变换器

（1）基本 BOOST 单级隔离式 PFC 功率变换器。图 3-22 是由 BOOST 型 PFC 电路与单开关反激功率变换器组合而成的最基本的单级隔离式 PFC 功率变换器拓扑，与普通的 DC/DC 功率变换器相比，有电压应力较高、损失较多等缺点，因此采用各种软开关技术，以减少开关损耗及开关应力。此新型单级 PFC 功率变换器具有效率高、电路拓扑又十分简单等特点。

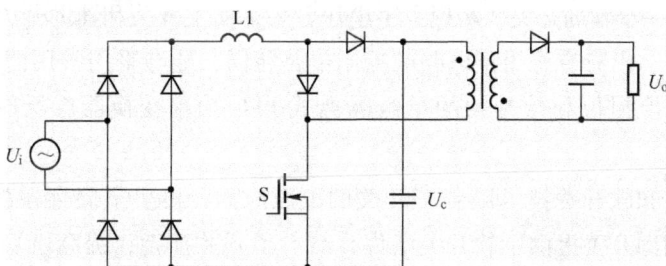

图 3-22　基本 BOOST 单级隔离式 PFC 变换器

（2）带有源钳位和软开关的 BOOST 电路单极隔离式 PFC 功率变换器。与普通 DC/DC

功率变换器相比，单级隔离式 PFC 功率变换器具有电压应力大、损耗大等缺点。因此，在设计中，将有源钳位和软开关等技术应用到单级式 PFC 功率变换器中，使主、辅开关在软开关条件下开关，以减少损耗，降低电路的电压应力，从而使单级式 PFC 功率变换器电路能够得到实际应用。

带有源钳位和软开关的 BOOST 电路单极隔离式 PFC 功率变换器如图 3-23 所示。有源钳位电路由 S2、CC 构成。S1 为主开关，S2 为有源钳位辅助开关，电路可视为 BOOST 单元与反激单元的串联组合。两个单元共用一个主开关 S1。Cr 代表开关 S1 和 S2 的总寄生电容，Lr 代表变压器的漏感，Cr、Lr 形成串联谐振电路，实现 S1 的软开关，Cc 和 S2 构成有源钳位电路，限制开关上的谐振电压。

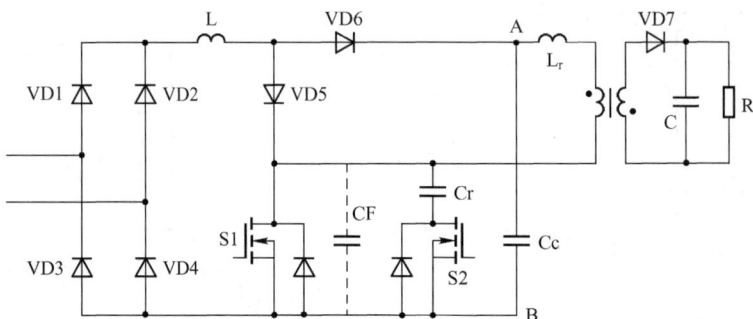

图 3-23 带有源钳位和软开关的 BOOST 电路单级隔离式 PFC 功率变换器

主开关 S1 关断后，Cr 充电，当 Cr 上的电压 U_{cr} 被充电到 Cc 的电压 U_c 时，辅助开关 S2 导通，S1 的电压被钳位在 U_c，降低了 S1 的电压应力。

软开关过程由谐振电感 Lr、寄生电容 Cr 的谐振来实现。为了实现零电压开关，必须适当选择 Lr 的值，且要求 Lr 的值远小于励磁电感 Lm 的值。Lr 的值越大，越容易满足主开关的 ZVS（Zero Voltage Switching）条件，但 Lr 的值增大会增加开关管 S1、S2 的电压应力，带来更多的占空比丢失；而 Lr 的值越小，输出二极管 VD7 的电流下降率 di_{VD7}/dt 就会越大，带来严重的反向恢复问题。

这种电路可再生变压器漏感中的能量，减小电压应力，与前面提到的再生钳位电路类似，但它又增加了一个辅助开关，实现了零电压开关，而主开关和辅助开关用同一个控制/驱动电路。控制电路与没有有源钳位电路的控制电路相同，能够采用常用的 PWM 控制芯片来设计。目前，带有源钳位和软开关的单级隔离式 PFC 功率变换器广泛应用于各种小功率场合。

采用有源钳位和软开关技术限制了开关的电压应力，再生了储存在变压器漏感中的能量，为主开关和辅助开关提供了软开关条件，减少了开关损耗，提高了功率变换器的效率，进一步提高了电路的实用性。

（3）带有再生钳位的 BOOST 反激型单级隔离式 PFC 功率变换器。带有再生钳位的 BOOST 反激型单级隔离式 PFC 功率变换器如图 3-24 所示，是在基本单级隔离式 PFC 功率变换器的基础上，增加了再生钳位电容 Cc 和二极管 VDd 两个元器件构成的钳位电路。Cc 用来钳位开关上的电压，VDd 用来阻止 Lk、Lp、Ce、L 和 Cc 在开关 S 关断时的谐振。钳位电路虽然简单，但可有效地减小开关应力（钳位在 $U_c + nU_0$ 上，U_c 为电容器 Cc 的端电压），通过 Cc 与漏感 Lk 的谐振再生储存在变压器漏感中的能量，免去了损耗能量的缓冲电路。功率变换器的功率因数可高于 0.99，普通单级 PFC 功率变换器在相同条件下仅为 0.98 左右。THD 比加缓冲电路时降低 9% 左右。这种功率变换器的开关在闭合时应力较大，不是零电压下关断。

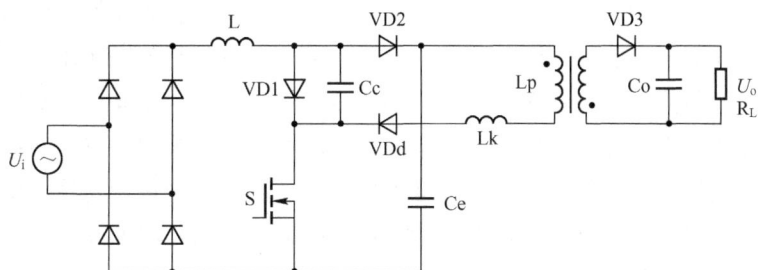

图 3-24　带有再生钳位的 BOOST 反激型单级隔离式 PFC 功率变换器

（4）单级充电激励式 PFC 功率变换器。单级充电激励式 PFC 功率变换器没有用 BOOST 或其他功率变换器作为 PFC 单元，仅用两个电容来实现 PFC。充电激励式 PFC 单元由谐振电感 Lr、充电电容 Cb 及 Cs、输出整流管 VDx 和钳位二极管 VDs 组成，如图 3-25 所示。单级充电激励式 PFC 功率变换器简单工作原理如下：

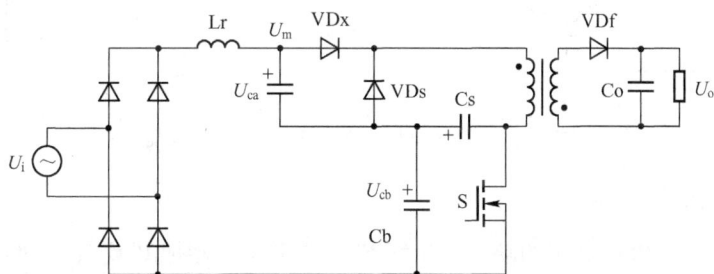

图 3-25　单级充电激励式 PFC 变换器

闭合开关 S，电容 Cb 上的能量传递给变压器的初级绕组，VDx 由于加反压而截止，Lr、Cb 和 Cs 形成串联谐振从电源吸收能量。这期间，开关不仅承受 PFC 级的电流，而且还承受 DC/DC 级的电流。当 U_m 达到母线电压 U_B 时，VDx 开始导通，Lr 上储存的能量传送给 Cb，由于 U_m 被钳位到母线电压，所以谐振电容电压不变，也就没有电流流过谐振电容，这时开关仅承受来自 DC/DC 级的电流。

断开开关 S，Cb、Cs 放电，Cb 全部放电时，VDs 导通，Cb 和 Cs 储存的能量送给磁化电感，VDf 开始导通，磁场能量传送给负载，磁化电流降为零后，VDf 截止，反向电压 U_{cs} 加到 VDx 上，VDf 截止，然后又开始下一个开关周期。

开关 S 在 U_m 被钳位到母线电压时，来自 PFC 单元的电流为零，开关电流仅来自 DC/DC 单元，因此电流应力很小，与 DC/DC 功率变换器的基本相同。换句话说，也就是 PFC 单元不增加动作和开关损耗，功率变换器有较高的功率变换效率。这是这种功率变换器的主要优点。同时，这种功率变换器可在满载的 0.5% 到满载情况下，储能电容电压应力仍低于一般单级隔离式 PFC 功率变换器中储能电容上的电压，而且在负载的 0.5% 情况下还能调节输出电压，这一特性可在某些特殊场合应用。

（5）全桥式单级 PFC 功率变换器。ZVS（零电压开关）全桥式单级 PFC 功率变换器如图 3-26 所示，在一般的全桥式 PFC 功率变换器中加入了一个辅助开关电路来实现 ZVS，且 ZVS 可在大的负载范围内实现，同时有小的电压、电流应力，开关损耗几乎为零，EMI 噪声很低。次级部分的整流二极管在 ZCS（零电流开关）和 ZVS 下动作，初级有源器件在 ZVS 下动作。这一特点是因为在高电压、高频率开关电源的开关损失中，主要的损失是由二级管反向恢复损失产生的，而不是有源器件。这种功率变换器可应用在较高功率场合。然而，它也存在着电路拓扑复杂，需要器件较多，增加费用的缺点，而且辅助开关的峰值电流应力比主开关的要高，但是有效电流应力低。

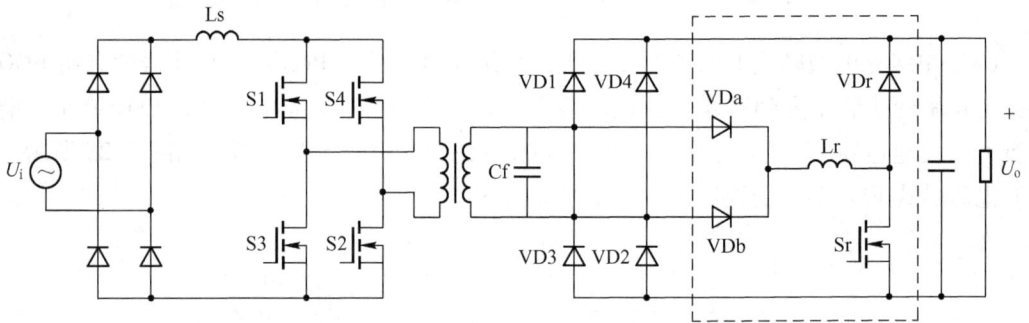

图 3-26　ZVS 全桥式单级 PFC 功率变换器

2）单级并联 PFC 电路

针对传统两级式 PFC 电路的缺点，单级 PFC 功率变换器把 PFC 级与 DC/DC 功率转换级整合在一起，达到了减少器件数量、简化控制电路、提高功率密度的目的，并力图使整个功率变换器电路具有较高的效率、较好的输出稳定性。但在单级电路中，由于单个开关管须同时实现 PFC 功能和调整输出电压功能，因此效率、输出等性能都逊色于两极式 PFC 功率变换器。针对这一问题，又产生了新的并联式 PFC 电路。与两级式电路及普通单级电路相比，这种电路的效率较高，输出特性也比较好。

基本并联式 PFC 功率变换器如图 3-27（a）所示。在一个周期中，PFC 级无需处理所有的传输功率，是并联式 PFC 的基本特征。

对于如图 3-27（a）所示的并联 PFC 功率变换器，其输入输出的功率关系如图 3-27（b）所示。在 $t_0 \sim t_1$ 时刻，$P_i > P_o$，功率 P_1 经主电路传输到输出侧，无需经过 PFC 级，多输入的功率 $P_i - P_o$ 积累在储能电容中。在 $t_1 \sim t_2$ 时刻，$P_i < P_o$，输出功率的一部分由电源主电路和

（a）基本的并联式PFC变换器

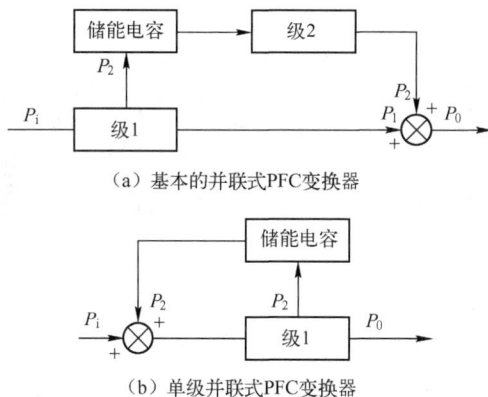

（b）单级并联式PFC变换器

图3-27 基本并联式 PFC 功率变换器

PFC 级提供，差额部分 $P_o - P_i$ 由储能电容经 PFC 级提供。P_1 占平均输入功率的 68% 左右，为直接经由主电路传输到输出侧的功率；P_2 占 32% 左右，为储能电容提供给输出侧的功率。并联式 PFC 功率变换器输入输出功率关系如图 3-28 所示。单级并联式 PFC 变换器输入输出功率概念图如图 3-28（b）所示。

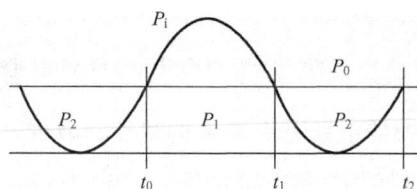

（a）基本并联式输入输出功率关系

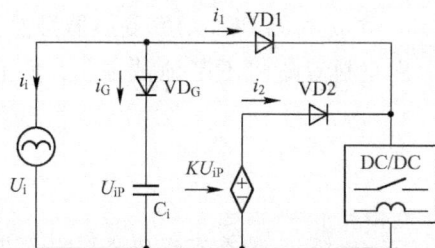

（b）单级并联PFC变换器输入输出功率概念图

图 3-28 并联 PFC 功率变换器输入输出功率关系

实际的单级反激式并联 PFC 功率变换器如图 3-29 所示。图中，输入电感 Li、变压器激磁电感 Lm、附加线圈 N_2 完成如图 3-28（b）所示受控电压源的功能。实验证明，该电路输入电流平均值与负载电流反馈有关，随负载电流变化，这种自身具有的负载电流反馈性质，可以使电路在轻载时不需要减少占空比就可以降低输入功率。另外，这种电路不会增加开关管的电流应力，并可以减少储能电容的电压应力以及其他有源器件的电压应力。

并联式单级 BOOST 型 PFC 功率变换器如图 3-30 所示，与串联式单级 PFC 功率变换器相比，具有较高的变换效率，但是电路复杂。因此，近年来研究、应用较多的大多是电路简单的串联式单级 PFC 功率变换器。

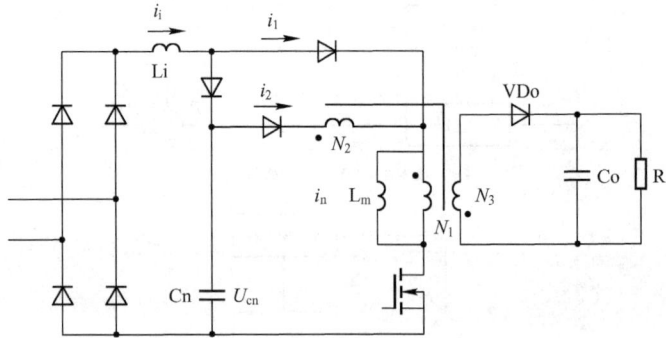

图 3-29　实际的单级反激式并联 PFC 功率变换器

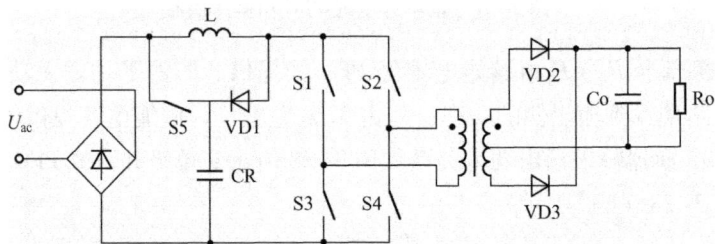

图 3-30　并联式单级 BOOST 型 PFC 功率变换器

由于单级式 PFC 功率变换器电路有着先天的缺点，减少其电压应力、降低损耗就有着格外重要的意义，因此，对电路拓扑的改进都是针对这一目标来进行的。当然，对一个功率变换器而言，控制也有着格外重要的作用，最近许多与数字控制技术相结合的单级 PFC 功率变换器已成为研究的热点。一个优秀的 PFC 功率变换器必然是好的拓扑和好的控制技术的结合。新的单级 PFC 拓扑及控制策略将不断地被提出，所有这些研究必将推动单级式 PFC 功率变换器的应用。

4. 三电平 PFC 电路

电动汽车常规充电模式的充电过程一般在家庭和公共场所进行，常规充电模式的充电功率等级通常为 6.6kW，典型的充电时间为 5～8 小时。常规充电模式和应急充电模式的充电功率变换器相类似，常规充电模式可采用单级 AC/DC 功率变换器，但带 PFC 功能单级功率变换器中开关管的峰值电流很高，在两级功率变换器中，PFC 级可采用传统的 BOOST 升压型电路，开关管采用软开关或硬开关均可。但为了提高效率，应选择软开关 BOOST 功率变换器。

1）单相三电平 PFC 电路

具有实用价值的单相三电平 BOOST 电路如图 3-31 所示。

BOOST 电路因其输入电流连续，拓扑结构简单，效率高等特点，常被作为单相 PFC 电路拓扑的首选，但因 BOOST 电路具有升压特性，在 220V 交流输入的情况下，输出电压通常控制在 400V 左右。在升压比例不变的情况下，若输入电压进一步升高，相应的输出电压也

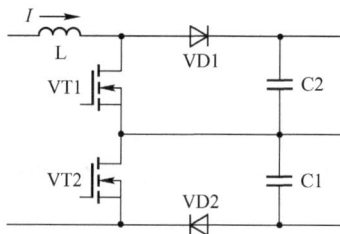

图 3-31　只有实用价值的单相三电平 BOOST 电路

会随之上升；或者在输入电压不变的情况下，希望有高的输出电压。这都意味着 BOOST 电路中的功率器件需要承受 400V 以上的电压应力。这样一方面增加了器件的开关损耗和通态损耗，另一方面，当电压升高到一定程度时，给器件的选择带来了困难，这在希望高压、高频运行的单相 PFC 电路中成了一个很难解决的矛盾。因此，单相三电平 BOOST 电路为解决这一矛盾提供了一个很好的途径。三电平控制具有以下特点：

（1）采用三电平拓扑能有效地解决电力电子器件耐压不高的问题，由于每一个开关器件承受的关断电压仅为直流侧电压的一半，因此适用于高电压大功率。

（2）在三电平拓扑中，单个桥能输出三种电平（ $+U_d/2$、 $-U_d/2$、0），线（相）电压有更多的阶梯来模拟正弦波，使得输出波形失真度减少，因此谐波大为减少。

（3）多级电压阶梯波减少了 du/dt，使对负载的绝缘冲击减小。

（4）三电平 PWM 方法把第一组谐波分布带移至 2 倍开关频率的频带区，利用负载的电感能较好地抑制高次谐波的影响。

（5）三电平拓扑能产生 $3 \times 3 \times 3 = 27$ 种空间电压矢量，较二电平大大增加，矢量的增多带来谐波消除算法的自由度，可得到很好的输出波形。

将单相三电平 BOOST 电路用作 PFC 的主电路，控制的基本思想是将工作范围分为两个区域，根据输入电压 U_i 的幅值和二分之一输出电压 $U_o/2$ 幅值的比较，采用不同的工作模式，实现 PFC 功能。

三电平 PFC 电路的控制实际上和两电平 PFC 电路的控制没有本质区别，它的主要目的仍是输入电流跟踪输入电压，但由于特殊的电路结构，需在原有的控制逻辑中附加以下额外的判断条件：

$$L_1 = 1 (U_i > U_0/2) \quad 或 \quad L_1 = 0 \quad (U_i < U_0/2) \tag{3-1}$$

$$L_2 = 1 (U_i > U_2) \quad 或 \quad L_2 = 0 \quad (U_i < U_2) \tag{3-2}$$

式中，逻辑 L1 用来判断工作区域，逻辑 L2 用来控制中点电压平衡。逻辑 L1、L2 和来自通常的 PFC 闭环控制的逻辑 L0 共同作用，决定 PFC 电路工作模式的选择，即不同的开关状态组合。

值得注意的是，在控制方法中，L0 逻辑来自输入电流滞环比较器的输出，是一个变频脉冲信号。采用如图 3-32 所示的控制方法，L0 逻辑是来自 UC3854 的定频脉冲信号。正是这个区别，使得最终得到的开关管门极信号几乎为定频（因为逻辑 L1、L2 的比较器为回差较大的滞环比较器，变化频率远低于 L0），从而不仅方便输入电感的取值，而且为无源无损软开关的实现提供了便利条件。

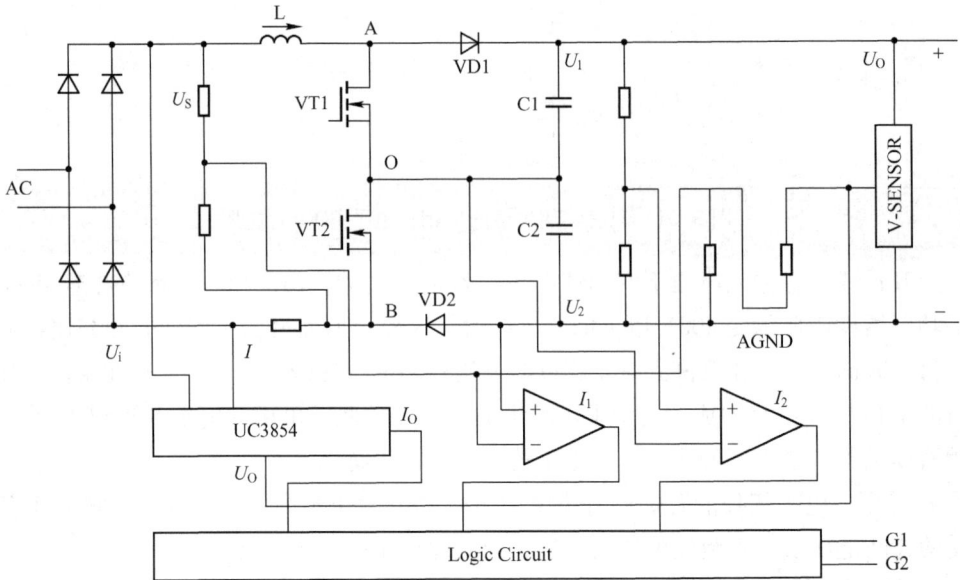

图 3-32　单相三电平 PFC 电路控制框图

2）单相三电平无源无损软开关 PFC 电路

尽管采用三电平 PFC 拓扑结构，在相同输出电压条件下，开关管的电压应力减低一半，从而相应的通态损耗和开关损耗有所减小，但当开关频率较高时，这些损耗依然可观。因此，使用软开关技术来进一步提高效率，仍然是必要和有意义的，软开关技术从广义上可分为有源软开关技术和无源软开关技术两大类。

有源缓冲电路、RCD 缓冲电路、谐振功率变换器、无源无损缓冲电路是常用的软开关技术，其中，有源缓冲电路通过增添辅助开关以减少开关损耗，但这也增加了主电路和控制电路的复杂程度，从而增大了性价比，也降低了可靠性；RCD 缓冲电路虽然结构最简单，价格最便宜，但由于电阻消耗了能量，效率较低，在各种软开关技术中性能最差；而谐振功率变换器虽然实现了 ZVS 或 ZCS，减少了开关损耗，但谐振能量必须足够大，才能创造 ZVS 或 ZCS 条件，而且谐振电路中循环电流较大，还必须在特定的软开关控制器的控制信号下工作，增加了通态损耗、增加了成本、降低了可靠性。

与上述三种方法不同，无源无损缓冲电路既不使用有源器件，也不使用耗能元件，因而兼具以上三种方法的优点。其结构与 RCD 缓冲电路一样简单，效率与有源缓冲电路、谐振功率变换器一样高，电磁干扰小、造价低、性能好、可靠性高，因而获得了广泛的应用。

目前，无源无损缓冲技术虽已比较成熟，但在国内外仍不时有新的拓扑和研究成果发表。无源无损缓冲电路虽然无法像有源软开关方案那样，在超前或滞后主开关的控制时序下吸收能量或供给能量，以创造出真正的 ZVS 或 ZCS 条件，但它通过将开关期间的电压与电流波形错开，使二者的重叠面积最小，可以显著降低开关损耗。虽然对开关器件内寄生结电容的放电损耗，无法被无源无损缓冲电路所消除，但此种损耗较其他开关损耗低得多，对于提高整体效率作用较小。考虑到无源无损缓冲电路没有引入辅助有源器件，和其他软开关方案相比，它没有增加额外的辅助有源器件损耗。因此，在同样的开关损耗功率降低情况下，无源无损缓冲电路可以获得更高的效率。所以，无源无损缓冲电路被广泛地应用于 PWM 功率变换器中。

三电平无源无损软开关 PFC 拓扑如图 3-33 所示。附加的无源无损软开关单元是现有单端电路无源无损软开关，由 1 个谐振电容 Cr1、1 个储能电容 Cs1 和 3 个二极管 VD11、VD12、VD13 组成。电感 Lr2 和电容 Cr2、Cs2 之间的谐振实现了开关管的零电流开通和续流二极管的零电压关断，以及开关管的零电压关断和续流二极管的零电压开通。同时，每个周期 Cs1 (2) 收集这些谐振能量，并最终将其转移到负载，实现吸收电路的无损运行。

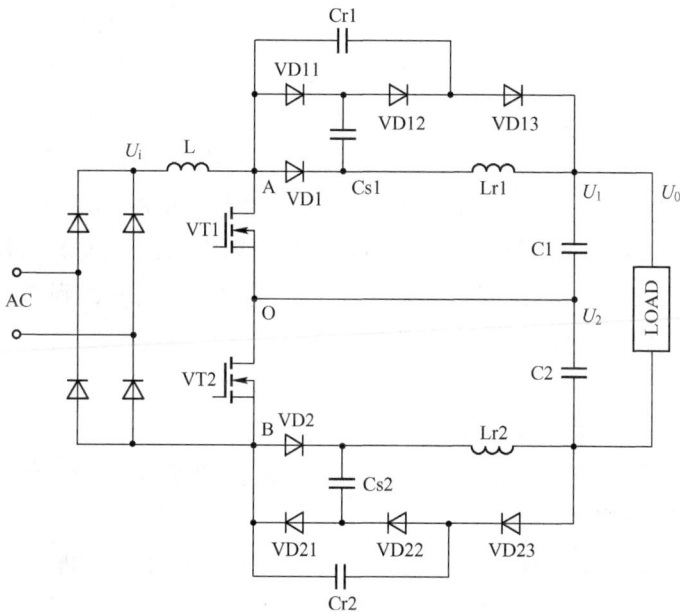

图 3-33 三电平无源无损软开关 PFC 拓扑

3）工作过程分析

在分析工作过程之前作以下假设：

① 除续流二极管外，所有器件均为理想器件。

② 输入电感 L 远大于谐振电感 $L_{r1(2)}$。

③ 输出电容足够大，输出电压恒定。

由于电路结构的对称性，因此仅分析 VT1 与 VD1 之间的换流过程，每周期工作过程分为 8 个阶段，分析如下：

① 阶段 1（$t_0 < t < t_1$，）。假定在 t_0 时刻之前，VT1 关断，VT2、VD1 导通，电路处于 VT2 导通，VD1 续流的稳定工作状态。t_0 时刻，VT1 开通，由于谐振电感 Lr1 的存在，VD1 的电流值从输入电流 I_i 开始以一定斜率线性减小，同时 VT1 的电流从零开始以相同的斜率线

性上升，实现开关管 VT1 的零电流开通。

② 阶段 2 （$t_1 < t < t_2$,）。t_1 时刻，VD1 反向恢复结束，VD1 关断，由于 U_{Cs1} 和 U_{Cr1} 等于 0，VD12 自然导通，谐振电感 Lr1、储能电容 Cs1、谐振电容 Cr1 开始谐振，VD1 端电压从零谐振上升，实现 VD1 的零电压关断。

③ 阶段 3 （$t_2 < t < t_3$,）。t_2 时刻，Cr1 充电至 U_1，VD12 导通，U_{cr1} 保持恒定。Lr1、Cs1、VD12、VD13 开始第 2 个谐振过程，t_3 时刻，I_{lr1} 等于零，第 2 个谐振过程结束，Lr1 中能量完全传递到 Cs1 中。

④ 阶段 4 （$t_3 < t < t_4$,）。t_3 时刻，I_{lr1} 减小到零，VD12、VD13 关断后，Cr1、Cs1 的电压保持不变，电路进入 VT1、VT2 导通的稳定运行状态。

⑤ 阶段 5 （$t_4 < t < t_5$,）。t_4 时刻，VT1 关断，输入电流经 VD13 对 Cr1 放电，开关管电压从零开始上升，实现 VT1 的零电压关断。

⑥ 阶段 6 （$t_5 < t < t_6$,）。t_5 时刻，Cr1 放电到零，VD11、VD12 导通，因此 Lr1 的端电压等于 U_{cs1}，Cs1 通过 Lr1 向输出端谐振放电，这个阶段的电路方程与阶段 2 类似。

⑦ 阶段 7 （$t_6 < t < t_7$,）。t_6 时刻，电感电流 i_{lr1} 上升到 I_i，VD12 和 VD13 关断，电流 I_i 继续通过 VD11 使 Cs1 放电，U_{cs1} 的缓慢变化为 VD1 的零电压开通提供了条件。

⑧ 阶段 8 （$t_7 < t < t_8$,）。t_7 时刻，Cs1 放电到零，VD11 关断，同时 VD1 自然开通，Cs1 中的存储能量完全传递到负载，负载电流通过 VD1 输出，电路又回到与 t_0 开始时刻相同的稳态运行阶段，等待下一个开关周期的到来。

4）软开关电路参数设计

从上述的工作过程可以得出以下几个设计要点：

① 若要减小开关管 VT1 开通时的 di/dt，减小续流二极管 VD1 反向恢复电流所造成的损耗，应该选择尽可能大的 L_{r1}。

② 在阶段 6，VD12 和 VD13 必须在 Cs1 放电到零之前自然关断，否则 VD11、VD12、VD13 将在整个开关周期中一直保持导通，从而使 VT1 失去软开关的条件，为此必须满足下面的不等式

$$\frac{1}{2}L_{r1}I_{rr}^2 + \frac{1}{2}C_{r1}U_1^2 > \frac{1}{2}L_{r1}I_i^2 \qquad (3-3)$$

式（3-3）表明，应选较大的 C_{r1} 并希望 I_{rr} 较大。但 C_{r1} 越大，开关管 VT1 的电流应力和续流二极管 VD1 的电压应力也将越大。所以，Lr1、Cr1 的取值应综合考虑，折中选取。

无源无损缓冲电路不仅实现了三电平 PFC 的基本功能，大大降低了开关管的电压应力，而且实现了开关管和续流二极管的软开关运行，提高了系统效率，从而说明无源无损缓冲电路已成为实现软开关的重要技术之一，也是具有实用价值的电路拓扑。

5. 大功率整流电路

1）有源整流电路

电动汽车快速充电模式具有高功率特性，通常功率都大于 100kW，主要用于一些固定

的电动汽车充电站。对于 100kW 的功率等级的充电桩，充电时间约为 15 分钟。为提高功率因数，减少谐波对电网的污染，功率变换器输入端需要采用的有源输入整流电路如图 3-34 所示。有源整流电路的控制方式可以采用矢量控制、六阶梯波控制、数字控制技术等。

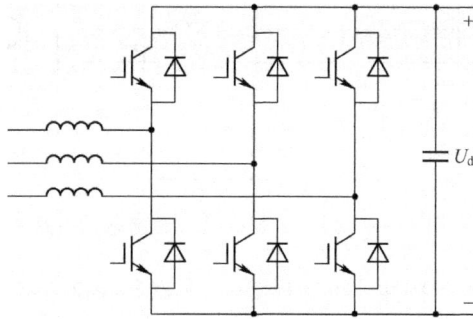

图 3-34　有源输入整流电路

在有源整流端采用直流侧电感来提高整流器的功率因数，可以选用串联或并联方式的有源滤波方案。有源滤波器可以采用传统硬开关 PWM 逆变电路，或采用软开关逆变电路，可使其工作在更高开关频率，可提高控制带宽，以对更高阶的谐波进行补偿。配备专门的 PFC 或谐波补偿器的充电机主电路如图 3-35 所示。

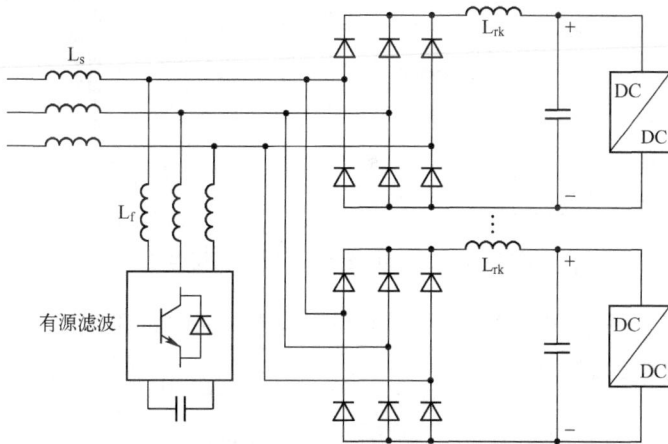

图 3-35　配备专门的 PFC 或谐波补偿器的充电机主电路

2）ZVT 三相 BOOST 整流输入电路

为了提高功率变换器的变换效率，可以采用如图 3-36 所示的 ZVT 三相 BOOST 整流输入电路，使功率变换器的工作频率得以提高，主开关仍为 PWM 控制方式，采用辅助电路实现了主开关器件的 ZVT。

快速充电模式与正常充电模式类似，充电功率变换器可以直接采用全桥或带谐振的全桥功率变换器。由于快速充电模式功率大，与谐振式全桥功率变换器相比，一般的全桥功率变换器必然会对应很高的峰值电流，所以应采用 ZVS 或 ZCS 谐振全桥拓扑来降低损耗。

采用串并联全桥谐振型功率变换器拓扑可完全利用感应耦合器的等效电路元件，根据功

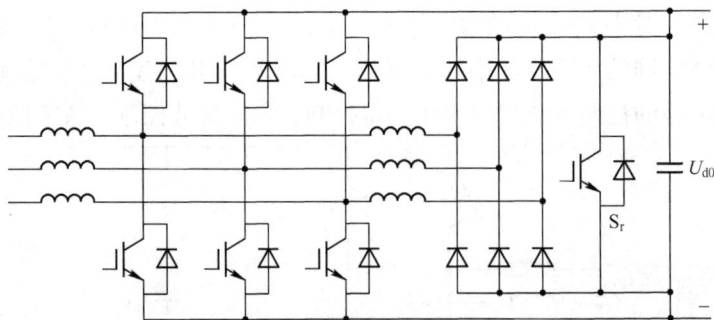

图 3-36　ZVT 三相 BOOST 整流输入电路

率变换器中采用功率器件性能特性，可选择 ZVS 或 ZCS 控制方案。

3）三电平 PFC 整流电路

典型的三电平 PFC 整流电路如图 3-37 所示。该电路利用三个低功率双向开关 Ka、Kb、Kc 运行在工频下，当输入交流电压过零时开关动作，从而在耦合区间将电流引入零电位，达到部分解耦目的。

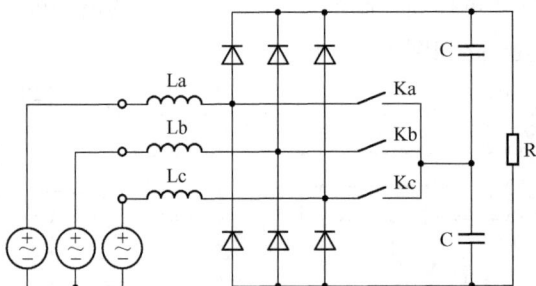

图 3-37　典型的三电平 PFC 整流电路

在 $0 \sim \pi/6$ 时间区间，开关 Ka 导通，电路运行模式如图 3-38 所示。设 U_i 为输入相电压有效值。以 A 相分析为例，有

$$i_{a(t)} = \frac{\sqrt{2}\,U_a}{2\pi f L_a}(1 - \cos\omega t) \tag{3-4}$$

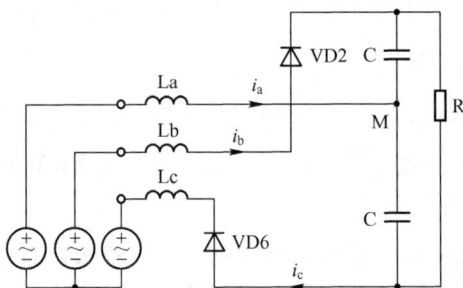

图 3-38　$0 \sim \pi/6$ 时间区间电路运行模式

在 π/6 ~ 2π/6 时间区间，开关都不导通，该电路运行模式与三相不控整流电路相同，对 i_a 有

$$\frac{\mathrm{d}}{\mathrm{d}t} i_{a(t-t_0)} = \frac{U_{a(t-t_0)}}{L_a} - \frac{U_0}{3L_a} \tag{3-5}$$

同理，可推出其他时间区间表达式，输入电感需满足

$$L_a = 3.8489 \times 10^2 \times \frac{(\sqrt{3}\,U_a)^2}{fP_0} \tag{3-6}$$

该电路的显著特点是工作于低频下，无需快速器件，成本低；不需要中线，无三次谐波；满载时功率因数高；开关应力小，关断压降低；轻载时特性差，特别适合对设备体积要求不高、负载变化不大的场合。

三相三开关三电平 PFC 电路如图 3-39 所示。其中，开关 S1、S2、S3 是双向开关。由于电路的对称性，电容中点电位 U_M 与电网中点的电位近似相同，因而通过双向开关 S1、S2、S3 可分别控制对应相上的电流。开关合上时对应相上的电流幅值增大，开关断开时对应桥臂上的二极管导通（电流为正时，上臂二极管导通；电流为负时，下臂二极管导通），在输出电压的作用下 BOOST 电感上的电流减小，从而实现对电流的控制。

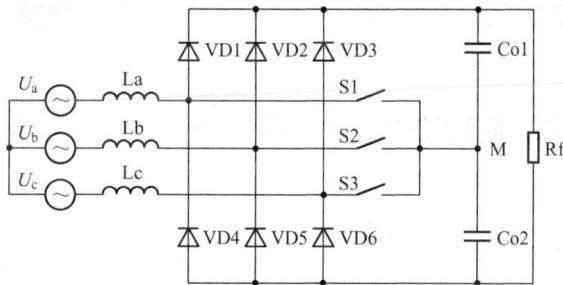

图 3-39　三相三开关三电平 PFC 电路

4 第4章

电动汽车无线充电技术

4.1 电动汽车无线充电技术及方式

4.1.1 电动汽车无线充电技术及动态

1. 电动汽车无线充电技术

尼古拉·特斯拉在 1891 年发明"特斯拉线圈",利用这些线圈进行一系列实验,开创了无线电力传输的先河。特斯拉曾经说过,无线充电将是能让电力事业繁荣的最终出路。

1901 年,尼古拉·特斯拉获得金融家约翰·皮尔蓬·摩根的资助,在纽约长岛建立了 187 英尺(约 57 米)高的无线充电塔——沃登克里夫塔。在这之前,尼古拉·特斯拉曾在科罗拉多州进行实地试验,成功点亮了 25 英里(40 公里)外的 200 盏电灯。

虽然特斯拉线圈在当时并没有得到推行,但后人从理论上完全证实了这种方案的可行性,经过多年研究,科学家们认为进行无线电力传输是可能的。无线电力传输是一种区别于有线电力传输的特殊供电方式,其原理也很简单,在发射端将电能转换成电磁波并发射出去,在接收端接受到电磁波之后,再将其转换成电能对负载供电。目前,无线电力传输共有三种不同的实现方式:电磁感应式、微波传输式及磁场共振式,三种方式各有优劣。

电动汽车无线充电装置不需要用电缆将车辆与供电系统连接,便可以直接对电动汽车的动力蓄电池进行快速充电。无线快速充电装置可布置在停车场、住宅、路边等多种场所,就可以为各种类型的电动(包括外充电式混合动力)汽车提供充电服务,使电动汽车随时随地充电成为可能。对于公交车，可以将充电设施布置在终点站、枢纽站、换乘站等地点，利用短暂的停车时间便可以完成快速充电。

无线充电技术一经问世，便得到了世界各国的普遍关注，无线充电装置与常规充电站、充电桩的建设投资相比成本较低，并且免去了接线所需的操作和等待的时间，具有布置灵活、使用便利、安全可靠等优势。电动汽车无线充电示意图如图4-1所示。

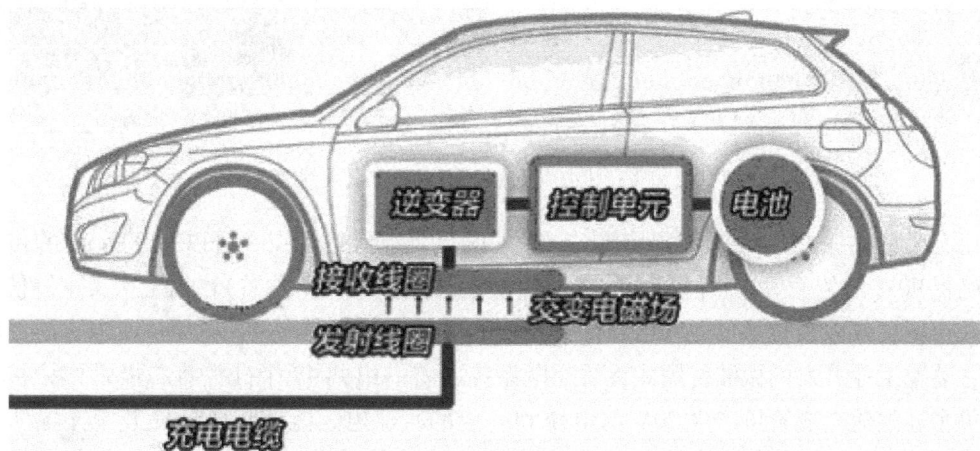

图4-1　电动汽车无线充电示意图

总体来说，电磁感应式、磁场共振式、微波传输式无线充电技术的基本原理都是一样的，就是利用交变电磁场的电磁感应，来实现电能的无线传输。

对电动汽车而言，最理想的情况是汽车在路上巡航时充电，即所谓的移动式充电（MAC）。这样。电动汽车用户就没有必要去寻找充电站、停放车辆并花费时间去充电了。MAC系统埋设在一段路面之下，即充电区，不需要额外的空间。

接触式和感应式的MAC系统都可实施，对接触式的MAC系统而言，需要在车体的底部装一个接触拱，通过与嵌在路面上的充电元件相接触，接触拱便可获得瞬时高电流。当电动汽车巡航通过MAC区时，其充电过程为脉冲充电。对于感应式的MAC系统，车载式接触拱由感应线圈所取代，嵌在路面上的充电元件由可产生强磁场的高电流绕组所取代。很明显，由于机械损耗和接触拱的安装位置等因素的影响，接触式的MAC对人们的吸引力不大。

2009年7月，日产与昭和飞行机公司公开了电磁感应式无线充电系统，其传输距离为100mm左右，传输效率可达90%。但是当停车位置出现偏差而导致发送与接收盘之间出现较大误差时，则会严重影响电力传送效率。目前，正在致力于停车横、纵向偏差在200～300mm范围内，同样确保其具有90%以上传输效率的研究。昭和飞行机公司研制的电磁感应式无线充电装置如图4-2所示。

此外，上述两家公司对传送、接收之间进入动物及金属碎片等造成的不良影响也进行了研究，因为这类异物会在二者之间产生涡流，从而导致发热并影响电能传输效率。

长野日本无线公司于2009年8月宣布开发出了基于磁场共振式充电系统，与电磁感应

（a）充电工作状态，图中上为车载部分，下为传送部分 　　　　（b）车载接收装置总成

图 4-2　昭和飞行机公司研制的电磁感应式无线充电装置

式相比，磁场共振方式具有传送距离长、停车误差要求低等优点。可以在 600mm 的传输距离内确保 90% 的传输效率。但目前的传输功率还比较小（1kW 左右），拟定从叉车等使用范围进入市场，伴随着技术成熟程度和传输功率的提高，有望很快进入电动汽车电充电领域。

三菱重工业开发的微波传输式无线充电系统，将一组共 48 个硅整流二极管作为接收天线，每个硅整流二极管可产生 20V 的电压和一定的直流电，能够将电压提升至充电所需的指标，并可实现 1kW 的功率输出。其优点是成本低（整套费用约合人民币 2 万元）。缺点是传输效率低，目前的传输效率只有 38%。对此，三菱重工认为，虽不适于快速充电，但作为夜间谷区充电，电费只有传统燃料费用的 10% ~ 20%。如果将发热过大的磁控管用水冷却，则综合效率可到 70%。此外，在安全方面设有防止微波泄漏装置，使用中不会影响车辆上的电子设备运行和危害附近人员的身体。

目前，研发的电磁共振无线充电技术是在路面停车位或停车场的停车位安装一个具有可变电流的电磁线圈作为无线充电的发射器，在汽车下方安装一个作为接收器的电磁线圈，当汽车行驶到相应位置时，发射器与接收器通过无线感应发生共振而产生电流，电流经过转换给电动汽车的动力蓄电池充电。路面停车位或停车场停车位上的电磁线圈与车下方的电磁线圈共振传输电能示意图如图 4-3 所示。

近日，德尔福、英菲尼迪、日产、高通公司、劳斯莱斯和无线电力公司（WiTricity）都着手研究电动汽车无线充电技术，即不需要额外的连接设备，如电线，将充电设备安置在停车场的停车位上，驾驶者只需将车辆停放在相应位置就可离开，固定在路面上的永磁线圈如图 4-4 所示。

传输效率是所有无线充电都面临的问题，对于电动汽车这样充电功率更大的"电器"来说更是如此，电能首先转换为无线电磁波，再由无线电磁波转换成电能，这两次转换都会损失不少的能量，这对于本身就是绿色、环保的电动汽车来说，似乎显得有些格格不入。

电磁兼容也是无线充电需要解决的技术瓶颈之一。众所周知，电磁波很容易产生泄漏，当大功率的车用无线充电设备运行时，也会对周围的生物和电子设备产生影响，甚至会危害人体健康，在人们谈辐射色变的今天是很敏感的话题，所以这方面如何处理也是电动汽车无线充电实现工程化需要解决的问题。

图4-3　路面停车位或停车场停车位上的磁线圈与车下方的电磁线圈共振传输电能示意图

图4-4　固定在路面上的永磁体线圈

　　此外，无线充电还是会面临电气标准等方面的问题，也是需要无线充电系统研发人员和汽车厂商共同去解决的，相信在关键技术问题被解决之后，这些问题在大趋势下也会迎刃而解。

　　目前，阻碍无线感应式充电技术大规模运用的瓶颈主要是对于辐射的担忧，因为无线充电会产生强大的磁场。当人或动物位于电动汽车和充电装置之间时，有可能带来电磁伤害。所以，确保无线充电系统的安全性也是一个关节点，在这方面，各家公司还需要大量的测试和改进相关技术。

2. 无线充电技术在电动汽车上应用的条件

　　无线充电技术在电动汽车上应用时，对充电地点、充电方式、充电电池的选择：

　　（1）充电地点的选择。无线充电技术对充电器、被充电设备的距离和状态有关，也就是说，二者之间的距离不能太大，且二者之间没有相对运动，否则就无法稳定和有效地传输电力。因此，充电的位置只能是汽车停留的地点，即车库、停车场、高速公路服务区等位置，公交车的充电装置还可以设置在公交站点。

（2）充电方式的选择。从三种充电方式中可以看出，电磁感应充电所需要的距离太小，无线电波充电的效率太低，而电磁共振充电的距离、效率都能满足电动汽车的需要。

（3）对充电电池的选择。电动汽车在城市中随时都会进行充电，因此必须要选择无污染且没有记忆效应的蓄电池进行充电。

无线充电技术在电动汽车上应用的条件：

（1）在道路及建筑工程建设中，由电力供应单位根据规划在路口、公共停车场的车位、单位或小区的停车位和车库下面预埋无线充电充电器，并做好充电器与电网或太阳能电池板连接。

（2）汽车生产厂家要在汽车底部安装无线充电的接收装置，并与蓄电池等设备连接。

（3）国家相关部门要统一发射、接收信号的频率，使其能够通用。

3. 电动汽车无线充电技术动态

1）中兴通信

中兴在无线充电领域已经耕耘多年，通过产学研合作，于2013年启动产品开发，并于2014年9月推出了成熟的产品和方案。中兴通信的无线供电系统是采用非接触的电磁感应方式进行电力传输，在电动汽车在充电停车位停泊后，就能自动通过无线接入充电站的通信网络，建立起地面系统和车载系统的通信链路，并完成车辆鉴权和其他相关信息交换。

充电停车位也可以通过有线或者无线的方式和云服务中心进行互联，一旦出现充电和受电的任何隐患，地面充电组件将立即停止充电并报警，确保充电过程安全可靠。最重要的是，无线充电系统在车辆运行时完全不工作，即使车辆在上面驶过或者在雷雨等恶劣天气情况下也能确保安全。

中兴的无线充电方案实现了从"金属介质接触导电"向"电磁感应无线输电"转变，充电过程简单，可靠性高，维护成本低；充电设施埋于地下，对建设场地要求低，而且不惧水淹、积雪、泥泞、砂石和粉尘等。

目前，中兴通信无线充电技术已在部分城市实现商用，如图4-5所示。2014年12月，中兴通信与宇通客车签署了无线充电技术的战略合作协议，2015年1月，成都1058路微循环无线充电公交正式投运；2015年9月，中兴通信与东风汽车在襄阳启动全球首条无线充电公交商用示范线；2015年10月，中兴携手蜀都客车发布全球首个无线充电城市微循环公交解决方案。

2）奥迪

奥迪的无线充电技术仅需要在用户车辆的停车位上安装一块配置有线圈和逆变器的充电板，并连接至电网，当车辆停在充电板上时，充电过程会自动开启。其充电的原理是充电板内的交变磁场将3.3kW的交变电流感应至车载的次级线圈中，实现将电网的电能传输到电

图4-5　商用的中兴通讯无线充电技术

动汽车的充电系统中。当蓄电池组充满电时，充电将自动中止。感应式无线充电所需的充电时间与电缆充电所需的充电时间大致相同，而且用户可以随时中断充电并使用车辆。奥迪的无线充电技术效率超过90%，不受雨雪或结冰等天气因素的影响。同时，交变磁场只有当车辆在充电板上方时才会产生，并且不对人体或动物构成伤害。

　　针对无线充电中存在的传输效率问题，奥迪提出了一个不同的解决方案，即开发出了一种可升降的无线充电系统，如图4-6所示，其最大的特点就是可以让供电线圈更靠近车辆底部的受电线圈，实现了超过90%的电力传输效率，这种方式能够让一些高底盘的SUV在充电时保证更好的充电效率。未来利用感应线圈的充电原理，奥迪电动汽车不仅可以在驶入车位后自动开始充电，甚至可以在设有感应线圈的公路上，一边行驶一边充电。

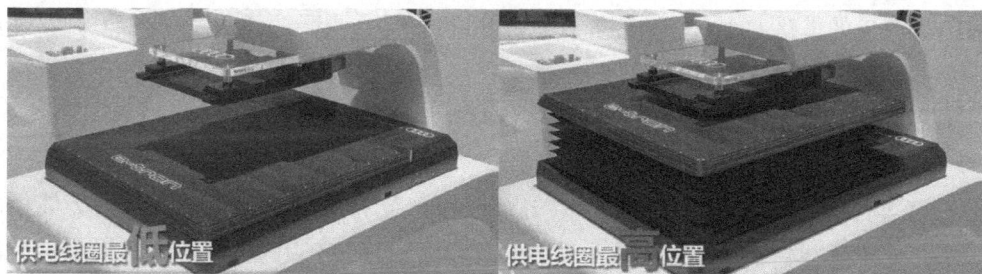

图4-6　可升降的无线充电系统

3）特斯拉

　　在19世纪90年代，尼古拉·特斯拉发明了"特斯拉线圈"，能够通过空气传播电力，开启了无线式电力传播的时代。在"2011年国际消费电子展"上，美国安利公司旗下子公司富尔顿创新公司展示了无线充电技术，并推出了世界上第一辆无线充电的特斯拉汽车。目前，特斯拉希望能在各个大城市中建立起一张相互连接的充电网，以解决电动汽车很容易出现的电力不足问题。

美国业者 Evatran 开发的 Plugless 无线充电系统，采用电磁感应技术为车辆进行无线充电。它们的方案是当装在车辆底盘的车用转接器与装置在地面的充电平台对准时，整个系统就会被唤醒，并自动通过电磁感应方式传送能量，如图 4-7 所示。

图 4-7　Plugless 无线充电系统

Evatran 的 Plugless 系统可提供停车指导，可让驾驶员在停车时更迅速对准充电装置，该系统的软件与车辆现有的软件兼容。该套系统已经通过实际测试，并已装设在 Nissan Leaf 或 Chevy Volt 等电动汽车上。

同样，来自美国的业者 HEVO Power 则是规划在道路上装设无线充电站，让电动货车、电动运输工具可以在特定的一些停车点进行无线充电。

HEVO 开发的道路无线充电站装置有点像是马路上的窨井盖，而电动汽车上则是装载一个接收器，能以 10kW 的功率充电，甚至高于一些有线充电方案。HEVO 系统还包括一套手机应用程序，能显示车辆的停放位置及充电状态。

4）日产

日产汽车曾向新闻媒体公开展示了"HYPERmini"和"LEAF（聆风）"的无线供电系统实验，展示的无线供电系统最大输出功率为 3.3kW。以 240V 的电压给车载蓄电池充满电需要 8 小时。地面线圈设置在车主自家的停车场而非公共场所，试制的 EV"LEAF"车型如图 4-8 所示。

日产的无线充电系统采用电磁感应方式，车辆通过与感应线圈产生感应而进行充电。该充电系统可以内置于地板中，也可以采用充电桩的方式安装在室外。需要充电时，车主只需将车开到感应线圈的范围内，系统将自动检测到车辆，车主通过应用程序启动和关闭充电过

图4-8　试制的 EV "LEAF" 车型

程。充电系统的安装位置和外界的天气情况均不会对充电时间造成影响。

5）丰田

丰田公司2014年也加入无线充电的行列。与日产不同的是，丰田公司研发的无线充电系统采用的是电磁共振方式。由于无线充电技术对位置要求高，丰田专门开发了一套泊车辅助系统，可在电动汽车的中控显示屏上显示发射线圈的位置，供司机停车时对准，如图4-9所示。丰田为实现电动汽车无线供电的实用化，已于2014年2月开始在爱知县丰田市开展验证实验。该公司以插电式混合动力汽车（PHEV）"普锐斯 PHV"为原型，开发出了配备磁共振式无线供电系统的汽车。无线供电系统的输出功率为2kW。使用频带是已经基本作为国际标准取得共识的85kHz频带。电力传输效率约为80%。在验证实验中，供电线圈（地面上设置的）与受电线圈（车辆底部设置的）的距离（线圈间距）为15cm左右。水平错位的最大允许范围是一条轮胎的宽度（20cm左右）。前后方向利用车载导航仪的辅助，基本不出现错位。

6）本田

近日，本田也公布了其在无线充电方面的最新进展。本田无线充电系统由两个线圈组成，车上的接收线圈负责接收并将磁力转化为电能储存在车内蓄电池里。本田与 Witricity 公司合作开发出一款新系统，用特定频率功率波实现磁共振。即便两个线圈并非完全对齐，也可实现接近100%的能量传递，如图4-10所示。

据本田描述，线圈在横向误差±10cm、纵向误差±5cm、平行误差±2°的条件下，仍可实现80%~90%的传输率。无线充电系统的输出功率约为2.2kW，相比普通的插入式充电器仅低1kW（一般无线充电系统功率比插入式充电器低得多）。

7）高通

高通 Halo 无线充电装置采用的是磁共振感应技术，在地面充电基板和电动汽车车载充电板之间无线传输电能，经转化为车载蓄电池充电。地面充电基板可以安装在车库、

图4-9　丰田无线充电及泊车辅助系统

图4-10　本田无线充电系统

车道上，甚至还能够掩埋至路面表层。因此，除了充电效率高之外，车主可充分利用停车间隙完成充电。目前，高通的 Halo 无线充电装置共有三款，额定功率分别为 3.3kW、6.6kW 和 20kW，前两种产品需要整夜充电，而后者可以在半小时内将电动汽车的车载蓄电池充满电。

在 2015 年 4 月 22 日的 FormulaE 电动方程式锦标赛上，高通展示了自己研发的 Halo 无线汽车充电系统，如图4-11所示。只要将车开到充电基板的正上方，在车载充电线圈与地面充电基板对齐后，便会开始对车载蓄电池充电。Halo 无线汽车充电系统目前已经具备了半动态充电的能力，如果车载充电线圈与地面充电基板之间存在外来物体，系统还可自动暂停充电。

8）宝马、奔驰

2014 年 7 月，奔驰和宝马联合宣布要合作研发电动汽车无线充电技术，双方表示，将在未来 2～3 年内实现商业化生产。宝马无线充电效果图如图4-12所示。奔驰无线充电效果

图 4-11　Halo 无线汽车充电系统

图如图 4-13 所示。

图 4-12　宝马无线充电效果图

图 4-13　奔驰无线充电效果图

　　奔驰和宝马合作研发的无线充电技术包含两个部分：一个是汽车底盘安装的线圈；另外一个是内置线圈的充电基板，当汽车底盘安装的线圈与充电基板上线圈对准时，就能实现无线充电。奔驰已经在 S 级上测试这项技术，而宝马则把这项技术应用到混合动力汽车 i8 上。目前的充电时间不到两个小时，双方的下一步合作目标是进一步降低充电时间。

合作双方表示，目前正在对线圈等进行进一步改造，使其输出功率最终达到 7kW，未来还将用于更多宝马、奔驰旗下的电动汽车产品。例如，奔驰宣布会在即将到来的 S500 插电混动汽车上提供无线充电，而宝马则计划将该技术应用在更多 i 系列（包括 i8、i3 和正在研发当中的 i5）电动汽车上。

对于汽车制造商来说，无线充电的意义重大。如果能够全面普及无线充电技术，就能够极大地提高电动汽车充电的便利性，不管是在充电过程上，还是在续航上，都将大大增加人们对于电动汽车的接受度。可以说，成熟的无线充电技术将会是电动汽车占领市场的开疆之臣。

（1）安全问题。无线充电技术不管是采用电磁感应式还是磁场共振式，都有发射能量和接受能量的过程，因此，充电过程的安全性饱受质疑，人们都在担忧是否会造成辐射。尽管 MIT 和沃尔沃的研究团队都表明电磁共振使用的磁场与地球磁场类似，对于人类的健康并无影响，但是取得用户的信任依然是个漫长的过程。

（2）未形成统一的标准。与有线充电技术一样，标准化也是阻碍无线充电技术发展的障碍之一。电磁感应和磁场共振两种方式孰优孰劣还未有定论，单就其中一种方式而言，不同的企业和研究组织也使用了不同的标准。其中，无线充电技术中所使用的线圈形状就是个问题。目前，业内使用的主要有圆形和方形两种，形状不同，磁路不同，线圈之间就无法高效地传递能量。圆形和方形线圈也各有优劣，厂商的选择也不尽相同。互不兼容的方式和设备，让没有统一标准的无线充电技术，难言发展和普及。

（3）成本与电网负荷。成本与普及之间永远存在着典型的"鸡与蛋"的问题，目前的无线充电设备为了保证传输效率，所采用的线圈尺寸均较大，成本均较高，维修费用也大。另外，从沃尔沃充电设备的实验数据中不难看出，目前磁场共振方式中能量转换率还是很低的，用电成本也会随之增加。同时，能量的损耗会随着传输功率和传输距离的增加而增加，当多辆电动汽车同时充电时，对于供电系统的负荷也将大大增加。如果要对城市的电网进行相应改造，也是一笔很大的经济投入，或许就是得不偿失。无线充电技术无法支持 V2G，仅仅是单纯地增加了电网负荷。

目前，无线充电采用电磁感应式的居多，以宝马、奔驰为代表，在部分车型上进行验证，电磁感应式的结构相对简单，传输功率较大。但接收线圈和发射线圈需要对齐，为了保证对齐准确，一般与自动泊车相结合来保证正常充电。相比欧洲厂家，日系车辆更倾向于磁共振式无线充电，磁共振方式传递的效率更高，传递距离远且感应线圈可以不需要对齐，但技术复杂，且容易造成辐射，可能带来电磁伤害。

无线充电技术的普及，将会带来极大的便利性。无线充电设备安装便利，可以在停车场、高速公路服务站等地方安装。但是无线充电技术要普及应用，仍有以下问题有待解决：

（1）传输效率是所有无线充电都面临的问题，对于电动汽车这样充电功率更大的"电器"来说更是如此，将电能首先转换为无线电波，再由无线电波转换成电能，这两次转换都会损失不少的能量。

（2）电磁兼容也是无线充电需要解决的技术瓶颈之一。电磁波很容易产生泄漏，当大功率的车用无线充电设备运行时，也会对周围的生物和电子设备产生影响，甚至会危害人体健康。利用封闭的自动智慧化车库安装无线充电设备是解决电磁兼容比较好的途径，不过成本也确实不菲。

（3）电气标准等方面的问题。

4.1.2　电动汽车无线充电方式

1. 电磁感应耦合方式

电磁感应耦合对电气工程师来说再熟悉不过了，变压器就是利用这个原理来传递能量的。如果把变压器的两个绕组分开，就是某种意义上的无线供电。但是用电磁耦合的方式传输电能有很大的缺点，没有高磁导率的磁芯作为介质，磁力线会严重发散到空气中，导致传输效率下降，特别在两个线圈远离的时候，下降得非常厉害，所以不适合大功率、远距离的电能传输。

电磁感应耦合充电方式没有直接电接触，而采用由分离的高频变压器通过感应耦合无接触式地传输能量，如图4-14所示。采用感应耦合充电方式可以解决接触式充电方式的诸多缺陷。

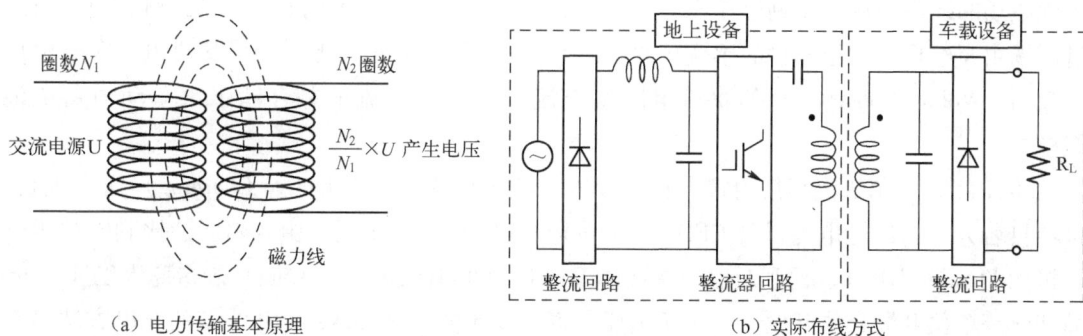

（a）电力传输基本原理　　　　　　　　　　　　（b）实际布线方式

图4-14　电磁感应耦合方式

通过送电线圈和接收线圈之间的电磁感应传输电力是最接近实用化的一种无线充电方式。当送电线圈中有交变电流通过时，发送（初级）、接收（次级）两线圈之间产生交替变化的磁束，由此在次级线圈产生随磁束变化的感应电动势，通过接收线圈端了对外输出交变电流，从而将能量从传输端转移到接收端。目前，最为常见的无线充电解决方案就采用了电磁感应技术。

感应式无线电能传输技术是目前比较成熟的技术，很多手机无线充电，甚至常见的电磁炉就是利用这种原理。数码设备空间小，接收线圈也小，加上充电设备功率小，通常充电的距离近（甚至需要与充电座接触），相对电磁辐射也小。

电动汽车感应耦合充电系统简化功率流程如图4-15所示。电网输入的交流电经过整流后，通过高频逆变环节，经电缆传输通过感应耦合器后，传送到电动汽车输入端，再经过整流滤波环节，给电动汽车车载蓄电池充电。

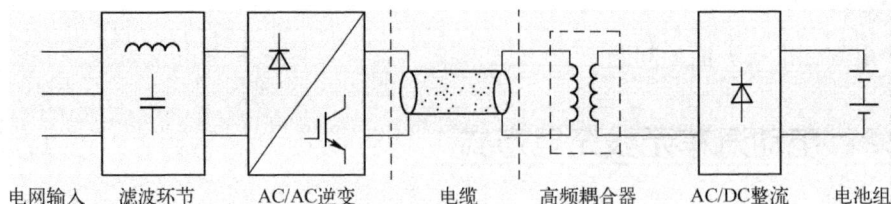

图4-15　电动汽车感应耦合充电系统简化功率流程

电动汽车感应耦合充电系统使用时要求两个设备的距离必须很近，供电距离控制在0mm～10cm之间，而且充电只能在一对线圈（供电线圈和受电线圈）对准后再进行。电磁感应式无线充电的能量转换率高，传输功率范围较大，能从几瓦到几千瓦。

感应耦合充电方式还可进一步设计成无须人员介入的全自动充电方式，即感应耦合器的磁耦合装置原副边之间分开更大距离，充电电源安装在某一固定地点，一旦汽车停靠在这一固定区域位置上，就可以无接触式地接收充电电源的能量，实现感应充电，从而无须电动汽车用户或充电站工作人员的介入，实现了全自动充电。

在感应充电中，一块充电板埋设于位置适当的路面之下，如家庭车库的车道。充电板由产生磁场的线圈组成。车辆停在充电板上方的路面上，不用与车辆发生物理接触，电能可通过磁场由充电板传输至车辆的感应传感器（InductivePick－up）上，形成交流电。车载电压变频器（VoltageConverter）的整流电路将交流电转化为直流电并存储于汽车动力蓄电池组中。

2011年，沃尔沃汽车集团宣布正式投入一项感应充电（Inductive Charging）研究项目。该项目名为"持续性电力行驶CED（Continuous Electric Drive）"，由沃尔沃、比利时技术开发机构Flanders'Drive、比利时巴士制造商Van Hool和有轨电车（Tram）制造商庞巴迪Bombardier等单位共同合作开发。沃尔沃主要负责开发无插口（Socket）和线缆的充电方法与系统产品，采用感应充电技术，能量可通过埋设于路表面以下的充电板以无线的方式传送至车辆蓄电池，具有多方面的便利。沃尔沃感应充电结构示意图如图4-16所示。电动汽车车载电气设备有交流/直流整流器（AC/DCRectifier）、能量管理系统和蓄电池组，车辆底部装有感应传感器，当感应传感器正对路面下连接到电网的充电导体（Charging Conductor）板时，用户可启动充电功能，充电板附近形成电磁场（Electromagnetic Field），向感应传感器传输能量。

目前，已实用化的无线充电系统主要采用电磁感应方式。但是，电磁感应式无线充电系统存在以下问题：

（1）送电距离比较短（100mm左右），如果送电与接收两个线圈的横向偏差较大，传输

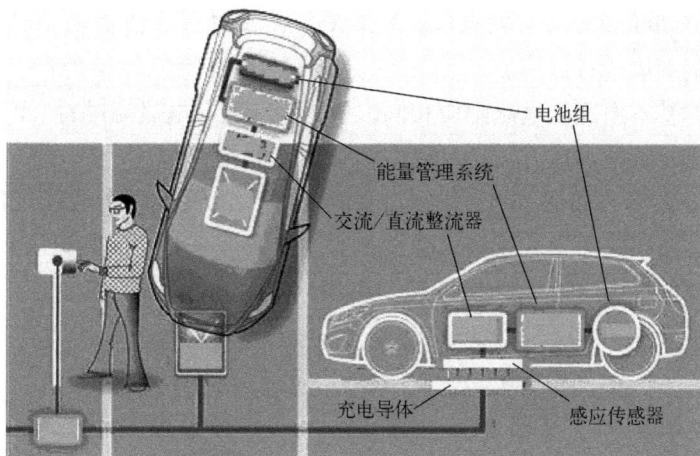

图4-16 沃尔沃感应充电结构示意图

效率就会明显下降，只能实现传输距离为 10cm 左右，因此，这是需要进一步研发的问题，同时还需要考虑散热问题，如线圈的发热。

（2）功率大小与线圈尺寸直接相关，需要大功率传送电力时，须在基础设施建设和电力设备方面加大投入。

（3）耦合的辐射，电磁波的耦合会不会存在大的磁场泄漏。电磁感应在线圈之间传输电力，如同磁铁一样，会有一定的泄漏，人如何避免受泄漏磁场的影响也是需要进一步研发并提出解决方案。

（4）线圈之间有可能有杂物进入，还有某些动物（猫狗）进入，一旦产生电涡流，就如同电磁炉一样，安全性问题非常明显，即在有异物进入时，会出现局部发热。

因电磁感应式无线充电系统存在以上问题，所以磁共振式无线充电系统的开发更为活跃。例如，日本竹中工务店正在开发的磁共振式无线充电系统，可以解决电磁感应式系统中的局部发热及电磁波和高频防护等问题。

2. 磁共振方式

电磁共振这个名词有点陌生，其原理类似声波共振的原理，两种介质具有相同的共振频率，就可以用来传递能量，并称之为非辐射性电磁共振。这并不是说该项技术没有辐射，但和普通概念中电磁辐射有很大不同。

磁共振方式是利用电磁感应现象，加上共振的原理，能够提升无线充电的效率，磁共振方式的传输距离比普通磁感应式更远一些。磁共振方式由能量发送装置和能量接收装置组成，当两个装置调整到相同频率，或者说在一个特定的频率上共振，它们就可以交换彼此的能量。由麻省理工学院（MIT）物理教授 Marin Soljacic 带领的研究团队利用磁共振技术点亮了两米外的一盏 60W 灯泡，并将其取名为 WiTricity。实验中使用的线圈直径达到 50cm，还无法实现商用化，如果要缩小线圈尺寸，则接收功率自然也会下降。

磁共振方式的优点是传输功率较大，能够达到几千瓦，可以同时对多个设备进行充电，不要求两个设备之间线圈对应；缺点就是损耗高，距离越远，传输功率越大，损耗也就越大，必须对使用的频段进行保护。

磁共振方式的基本原理与电磁感应相同，也是当线圈有电流流过时，产生磁束，感应线圈就会有电流流过，特殊的地方在于采用线圈和电容器构成 LC 共振电路，并且利用控制电路形成相同的共振频率，如图 4-17 所示。在共振时，能够将两个线圈之间的电阻降至最小，使损耗减小，实现在数米的距离内传输电力。从目前来看，磁共振方式在 60cm 的传输距离内能够确保 90% 的效率，这个距离符合电动汽车底盘的高度。

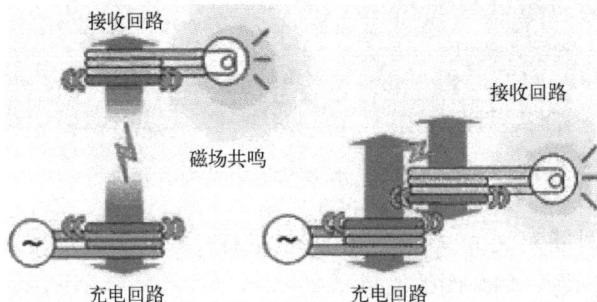

图 4-17　磁共振方式的基本工作原理图

磁共振充电方式与感应耦合充电方式的不同之处在于，磁共振充电方式加装了一个高频驱动电源，采用兼备线圈和电容器的 LC 共振电路，而并非由简单线圈构成发送和接收两个单元。

磁共振充电方式的共振频率数值会随送电与接收单元之间距离的变化而改变，当传送距离发生改变时，传输效率也会像电磁感应一样迅速降低。为此，可通过控制电路调整共振频率，使两个单元的电路发生共振。

改变传送与接收的频率，可将电力传送距离增大至数米，同时将两单元电路的电阻降至最小以提高传送效率。当然，传输效率还与发送与接收电单元的直径相关，传送面积越大，传输效率越高。

开发中，磁共振充电方式利用电场耦合共振技术如图 4-18 所示。该技术虽然需使送电端与受电端紧贴，但在水平方向错位的状态下也可供电，优点是不会发生像现在已应用的电磁感应式无线充电技术那样，当异物侵入时会产生过热及电磁波、高频波的泄漏等问题。

正在开发利用电场耦合原理的供电系统，使用串联谐振的供电系统成功地以 90% 的效率向白炽灯泡供应了 100W 电力。与电磁感应方式不同，共振方式不使用铁氧体及利兹线圈，因此可降低设备的重量及成本。另外，只需扩大接触面积即可为大功率电器供电，这也是其优点。

磁共振技术与传统的磁感应充电技术相比，磁共振充电技术传输电能距离远，且充电时无需准确定位待充电装置的位置，还可以同时对多个充电设备进行充电，因此要优于磁感应充电技术。另外，磁共振充电技术可以使移动充电设备无需接触电源，只需在电源附近的一

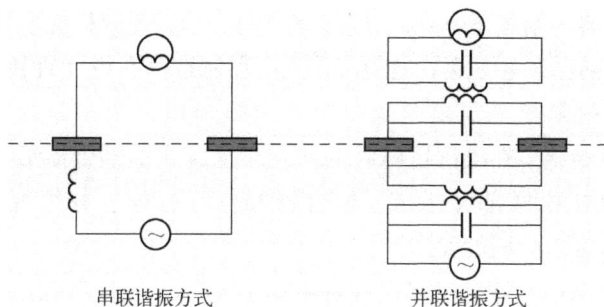

串联谐振方式   并联谐振方式

图4-18 磁共振充电方式利用电场耦合共振技术

定范围内便可进行无线充电。而传统的磁感应充电技术，一个充电线圈只能为一个充电设备充电，而且充电时移动充电设备必须放置在电源顶部，以便接收电荷。

3. 微波方式

微波传输是无接触电力传输的另一种方式，只不过受到发送功率等方面的限制，并未大规模实用化。微波传输的最大好处就是传输距离远，甚至可以实现航天器与地面之间的能量传输，同时还可以实现定向传输（发射天线有方向性），未来前景值得期待。

基于微波方式的无线供电系统工作原理：首先由设置在地面上的波导缝隙天线（Waveguide Slot Antenna）发射微波能量，然后通过安装在汽车底部的整流天线受电和整流，最后将电力存储在充电蓄电池中。整流天线由贴片天线（Patch Antenna）和整流电路构成。

目前，微波方式处于研发阶段，主要是三菱在做研发。采用2.45GHz的电波发生装置"Magnetron"，发送装置与微波炉使用的"磁控管"基本相同。传送的微波也是交流电波，可用天线在不同方向接收，用整流电路转换成直流电为汽车蓄电池充电，并且可以实现一点对多点的远距离传送。

微波方式存在辐射问题，由于这个功率源比微波炉大，因此需要充分考虑屏蔽设计，以防止充电时微波从发射和接收两部分之间外漏。在设计时必须将微波泄漏限定在法定值以下，使车辆配备的电子设备及附近行人等得以免受影响。目前，微波方式存在的主要问题是，磁控管产生微波时的效率过低，造成许多电能变为热能被白白消耗。

4.2 感应耦合充电标准及功率变换器拓扑

4.2.1 感应耦合充电标准及对充电功率变换器的要求

1. 感应耦合充电标准

为实现电动汽车市场化，美国汽车工程协会根据系统要求，制定了相应的标准。其中，针对电动汽车的充电器，制定了 SAEJ—1772 和 SAEJ—1773 两种充电标准，分别对应于接触式充电方式和感应耦合充电方式。电动汽车充电器制造商在设计研制及生产电动汽车充电器时，必须符合这些标准。

SAEJ—1773 标准给出了在美国境内对电动汽车感应充电耦合器最小实际尺寸及电气性能的要求，充电耦合器由两部分组成：耦合器和汽车插座。其组合相当于工作在 80 ~ 300kHz 频率之间的原副边分离的变压器。

SAEJ—1773 推荐采用三种充电方式见表 4-1。对于不同的充电方式，充电器的设计也会相应地不同。其中，最常用的方式是家用充电方式，充电器功率为 6.6kW，更高功率级的充电器一般用于充电站等场合。根据 SAEJ—1773 标准，感应耦合器可以用如图 4-19 所示的等效电路模型来表示，对应的元件值见表 4-2。

表 4-1　SAEJ - 1773 推荐采用的三种充电方式

充 电 模 式	充 电 方 式	功 率 等 级	电 网 输 入
模式 1	应急充电	1.5kW	AC120V，15A 单相
模式 2	家用充电	6.6kW	AC230V，40A 单相
模式 3	充电站充电	25 ~ 160kW	AC208 ~ 600V 三相

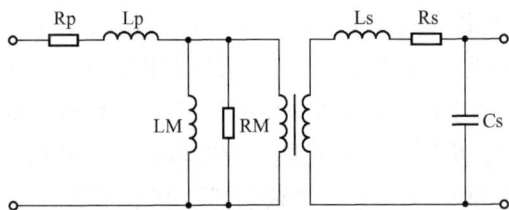

图 4-19　感应耦合器等效电路模型

表 4-2　充电用感应耦合器等效电路模型元件值

	f_{min}（100kHz）	f_{max}（350kHz）		f_{min}（100kHz）	f_{max}（350kHz）
R_{pmax}（mΩ）	20	40	匝比	4:4	4:4
$L_p \pm 10\%$（μH）	0.8	0.5	每匝电压（V）	100	100
R_{smax}（kΩ）	1.6	1.3	耦合效率（%）	∢99.5	∢99.5
$L_s \pm 10\%$（μH）	45	55	绝缘电阻（MΩ）	100	100
R_{mmin}（mΩ）	20	40	最大充电电流（A）	400	400
$L_m \pm 10\%$（μH）	0.8	0.5	最大充电电压（V）	474	474
C_s（μF）	0.02	0.02			

变压器原副边分离，具有较大的气隙，属于松耦合，磁化电感相对较小，在设计功率变换器时，必须充分考虑这一较小磁化电感对电路设计的影响。

在设计中须考虑功率传输电缆，虽然 SAEJ - 1773 标准中没有列入这一项，但在实际设计中必须考虑功率传输电缆的体积、重量和等效电路。由于传输电缆的尺寸主要与传输电流的等级有关，因而，减小充电电流可以相应地减小电缆尺寸。为了使电缆功率损耗最小，可以采用同轴电缆，在工作频率段进行优化。此外，电缆会引入附加阻抗，增大变压器的等效漏感，在功率级的设计中，必须考虑其影响。对于 5m 长的同轴电缆，典型的电阻和电感值为 $R_{cable}=30\mathrm{m}\Omega$，$L_{cable}=0.5\sim1\mu\mathrm{H}$。

2. 对感应耦合充电功率变换器的要求

根据 SAEJ-1773 标准给出的感应耦合器等效电路，连接电缆和蓄电池负载的特性，感应耦合充电功率变换器应满足以下设计标准。

（1）电流源高频链。感应耦合充电功率变换器的副边滤波电路安装在电动汽车上，因而滤波环节采用容性滤波电路将简化车载电路，从而减轻整个电动汽车的重量。对于容性滤波环节，功率变换器应为高频电流源特性。此外，这种电流源型电路对功率变换器工作频率变化和功率等级变化的敏感程度相对较小，因而比较容易同时考虑三种充电模式进行电路设计，副边采用容性滤波电路，副边二极管无须采用过压钳位措施。

（2）主开关器件的软开关。感应耦合充电功率变换器的高频化可以减小感应耦合器及车载滤波元件的体积及重量，实现电源系统的小型化。但随着频率的不断增高，采用硬开关工作方式的功率变换器，其开关损耗将大大增高，降低了功率变换器效率。为了实现更高频率、更高功率级的充电，必须保证主开关器件的软开关，以减小开关损耗。

（3）恒频或窄频率变化的工作范围。感应耦合充电功率变换器工作于恒频或窄频率变化范围内，有利于磁性元件及滤波电容的优化设计，同时必须避免工作在无线电带宽，严格控制这个区域的电磁干扰。对于变频工作，轻载对应高频工作，重载对应低频工作，有利于在不同负载情况下效率基本一致。

（4）宽负载的工作范围。感应耦合充电功率变换器应当能够在宽负载范围内安全工作，包括开路和短路的极限情况。此外，功率变换器也应能工作在涓流充电或均衡充电等模式下。在这些模式下，功率变换器都应当能保证较高的效率。

（5）感应耦合器的匝比。原副边匝比大可以使得原边电流小，从而可采用更细线径的功率传输电缆，更低电流额定值的功率器件，效率获得提升。

（6）输入单位功率因数。感应耦合充电功率变换器工作在高频，会对电网造成谐波污染，必须采取有效措施，如功率因数校正或无功补偿等技术，限制电动汽车感应耦合充电功率变换器进入电网的总谐波量。就目前而言，充电功率变换器必须满足 IEEE519-1992 标准或类似的标准，要满足这些标准，就要加大感应耦合充电功率变换器输入部分及整机的复杂程度，增加成本，而且根据不同充电等级要求，感应耦合充电功率变换器可以选择两级结构（前级为 PFC+后级为充电器电路）或 PFC 功能与充电功能一体化的单级电路。

4.2.2 感应耦合器充电功率变换器拓扑

根据 SAEJ—1773 给出的感应耦合器等效电路元件值及上述的设计考虑，电动汽车车载部分包括感应耦合器的插孔部分及 AC/DC 整流及容性滤波电路。对直接连接电容滤波的整流电路应采用的整流方式有半波整流、中心抽头全波整流及全桥整流。其中，半波整流对变压器的利用率低；全波整流需要副边为中心抽头连接的两个绕组，增加了车载电路的重量和体积；全桥整流对变压器利用率高，比较适合用于这种场合。

图 4-20 给出基于以上考虑的感应耦合充电功率变换器原理框图。输出整流采用全桥整流电路，输出滤波器采用电容滤波，输入端采用了 PFC 电路以限制进入电网的总谐波量不会超标，这里采用的是单独设计的 PFC 级。低功率时，PFC 也可与充电功率变换器合为带PFC 功能的一体化充电电路。

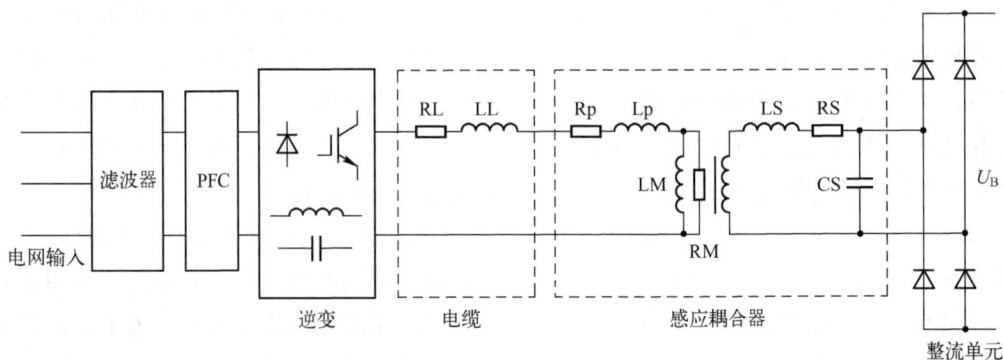

图 4-20　感应耦合充电功率变换器原理框图

充电器设计中很重要的一个考虑是感应耦合器匝比的合理选取。为使设计标准化，按 3 种充电模式设计的感应耦合充电功率变换器都必须能够采用相同的电动汽车插座。典型的耦合器设计其副边匝数为 4 匝。对于低充电等级，一般采用 1:1 的匝比，对于高充电等级，一般采用 2:1 的匝比。

对于 30kW·h 以内的储能能力，随充电状态不同，电动汽车蓄电池电压在 DC200 ~ 450V 范围内变化，功率变换器拓扑应能在这一蓄电池电压变化范围内提供所需的充电电流。

1. 充电模式 1

充电模式 1 是电动汽车的一种应急充电模式，充电较慢。按这种模式设计的充电器通常随电动汽车携带，在没有标准充电器的情况下使用，必须体积小、重量轻、成本低。根据这些要求，可采用单级高功率因数功率变换器，降低整机体积、重量，降低成本，获得较高的整机效率。图 4-21 给出一种备选方案：两个开关管的隔离式 BOOST 功率变换器。在不采用辅助开关时，单级 BOOST 级电路提供 PFC 功能并调节输出电压。当输入电压为 AC120V 时，输入电压峰值为 170V，由于变压器副边匝数为 4 匝，输出电压的调节范围为 DC200 ~ 400V，因而变压器可以采用 1:1 的匝比，原边绕组均采用 4 匝线圈。

当原边开关管 S1 和 S2 均开通时，能量储存在输入滤波电感中，同时输出整流管处于关断态。当开关管 S1 和 S2 中任一个开关管关断时，储存能量通过原边绕组传输到副边。

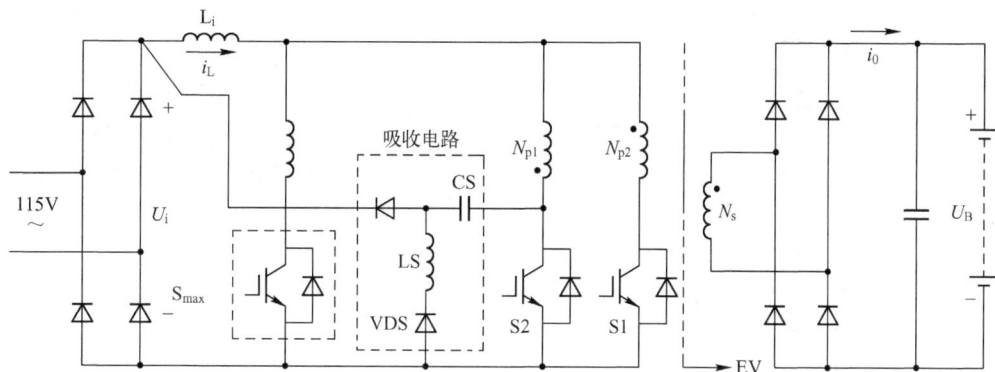

图 4-21　两个开关管的隔离式 BOOST 功率变换器

由于功率变换器对称工作，变压器磁通得以复位平衡。为使输入电感伏秒积平衡，必须满足

$$U_{immax} \leqslant \frac{N_1}{N_2} U_B (1 - D_{min}) \tag{4-1}$$

假定变压器匝比为 1∶1，最大输入电压为 170V，则输出电压为 DC200V 时占空比为 0.15，输出电压为 DC475V 时占空比为 0.5，主开关管上的电压应力为 $2U_B$。当输出电压为 DC400V 时，开关管电压应力是 DC800V。这一电压应力相当高。由于传输电缆和感应耦合器的漏感，器件电压应力可能会更高。为了限制器件最大电压应力，可以采用如图 4-21 所示的无损吸收电路。但无论是在哪种情况下，都必须采用 1200V 电压额定值的器件。因高耐压 MOSFET 的导通电阻较高，导通损耗就会很大，因而要考虑采用低导通压降的高压 IGBT，但 IGBT 器件开关损耗也限制了开关频率的提高。开关管的平均电流为

$$I_{Savg} = I_{Lavg}/2 \tag{4-2}$$

对于 1.5kW 功率等级，输入电流有效值为 15A，平均开关电流是 13A，峰值电流为 22A，需要电流额定值至少为 30A 的开关器件。尽管这个方案提供了比较简单的单级功率变换，但也存在一些缺陷，如半导体器件承受的电压应力较高、输出电压调节性能差、输出电流纹波大。

为了降低器件的开关损耗，可以采用图 4-22 所示的软开关电路。给 MOSFET 设计的关断延时确保了 IGBT 的 ZVS 关断。在电流上升模式中，MOSFET 分担了输出滤波电流，其电压应力为 IGBT 的一半。从而，可以采用 600V 的器件。同时，因关断损耗的降低，开关频率得以提高。

另一个降低器件电压额定值的方案是采用两级变换结构。前级 PFC 校正环节可以采用带有软开关功能的 BOOST 功率变换器，允许高频工作。后级 DC/DC 功率变换级可以采用半桥串联谐振功率变换器，提供高频电流链。图 4-22 给出了适用于充电模式 1 的两级功率变换电路结构。

若输入电网电压是 AC115V，为了降低 DC/DC 功率变换器的电流额定值，输出电压可以提升到 DC450V。BOOST 级功率开关管可以采用 500～600V 的 MOSFET，半桥功率变换器

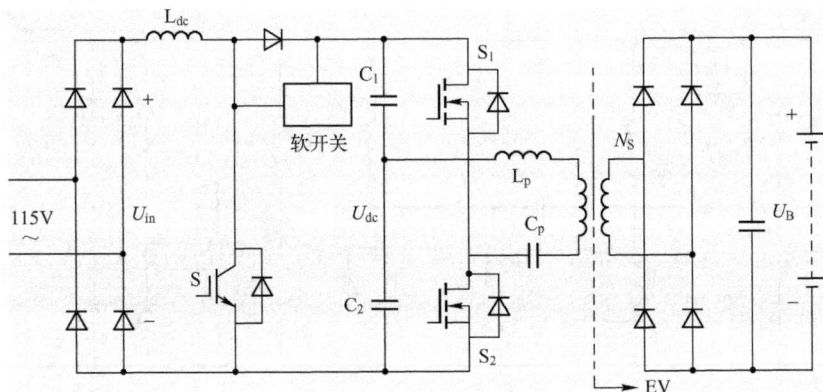

图 4-22　适用于充电模式 1 的两级功率变换电路结构

的开关器件可以采用 300～400V 的 MOSFET。由于采用半桥工作，感应耦合器可以采用 1∶2 的匝比。若原边绕组为 4 匝，则副边绕组为 8 匝。BOOST 开关管的电流额定值是 30A，而半桥功率变换器开关管的电流额定值是 20A。

2. 充电模式 2

充电模式 2 是电动汽车的一种正常充电模式。充电模式 2 的充电功率等级是 6.6kW。230V/30A 规格的标准电网电源足以给这种负载供电，典型的充电时间为 5～8 小时。

与充电模式 1 中充电功率变换器相类似，充电模式 2 也可采用单级 AC/DC 功率变换器。但由于带 PFC 功能的单级功率变换器，开关管的峰值电流很高，因而最好采用两级功率变换器。其中，PFC 级可采用传统的 BOOST 升压型电路，开关管采用软开关或硬开关均可。但为了提高效率，更倾向于选择软开关 BOOST 功率变换器。图 4-23 给出两种采用无损吸收电路的软开关 BOOST 功率变换器主电路功率级。图 4-24 给出两种采用有源开关辅助电路的软开关 BOOST 功率变换器功率级。

若电网输入电压为 230V，则输出电压可以调节到 400V 以上。这使得后级功率变换器的设计变得容易，感应耦合器可以取 1∶1 的匝比。因此，如果蓄电池最高电压为 400V，则前级输出电压可以采用 DC450V。

与采用带附加有源开关辅助电路的软开关 BOOST 功率变换器功率级相比，无损吸收软开关 BOOST 功率变换器功率级因无需有源器件，因而更具优势。在图 4-23（b）所示电路中，因其开关管的关断 du/dt 得到了控制，开通为零电压开通，且主开关管上的电压应力为输出电压，因而整机性能得到大大改进。

对于 6.6kW 的功率额定值，450V 的输出电压，需要采用 600V/60A 的 MOSFET。可根据应用场合需要，整机设计可选择单模块或多模块并联方案。

对于后级 DC/DC 功率变换器，由于输入输出均为容性滤波器，因此只适用具有电流源特性的高频功率变换器。大电感与变压器原边相串联的全桥型功率变换器如图 4-25 所示。

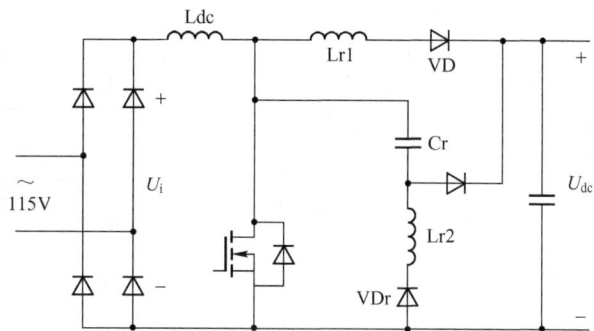

（a）无损吸收电路之一

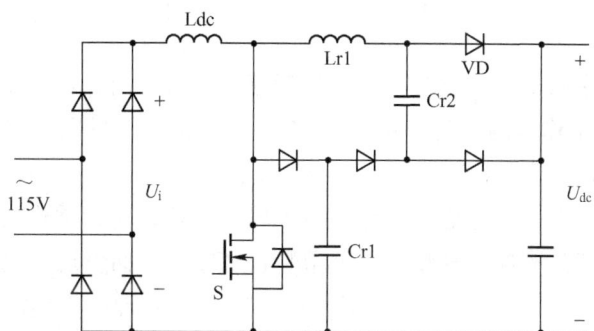

（b）无损吸收电路之二

图 4-23　两种采用无损吸收电路的软开关 BOOST 功率变换器主电路功率级

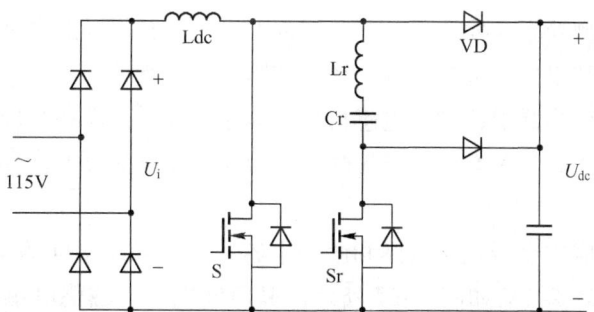

（a）ZCT

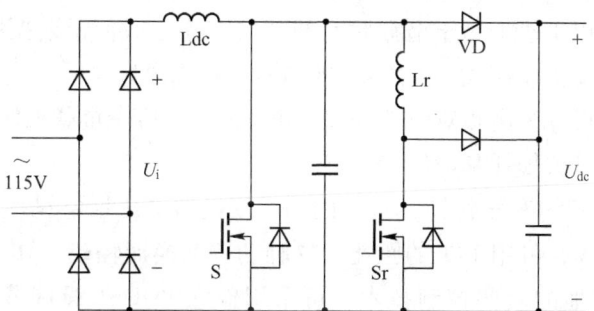

（b）ZVT

图 4-24　两种采用有源开关辅助电路的软开关 BOOST 功率变换器功率级

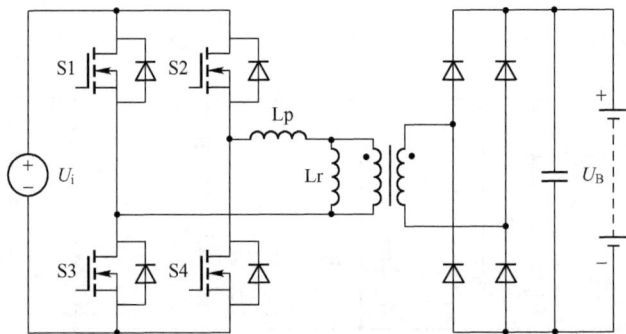

图 4-25 全桥型功率变换器

原边电路中采用串联电感，感应耦合器的漏感被有效利用起来，磁化电感也可利用来扩大功率变换器 ZVS 的工作范围。对于 450V 的输入总线电压，可以采用 1∶1 的匝比，即原边绕组和副边绕组均采用 4 匝线圈。

桥式结构功率变换器的缺点之一是峰值电流较高。轻载时，桥式结构功率变换器进入断续工作状态，主开关管的开通损耗增加，调节特性变差。因而，通常要保证一个最小负载电流，确保 ZVS。

另一类具有高频电流源特性的功率变换器是谐振功率变换器。对这些功率变换器进行了分类，分为电流型和电压型。在电流型功率变换器中，功率变换器由电流源供电。其电流得到有效控制。但其缺陷是开关管上承受的电压未得到有效控制。

另外，在电压源型功率变换器中，开关器件的电压得到很好的限制，这些功率变换器通常被分为串联、并联和串并联谐振 3 种类型，如图 4-26 所示。

在串联谐振功率变换器中，谐振电感与变压器原边串联，而在其他类型谐振功率变换器中，电容与变压器串并联。只有串联谐振功率变换器是硬电流源特性，而其他类型谐振功率变换器是硬电压源型。

为了有效利用感应耦合器磁化电感和匝间电容，可以采用不同的串联谐振功率变换器。串并联 LLCC 谐振功率变换器如图 4-27 所示。其匝间电容、磁化电感和漏感均得到了充分利用，功率变换器和感应耦合器得到了很好的匹配。

该功率变换器可以工作于高于谐振频率的 ZVS 状态，或低于谐振频率的 ZCS 状态，串并联谐振的两种软开关工作模式，如图 4-28 所示。输出电压可采用变频控制。为了优化感应耦合器性能，一般设计为高频对应于轻载工作，低频对应于重载工作，从而在频率变化范围内，功率变换器的开关损耗基本保持恒定。

由于并联谐振电路的升压特性，最大的功率变换器电压增益稍大于 1。对于输入电压 450V，输出电压 400V，可用 1∶1 的匝比。这种功率变换器轻载工作时输出电压控制特性比较差，需要采用其他的一些控制技术，可采用输入 BOOST 级调节输出电压和 PWM 或移相控制。

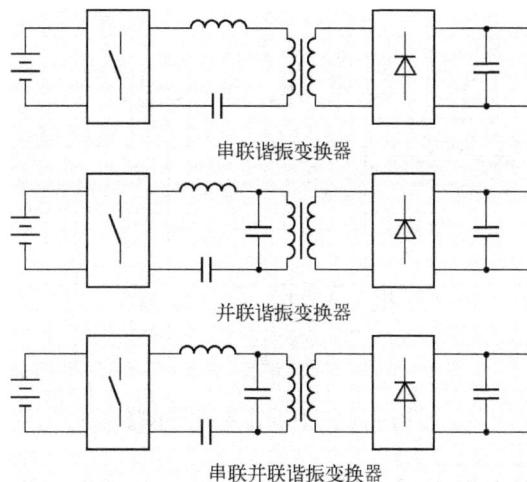

图 4-26　谐振变换器

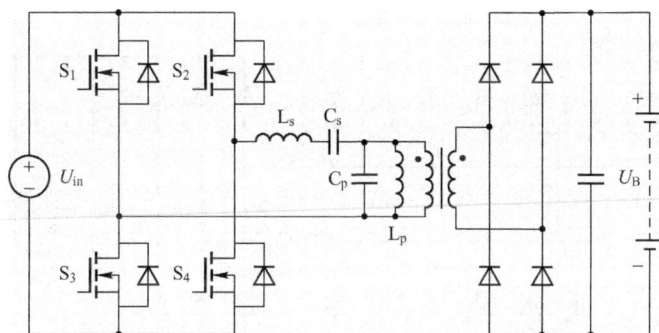

图 4-27　串并联 LLCC 谐振功率变换器

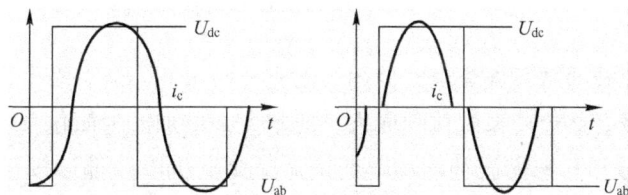

图 4-28　串并联谐振的两种软开关工作模式

3. 充电模式 3

充电模式 3 是一种快速充电模式，主要针对长距离旅行情况进行充电。充电器对应高功率特性（＞100kW），主要用于一些固定的充电站。对于 100kW 的功率等级，充电时间约为 15 分钟。为提高功率因数，降低输入电网谐波，功率变换器输入端一般需要采用有源整流电路，如图 4-29 所示。可以采用不同的控制方案，包括矢量控制、六阶梯波控制、数字控制技术等。

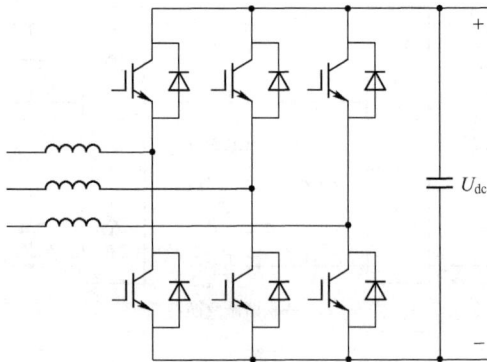

图 4-29　有源输入整流电路

为了进一步提高变换效率，允许高频工作，可以采用如图 4-30 所示的 ZVT 电路。利用辅助电路实现了主开关器件的 ZVT，主开关仍为 PWM 控制。

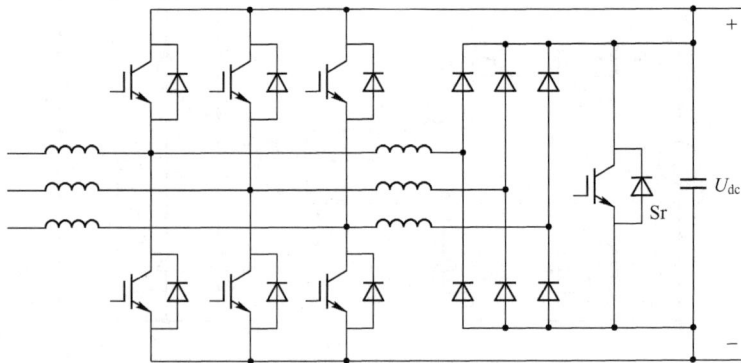

图 4-30　ZVT 三相 BOOST 整流输入电路

因高功率充电模式通常只在充电站使用，而充电站可能会装有多个充电机，每个充电机均采用单独的整流级必然会使系统体积庞大，成本大大增加。为简化系统设计，可为整个充电站配备一个专门的 PFC 或谐波补偿功率变换器，充电主电路都连接在同一个有源输入整流电路上，如图 4-31 所示。

有源滤波器功率为充电站额定功率的 20%，在整流端一般采用直流侧电感来提高整流器的功率因数，可以选用串联或并联方式的有源滤波方案。

与充电模式 2 类似，充电功率变换器可以直接采用全桥或带谐振的全桥功率变换器。由于充电模式 3 功率级更高，与谐振式全桥功率变换器相比，一般的全桥功率变换器必然会对应很高的峰值电流，因此应当考虑采用 ZVS 或 ZCS 谐振全桥拓扑来有效降低损耗。

选用串并联全桥谐振型功率变换器可满足感应耦合充电功率变换器的所有设计考虑，并且完全利用了感应耦合器的等效电路元件。根据功率器件性能差异，可分别选择 ZVS 或 ZCS

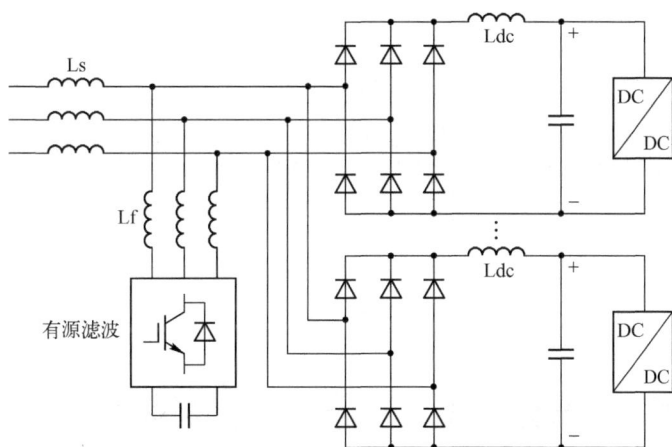

图4-31 配备专门的PFC或谐波补偿器的充电器系统主电路结构

方案。

对于高功率等级和高频场合，具有相对较小导通损耗和高频能力的IGBT有较大的吸引力。由于感应耦合器优化设计的频率范围为70～300kHz，因此需要软开关技术来优化IGBT的性能。在ZVS情况下，IGBT关断损耗仍然较大，管芯温度较高。ZCS可使得IGBT在ZCS情况下关断，减小了关断损耗，使IGBT能够更好地用于高开关频率下。

为了进一步降低器件电流应力，减小传输电缆的尺寸和重量，可以采用较高电平的总线电压。此时感应耦合器可以采用2∶1的匝比。当副边采用4匝时，原边要采用8匝。对于400V的蓄电池电压，直流总线电压至少为DC800V，此时必须采用额定值为1200V/400A的IGBT。

5

第5章

电动汽车充电站（桩）通信技术

5.1 电动汽车充电站（桩）通信

5.1.1 电动汽车充电站（桩）通信方式及网络建设要求

1. 电动汽车充电站（桩）通信方式

电动汽车充电站（桩）属于配电网侧。其通信方式往往和配电网自动化一起综合考虑。通信是配电网自动化的一个重点和难点，区域不同、条件不同，可应用的通信方式也不同，具体到电动汽车充电站（桩）。其通信方式主要有有线方式和无线方式。

1）有线方式

（1）有线以太网（RJ45 线、光纤）。有线以太网主要优点是数据传输可靠、网络容量大，缺点是布线复杂、扩展性差、施工成本高、灵活性差。

（2）工业串行总线（RS—485、RS—232、CAN 总线）。工业串行总线（RS—485、RS—232、CAN 总线）的优点是数据传输可靠、设计简单，缺点是布网复杂、扩展性差、施工成本高、灵活性差、通信容量低。

2）无线方式

无线方式主要采用移动运营商的无线网络数据接入业务，如 GPRS/CDMA/TD—SCD-MA/WCDMA/EVDO 及更新的 4GLTE 网络等。无线方式的优点：成本低廉、建设工程周期短、适应性强、扩展性好、维护方便、扩展容易。但采用移动运营商的移动数据接入业务存在以下缺点：

（1）采用移动运营商的移动数据业务需要将电动汽车充电桩这一电网内部设备接入移动运营商的移动数据网络，需要支付昂贵的月租和年费，随着充电桩数量的增加费用将越来越大。

（2）数据的安全性和网络的可靠性都受到移动运营商的限制，不利于设备的安全运行。

（3）移动运营商的移动接入带宽属共享带宽，当局部区域有大量设备接入时，其接入的可靠性和每个用户的平均带宽会恶化，不利于充电桩群的密集接入、大数据量的数据传输。

2. 充电站（桩）接入网络方案

方案一：每个充电桩通过 RJ45 或光纤分别接入以太网，连接充电站管理中心，再接入互联网管理中心和数据库，如图 5-1 所示。

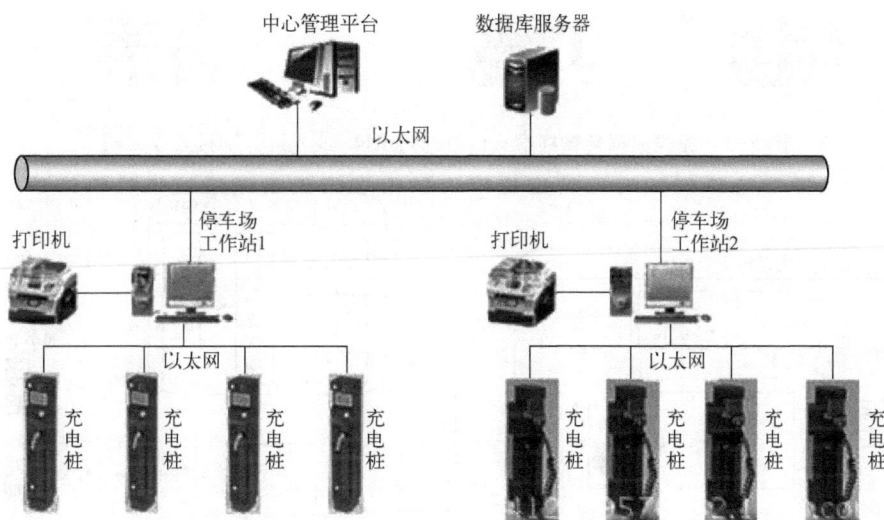

图 5-1　通过 RJ45 或光纤分别接入以太网

方案二：将无线数据传输终端（充电桩）通过 RJ45 或者光纤分别接入以太网，连接充电站管理中心，再接入互联网管理中心和数据库，如图 5-2 所示。

方案三：充电站内部通过工业串行总线（RS—485/RS—232/CAN）接入集中器，再由集中器通过 RJ45 或者光纤接入以太网或移动数据接入服务连接服务管理平台和数据库，如图 5-3 所示。

方案四：通过 3G 或 4G 工业无线路由器与充电桩进行 RJ45 连接，无线路由器能够提供更加丰富的增值服务，可为大规模汽车充电站建立高效、便捷数据传输网络，如图 5-4 所示，同时，利用路由功能，支持 PORTAL 推送及上网行为管理及流量控制功能，可为大型充电站运营企业提供商业、娱乐节目推送功能，为充电车主提供免费 Wi-Fi 及网上冲浪等休闲功能。

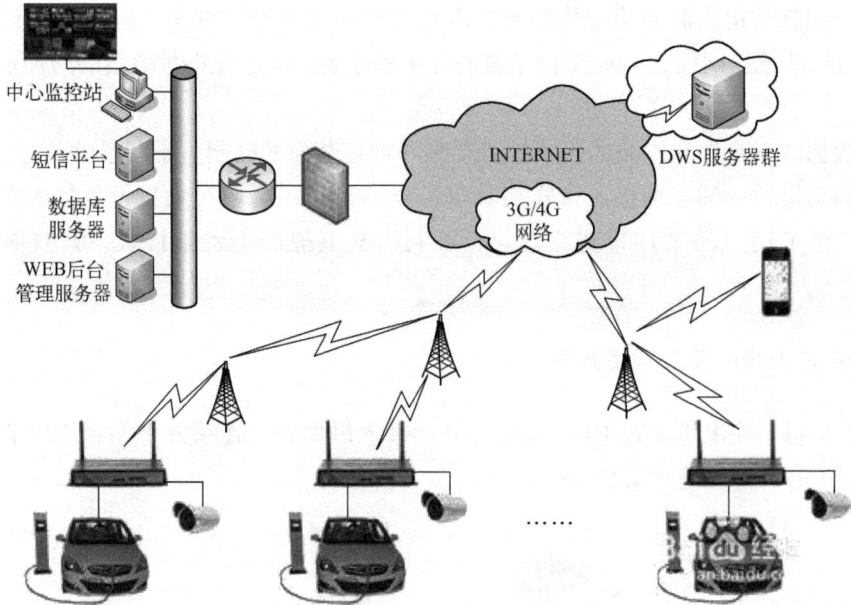

图 5-2　无线数据传输终端充电桩通过 RJ45 或光纤分别接入以太网

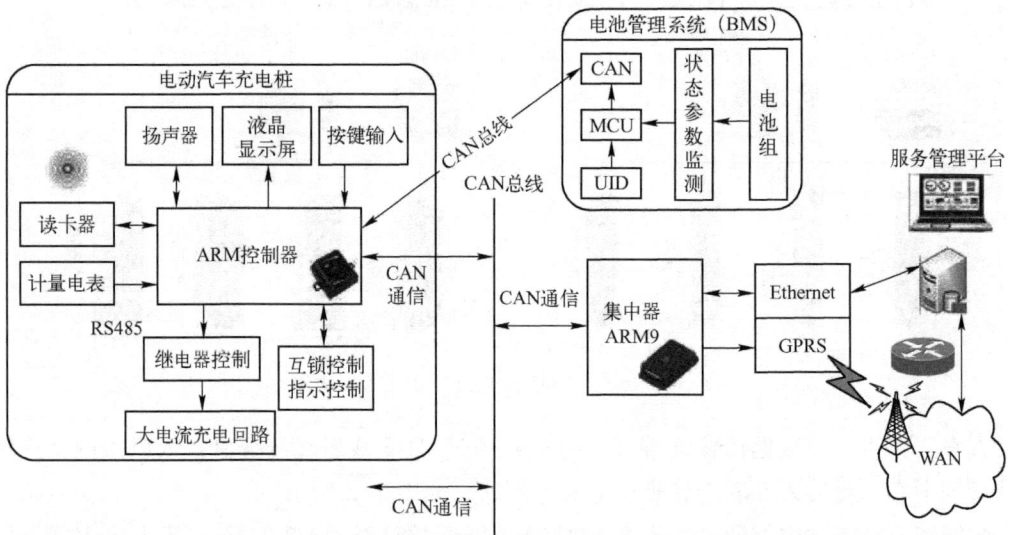

图 5-3　通过工业串行总线（RS—485/RS—232/CAN）接入集中器

　　用户通过充电桩智能管理服务平台，可以登录网页版或使用手机 APP 客户端，查询充电站的建设分布、具体位置、充电桩数量、充电口空闲数等充电信息查询，查找最近的充电站点进行充电。

　　方案五：基于无线数传终端 DTU 组网，利用 2G/3G/4G 无线数据传输技术，基于服务端应用宽带有线网络提供固定 IP 或者动态 IP（可用域名绑定）及端口号，将这些服务端参数设置在无线传输终端 DTU 上，利用它能够自动解析域名地址，连接到服务端的充

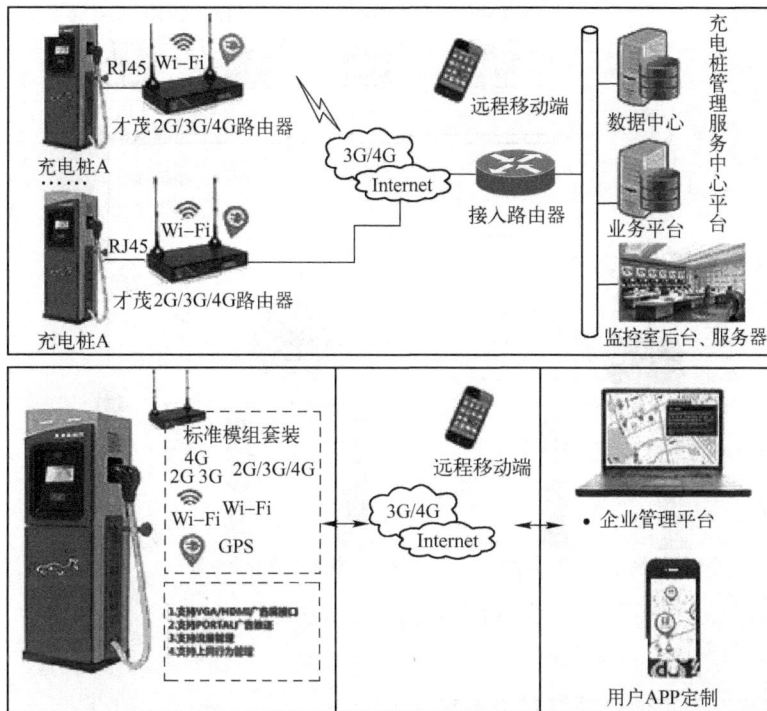

图5-4　工业路由器 + Wi - Fi + GPS 定位系统拓扑图

电桩管理平台，可提供实时的数据采集、传输、发布、远程管理与控制、实现远程无线数据传输的完美解决方案，系统总体结构如图5-5所示。本系统主要由交流/直流充电桩、无线数传终端 DTU、各种 2G/3G/4G 无线网络及通信网络、充电系统管理平台软件等组成。

无线数传终端 DTU 可以提供 RS232/RS485/RS422/TTL/端子等各种接口与各种带串口的充电桩连接，具有集中监控、实时视频、录像存储、录像管理、历史轨迹查询、音视频输入输出、语音对讲、广播功能、报警功能。如果充电桩为以太网接口，则可以选择具有以太网接口的无线路由器系列产品与其对接。

无线数传终端 DTU 通过各种无线网络，将各种充电桩终端的数据无线透明传输到服务器端的充电系统管理平台。此系统平台软件包括计量计费系统、充电监控系统、配电监控系统、安防监控系统等。服务端的管理平台可以随时监控充电桩的运行情况，包括电量变送器、断路器、工控主机、计费器、触摸屏等设备工作参数的上传，也可以通过无线数据终端 DTU 下达各种工作指令给充电桩。

服务端的管理平台可以实时监控充电桩的运行状态，一旦出现故障告警，即可以远程维护调试或升级，做到及时处理异常充电桩的问题。服务端的管理平台可接入第三方 APP 软件，利用 GPS 设备及对应定位系统软件，直接为充电用户提供手机 APP，可以实现地图上寻址和导航功能。

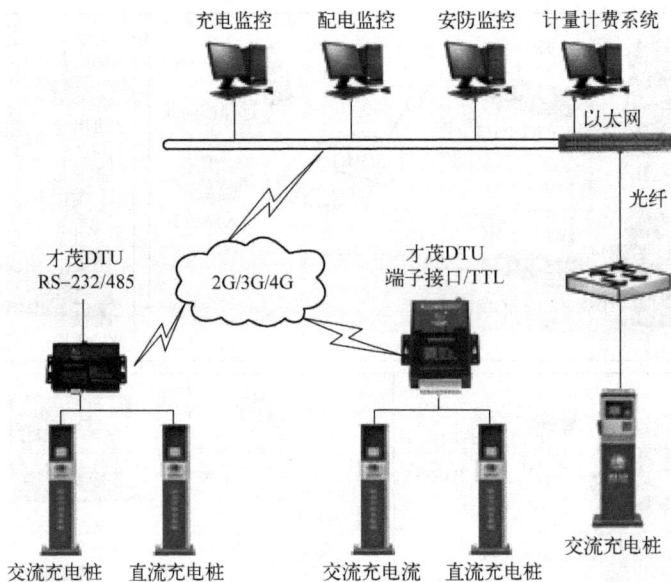

图 5-5　系统总体结构

3. 电动汽车充电桩通信网络建设要求

作为电网配用电侧的电动汽车充电桩，其结构的特殊性决定了自动化通信系统的特点是被测点多且分散、覆盖面广、通信距离短。随着城市的发展，网络拓扑要求具有灵活性和扩展性的结构。因此，选择电动汽车充电桩通信方式时应考虑以下问题：

（1）通信的可靠性。通信系统要长期经受恶劣环境和较强的电磁干扰或噪声干扰，以保持通信的畅通。

（2）建设费用。在满足可靠性的前提下，综合考虑建设费用及长期使用和维护的费用。

（3）双向通信。不仅能实现信息量的上传，还要实现控制量的下达。

（4）多业务的数据传输速率。随着以后终端业务量的不断增长，主站到子站、子站到终端之间的通信对实现多业务的数据传输速率要求越来越高。

（5）通信的灵活性和可扩展性。由于充电桩具有控制点多、面广和分散的特点，要求采用标准的通信协议，随着"ALLIP"网络技术的发展及电力运营业务的不断增长，需要考虑基于 IP 业务承载，同时要求便于安装施工、调试、运行、维护。

5.1.2　电动汽车充电站（桩）通信技术及网络

1. 光载无线（ROF）技术

采用光载无线通信技术并结合物联网技术的电动汽车充电站，无论是位于城市、郊区或偏远的地点，仍属于完善网路系统的一部分，用户得以享有众多的优点与功能。无线网络的开放性，加上各种全球移动通信系统（GSM）标准，包括 GPRS、3G 等技术，均支援透明化的 IP 连线，不仅能连上 Internet，也能连线到世界的任何角落。此外，电动汽车充电站的无线网络解决方案能有效利用无线网络，不会对系统造成负担。因此，手机运营商或电信运营商都可提供极为吸引人的无线通信解决方案服务，鼓励推广相关技术。

电动汽车充电站的无线通信网络设立方便，而且几乎可以在世界上的任何地点营业。因计量表计已整合在充电站内，计量资料也可通过无线通信随时取得，因此几乎只需要一条电缆，就能展开业务。不必为各电动汽车充电站敷设通信缆线，采用无线通信网路便可顺利完成连接。智慧型的电动汽车充电站，宛如简易的随插即用系统，不论是在街道旁、停车场或车库等任何地点，都可以轻松设置。

光载无线（ROF）技术被认为是实现低成本高速无线通信的有效解决方案，通过光纤链路在中心控制局和远端天线单元之间实现无线射频（RF）信号的分发，在简化远端天线单元的同时，在中心局实现功能的集中化、器件设备的共享及频谱带宽资源的动态分配，大幅度降低系统传输成本并提高系统传输性能、频谱效率、覆盖区域和灵活性，实现宽带无线接入与光传输技术的融合，完全满足电动汽车充电桩等配电网侧的通信要求。

光载无线通信系统主要由光载无线交换机、光纤线路、远端节点构成。光载无线通信系统构成如图 5-6 所示。其中，光载无线交换机为光载无线通信系统的核心设备，光载无线交换机由 5 个部分构成：多用途信号处理器、通信模块组、射频信号交换单元、模拟光端机及系统软件。

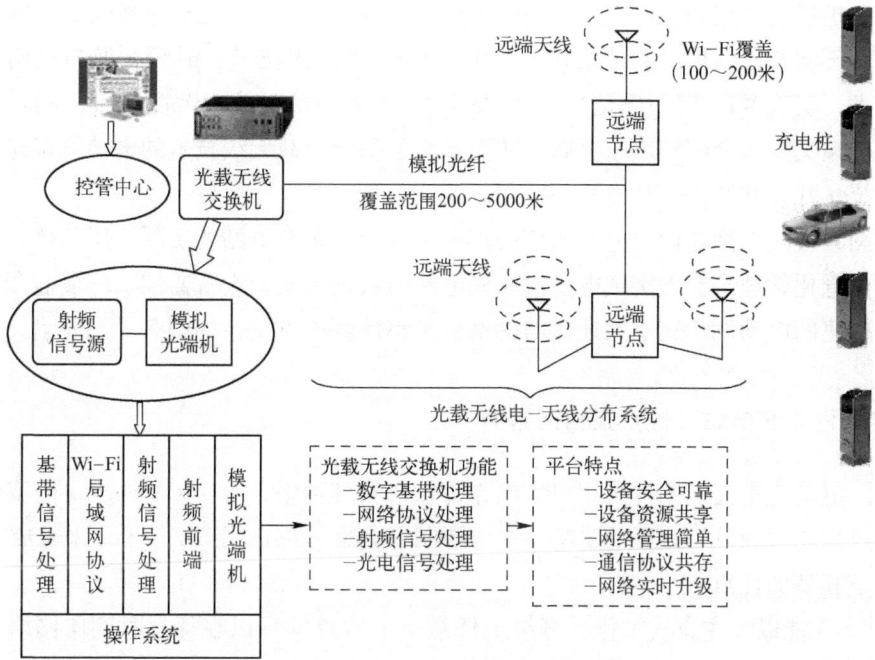

图 5-6　光载无线通信系统构成

光载无线交换机具有与外部以太网的通信接口，可提供终端设备接入连接，实现射频信号的路由交换、电光/光电转换、子载波复用及整个网络的管理。远端节点由光电、电光转换模块和 RF 双向放大器组成，结构非常简单。相比于现有的电动汽车充电桩的通信方式，光载无线通信系统具有以下优势：

（1）射频信号覆盖范围大。

（2）射频信号源集中于交换机中，实现统一的控制和管理，系统的安全性和可靠性高。

（3）网络容量大，无线网络采用 Wi－Fi802.11b/g 标准，网络带宽高达 54Mb/s。

（4）设备安装、维护方便，扩展容易、价格合理。

（5）光载无线交换机具有容量重构功能，在不改变现有硬件设备的情况下，实现局部区域的通信容量增加。

（6）基于光载无线交换机构建的电动汽车充电站通信网络平台属于电网公司自建的内部网络，完全置于电网公司的管理和控制之下，便于开展综合业务和功能扩展，如提供停车场的车辆管理、用户的无线接入等其他增值业务。

（7）光载无线交换机中内置的 Wi－Fi 接入点（AP）采用标准 IP 网络协议，能够与变配电站等网络通信设备无缝连接，符合未来全 IP 通信网络的发展趋势。

电动汽车充换电系统是一个庞大的电力网络资源。其通信系统的特点是被测点多且分散、覆盖面广、通信距离短。随着城市电动汽车充换电设施的持续建设，其网络拓扑要求具有灵活性和扩展性的结构。对此，在当前主流 Wi－Fi 无线接入技术的基础上，融合光载无线网络及其不同拓扑结构下的传输技术、Wi－Fi 无线接入技术、射频交换与重构技术、无线传感技术，实现 Wi－Fi 射频信号和 2G/3G/4G 等无线信号的大范围分布，同时实现多个接入点的射频交换、分配和功率控制，从而建立起基于光载无线技术的电动汽车充电桩通信与网络系统，并在此基础上开发相关应用。

结合国家智能电网建设对电力通信的需求和电动汽车充电站的实际应用，建立电动汽车充电站的信息化管理平台，实现电动汽车充电站的数据采集、设备监控、环境监测及其他增值服务，构建的电动汽车充电站通信与网络系统整体解决方案，如图 5-7 所示。

2. 电动汽车充电站（桩）通信网络

目前，电动汽车充电站都采用以太网作为核心管理网络，由于 CAN－bus 的实时性和安全性在节点控制方面具有较强的优势，充电控制通信部分都选用 CAN－bus 来完成。CAN 总线具有以下独特的优点：

（1）CAN 能以多主方式工作，网络上任意一个节点均可以在任意时刻向网络上其他节点发送信息，而不分主从，通信方式灵活。

（2）CAN 可以实现点对点、一点对多点及全局广播等方式传送和接收数据，通信介质采用双绞线、同轴电缆或光纤，选择灵活，通信距离最远可达 10km/5kb/s，通信速率最高

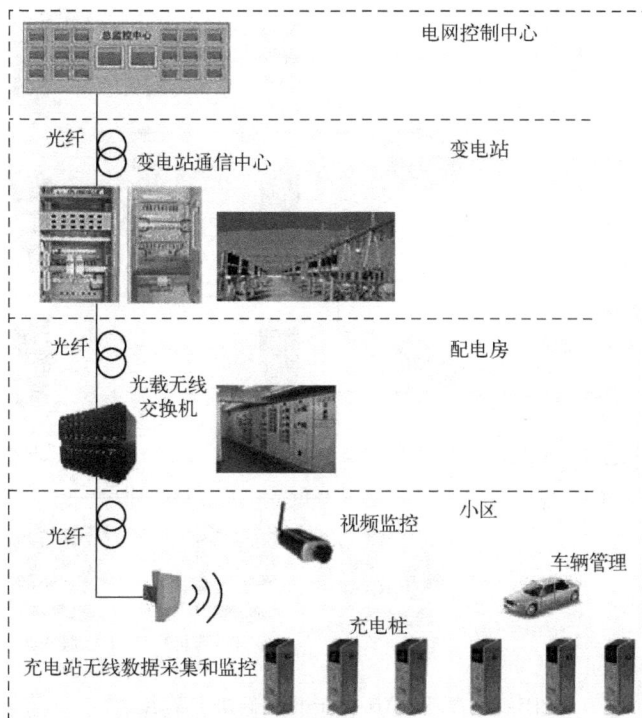

图5-7 电动汽车充电站通信与网络系统整体解决方案

可达1Mb/s/40m。CAN上节点数取决于总线驱动电路，实际可达110个。

（3）CAN节点在错误严重的情况下，具有自动关闭输出的功能，切断它与总线的联系，以使总线上其他操作不受影响。采用NRZ编码/解码方式，并采用位填充技术。用户接口简单、编程方便，很容易构成用户系统。

（4）CAN采用非破坏性仲裁技术，当两个节点同时向网络上传送信息时，优先级低的节点主动停止数据发送，而优先级高的节点可不受影响地继续传输数据，有效避免了总线冲突。

（5）CAN采用短帧结构，每一帧为8bite，传输时间短，受干扰的概率低，每帧信息都有CRC校验及其他检错措施，保证了数据的出错率极低。

由于以上优点，CAN-bus成为《电动汽车充电系统技术规范》中规定的标准充电控制网络。管理中心通常具有以太网管理数据存储、计费、打印等功能，这就需要管理中心计算机与CAN-bus要进行协议转换，来配合管理计算机对充电桩进行控制。

ITEK基于应用开发的iCANET-200T可轻松完成对多区域、多节点的充电桩、充电站的远程控制，完美地将CAN-bus和以太网融为一体，基于CAN-bus网络解决方案示意图如图5-8所示。iCANET-200T的基本技术特性如下：

（1）采用32位高性能微处理器。

（2）CAN接口采用方便连接的开放式插座。

（3）10M/100M自适用以太网接口，2kV电磁隔离。

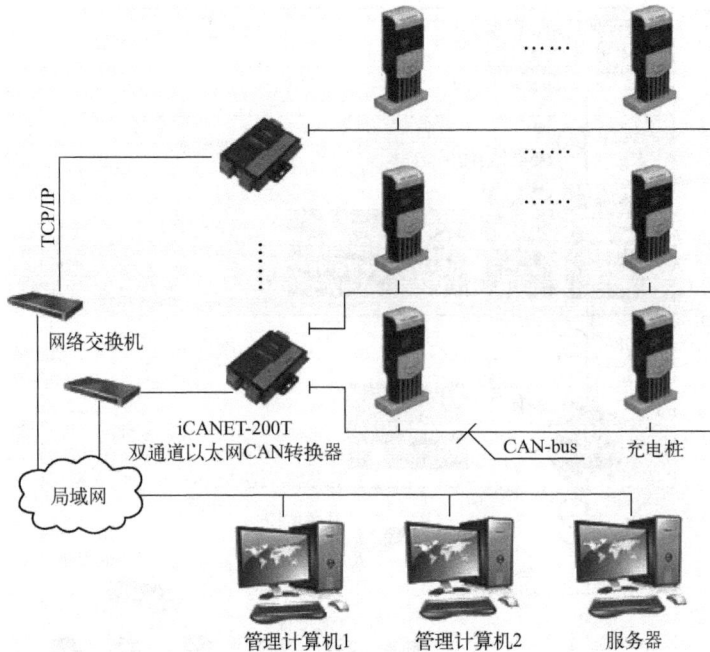

图 5-8　基于 CAN—bus 网络解决方案示意图

（4）CAN 通道采用电磁隔离、DC/DC 电源隔离，2.5kV 电磁隔离。

（5）同时支持 CAN2.0A 和 CAN2.0B 协议，符合 ISO/DIS11898 标准。

（6）CAN 接口终端电阻通过外置拨码开关选择。

（7）工作电压为 9～24V 直流。

在 iCANET-200T 以太网至 CAN 转换器间，可实现 CAN-bus 数据和 Ethernet 数据相互传输，内部集成了 2 路 CAN-bus 接口和 1 路 Ethernet 接口，并自带 TCP/IP 协议栈，用户可以轻松完成 CAN-bus 网络和 Ethernet 网络的互连互通，建立以太网-CAN 两层网络架构，大大扩展 CAN-bus 网络的应用范围。

iCANET—200T 为工业级产品，可以工作在 -25℃～75℃ 的温度范围内，具有 10M/100M 自适应以太网接口，CAN 接口的通信最高波特率为 1Mb/s，具有 TCPServer、TCPClient、UDP 等多种工作模式，支持两个 TCP 连接或多达 6×254 个 UDP "连接"，支持以太网冗余和 CAN 网络冗余。

iCANET—200T 单条 CAN 总线可接 110 个节点。也就是说，一台 iCANET—200T 可管理 220 个充电桩，在 250kb/s 波特率下通信距离可达到 270m。如单条 CAN—bus 网络，节点超过 110 个或距离超出 270 m，可通过智能 CAN 网桥中继器 iCANBridge（两通道）或 iCAN-Hub—P4（四通道）来扩展。单台 iCANBridge 可扩展 110 个 CAN—bus 节点，单台 iCAN-Bridge—P4 可扩展 330 个 CAN—bus 节点。

5.1.3　充电站服务项目及通信网络管理

1. 充电站服务项目及管理

1）充电站服务项目

充电站可提供的服务分为以下几类：

（1）充电服务。

（2）蓄电池租赁服务。

（3）蓄电池更换服务。

（4）充电配套服务。蓄电池销售、蓄电池维修保养、家用常规小型充电机、插座、充电卡等充电相关零配件的销售、旧蓄电池回收处理等服务。

（5）其他服务。充电站可根据实际情况提供其他服务，如提供相关培训、汽车保养、购物、休闲等。

2）充电站管理

专业化的组织管理是充电站安全运行的保障，有助于推动充电站的大力发展和商业化运营，具体来说可从以下方面加以保障：

（1）要建立职责明确、执行有力的组织架构，对各个职责岗位配备受过培训的专业人员，从专业化的角度对充电站进行严格、规范和有效的控制。

（2）设计一套合理的运作流程，使充电方式、充电技术与电动车辆需求相适应。同时，要协调好不同岗位之间的业务关系，协调好各个环节的衔接，充分提高充电站运作管理的效率。

（3）建立与充电站一体化管理相适应的严格的管理法规、条例和规章制度，以责任制为基础，对各种管理参数进行科学量化，增强管理的针对性和时效性。

（4）充电站在充电中出现故障或意外事故是有可能的，应建立故障恢复与紧急响应机制，确保人员、车辆及充电系统的安全。

2. 充电站网络的构建和管理

数量少、规模小、布局不合理的充电配套设施根本无法支撑未来大规模的电动汽车商业化、产业化的运营。分布合理、数量众多、昼夜服务的充电网络是电动汽车商业化的必备条件之一。它的发展直接决定了各式电动汽车的应用和推广，进而也成为推动充电站个体实现商业化运营的基础。

城市充电网络应统一规划，合理布点，形成网络，由政府出面协调城市规划、建设、电力、交管等部门的职责，统一建设、实施，形成一个在城市全面铺网，进行有组织的、专门为电动汽车提供专业化和规范化充电服务的智能系统。它不但可以有效地解决电动汽车续航能力差的缺点，更重要的是使整个充电系统得以高效运转，充电资源得到充分利用。

在充电网络中，充电网络管理中心负责整个充电系统的运行、调度，充电网络管理中心下设充电站、蓄电池配送中心、蓄电池会员店。充电站可按照充电方式的不同进行设计，配备自动充电设备，为电动汽车提供专业化和规范化的充电服务，同时还可提供蓄电池租赁服务；蓄电池配送中心可为充电站和蓄电池会员店提供蓄电池，也可下设蓄电池会员店，为加入的会员提供蓄电池租赁、蓄电池更换服务，还可为用户上门服务。其分级结构如图 5-9 所示。

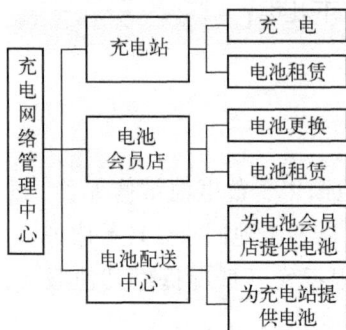

图 5-9　城市充电网络分级结构

充电网络既要提供充电服务，实时跟踪蓄电池流向，还要对蓄电池及各个充电站、配送中心及蓄电池会员店进行有效的统一管理，合理分配资源，提高充电系统的运营经济效益和社会效益。为此，充电网络管理中心应具有以下功能：

（1）基本信息管理。主要是对充电站和蓄电池配送中心的基本信息、管理员信息、工作人员信息等初始数据的录入、查询和打印。

（2）蓄电池管理。对各个站点的蓄电池进行统一管理，确保蓄电池的有效利用，以实现资源的合理配置。

（3）用户管理。用来存储和保存会员基本资料，以及对会员信息的插入、查询、更新等。会员的统计、分析可为站点的合理分布与资源的合理配置提供技术决策。

（4）报表查询管理。用来查询各种必要的信息及各种灵活多变的统计报表，实现数据分析及打印功能。根据站点的实际情况，自动生成充电站运营、蓄电池更换的统计报表和费用报表。

（5）数据库管理。主要是对数据库的数据备份、恢复、优化，保证数据库中的数据协调一致。

（6）系统安全管理。为管理员或用户设置不同的账号，系统根据不同账号为不同角色的人设置不同的权限，以适应管理的需要。系统还对主要操作留有详尽的日志记录，能够自动跟踪监督每个环节，定期进行汇总、统计、分析，产生工作记录集。

在一个城市的充电网络中，充电站和蓄电池会员店的布局、数量和充电方式应该合理设计和部署，使电动汽车在充电网络中能方便、及时地充电，保障电动汽车的正常运行，从而推动电动汽车行业快速发展。

5.2 电动汽车充电站（桩）通信解决方案

5.2.1 充电站（桩）基于 CAN 总线通信解决方案

1. 基于 EPC—9200 的解决方案

电动汽车充电桩需要特制的充电卡刷卡使用。在充电过程中，充电桩显示屏能显示充电量、费用、充电时间等数据。充电桩作为电动汽车充电状态的人机交互产品，可实现计时充电和计电度量充电。卡内预先充值，每次充电后根据电度数自动从卡中减去，并打印出票据。

充电站内部设备较多，且大部分是 RS—232 接口，如果每一个设备都使用一条电缆接到工控主板上，则会使内部电路相当复杂，可靠性和电磁兼容性也会大打折扣。而采用 CAN 总线通信，可以降低信号线复杂度，还可方便扩展更多设备。EPC—9200 的解决方案如图 5-10 所示。

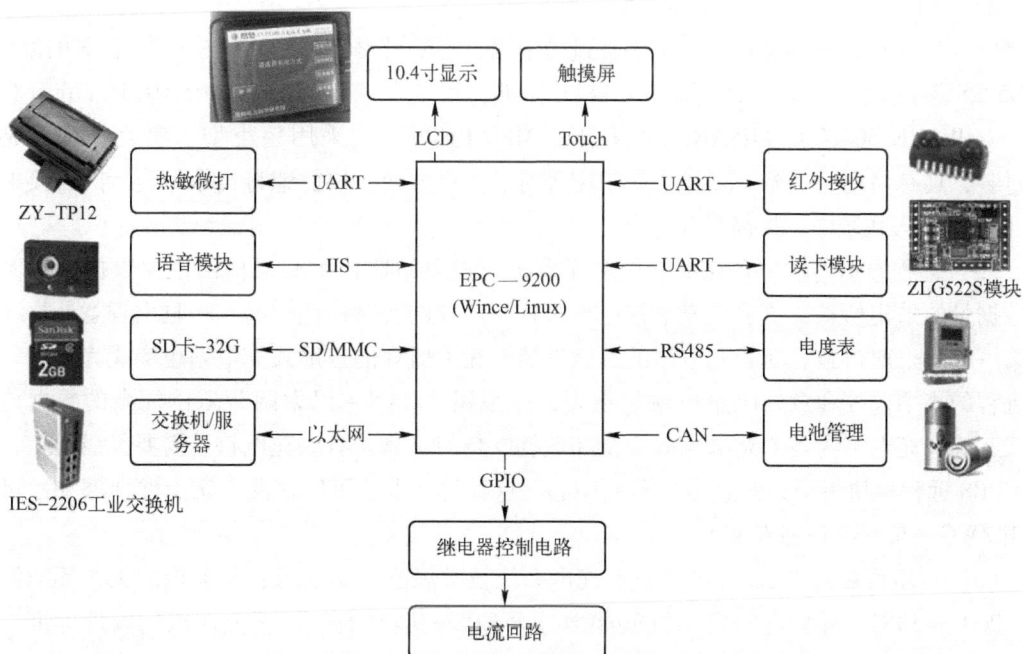

图 5-10 EPC-9200 的解决方案

图中，充电桩数据处理、人机交互主要通过 EPC—9200 工控主板来实现，采用 Cortex—A8 构架，工作频率达 800MHz，预装 WinCE 或 linux 操作系统。主要优势如下：

（1）接口丰富，板载 6 路 RS—232、2 路 CANBus。

（2）数据处理、通信能力强，CAN 驱动程序稳定可靠，总线负载高时不丢帧。

（3）具有 1 路 10/100M 以太网接口。

（4）直接支持 LCD 显示，支持分辨率可达 1366×768，可用于软件 UI 及广告播放。

（5）支持大尺寸触摸屏。

（6）具有音频接口（支持音频输出与麦克风输入）。

（7）具有 SD 卡接口。

（8）工控板所有元器件均符合工业级 −40℃ ~ +85℃ 的环境要求。

电动汽车充电站基于 EPC—9200 构成的 CAN 总线通信解决方案的优点有：

（1）CAN 通信稳定。EPC - 9200 产品采用 TI 的 AM3352 处理器，内部集成 CAN 控制器，CAN 控制器的数据包硬件 FIFO 具有 64 帧数据包缓冲能力，在通信上毫无瓶颈。EPC—9200 产品的 CAN 驱动是结合了多年的 CAN 总线行业经验并进行了优化设计，能做到在总线高负载率情况下不丢帧。

（2）视频播放。通用的户外小型广告机采用 720×576 以上分辨率，采用 EPC—9200 工控板可以支持最高 1366×768 的高清分辨显示，可满足充电桩上的图片及广告显示要求。

（3）消费单据打印。打印的数据主要为消费内容，要求小型化，打印速度快，可靠性高，打印字符清晰等特性。ZY - TP12 微打采用行式热敏技术，具备上述要求，并采用串口 RS—232 进行通信，简单而功能强大。

（4）刷卡记录交易信息。用户通过非接触式 IC 卡刷卡充电，是一个基本的功能。ZLG522S 系列读写卡模块符合 ISO14443 标准，可支持 PLUSCPU、MIFAREDesfire（CPU 卡）、MIFARES50/S70、MIFARE0ultralight、MIFAREPro，它采用超小型、超大规模集成电路封装，具有易用、可靠、多样和体积小等特点，可方便、快捷地将当今最流行的非接触式 IC 卡技术融入系统中，提高产品档次。

（5）远程数据传输。在充电站内，充电桩与充电站监控中心通信的主要数据为控制和小数据量的采集信息，要求在充电桩运作过程中监控的实时性比较高，一旦出现意外情况可以第一时间采取措施。随着充电站的迅猛发展，无人监守的自助式充电站也会成为趋势，此时远程的集中监控和意外应急也愈显重要，故采用"CAN + 以太网"双网冗余的数据传输方式，确保充电站内各个充电桩的安全和数据顺畅与可靠。有些充电桩若需要无线通信，通过 GPRS 远程模块将交易信息上传服务中心，这样的需求，可以在此方案上便捷添加，可以采用 ZWG—28AGPRS 通信模块。

（6）环境可靠性测试。《电动汽车充电系统技术规范》中要求：充电机的工作环境温度为 −20℃ ~50℃，并具有一定的抗震能力。而 EPC—9200 通过了工业四级的设计标准，可稳定工作在 −40℃ ~85℃ 环境下。而 EPC—9200 基本全部采用贴片元器件，抗震性能优异，且所有器件均选用工业级器件。

（7）电磁兼容性测试。充电站内电子设备的电磁敏感度要符合 GB6833 系列标准，EPC—9200 产品的研发、生产的全过程都通过电磁兼容性测试。

（8）支持远程应用升级。通信系统采用以太网冗余传输结构，在升级应用程序及系统时，可通过以太网进行远程统一升级。

2. 基于CAN总线的分布式管理系统

系统要实现不同类型的多种功能，集中的或中央处理方式无法满足安全性要求，自然要采用分布式结构；系统的工作环境恶劣，常处于强电磁干扰及脉冲电流的干扰下，为了确保可靠性，应考虑采用高性能CAN现场总线作为通信系统；CAN总线在汽车上已使用很久，具有很强的抗干扰性，该技术比较成熟，因此在电动汽车充电系统的内部通信和外部通信都可采用CAN总线来实现。

1）CAN简介

CAN是控制器局域网络（Controller Area Network，CAN）的简称，是德国Bosch公司在1986年为解决现代汽车中众多的控制与测试仪器之间的数据交换而开发的一种串行高速数据通信总线，并最终成为国际标准。CAN总线也被认为是电动汽车最佳的通信总线。CAN总线采用了ISO/OSI模型的七层结构中的物理层和数据链路层，具有较高的可靠性、实时性和灵活性。

CAN总线解决方案为嵌入式设计提供了通信与连接，使其进入崭新阶段。CAN串行总线协议是一款高速可靠的通信协议，创建最初用于汽车应用，如今已广泛用于需要达到1Mb/s比特率的稳健通信网络。在产品设计中，集成CAN协议将是在恶劣电气环境下实现高度实时通信功能的低成本可靠途径。

CAN协议的一个最大特点是废除了传统的站地址编码，取而代之的是对通信数据块进行编码。采用这种方法的优点可使网络内的节点个数在理论上不受限制，数据块的标识码可由11位或29位二进制数组成，因此可以定义2或2个以上不同的数据块，这种按数据块编码的方式，还可使不同的节点同时接收到相同的数据，这一点在分布式控制系统中非常有用。数据段长度最多为8个字节，可满足通常工业领域中控制命令、工作状态及测试数据的一般要求。同时，8个字节不会占用总线时间过长，从而保证了通信的实时性。CAN协议采用CRC检验并可提供相应的错误处理功能，保证了数据通信的可靠性。CAN总线卓越的特性、极高的可靠性和独特的设计，特别适合工业过程监控设备的互连，因此越来越受到工业界的重视，并已被公认为是最有前途的现场总线之一。

2）管理系统主模块设计

管理系统的主要功能包括数据采集、电量估计及显示诊断等，由于80C552具有8路10位A/D转换的功能，因此采集模块先采用线性光耦法测量单体蓄电池的电压，通过4个A/D口将模拟量转换为数字量存入存储器，温度测量采用单总线技术，使用Dallas数字芯片来测量温度。该芯片具有12位的精度等级，能非常准确地测量到系统的温度。总电压、电流信号通过特殊的传感器将信号转换为0～10V的信号，通过14位的A/D转换器件转换为数字量存入充电系统。

通信及显示模块提供了双CAN通信接口，能够与充电系统内各个模块及外部整车系统通过 CAN 进行数据传输；同时，系统提供 RS—232 接口，能够实现与 PC 机通信；模块还提供 5 寸半液晶显示驱动功能及按键进行人机友好操作；模块还设有电压、电量、电流及温度的上下限报警及自检功能，以保证充电系统的安全性。各个系统模块的基本结构框图如图 5-11 所示。

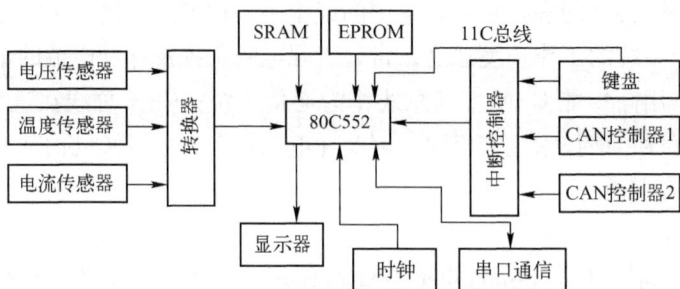

图 5-11　各个系统模块的基本结构框图

3）电量估算

电量估算采用实时电流积分安时法进行基本估算，然后通过对影响蓄电池电量的温度、自放电及老化等各种参数进行修正，并考虑各单体蓄电池间的不一致性，从而得到精确的蓄电池组电量。

4）CAN 总线设计

CAN 总线总体结构如图 5-12 所示。在总线的两端配置了两个 120Ω 的电阻，其作用是总线阻抗匹配，可以增加总线传输的稳定性和抗干扰能力，减少数据传输中的出错率。CAN 总线节点结构一般分为两类：一类采用 CAN 适配卡与 PC 机相连，实现上位机与 CAN 总线的通信；另一类则是由单片机、CAN 控制器及 CAN 驱动器构成，作为一类节点与 CAN 总线进行数据传输。设计中的 CAN 控制器采用 Philips 公司生产的 SJA1000 和 82C200 作为一个发送、接收缓冲器，实现主控制器和总线之间的数据传输；CAN 收发器采用 PCA82C250 芯片，是 CAN 控制器和物理总线的接口，可以提供对总线的差动发送能力和对 CAN 控制器的差动接收能力。

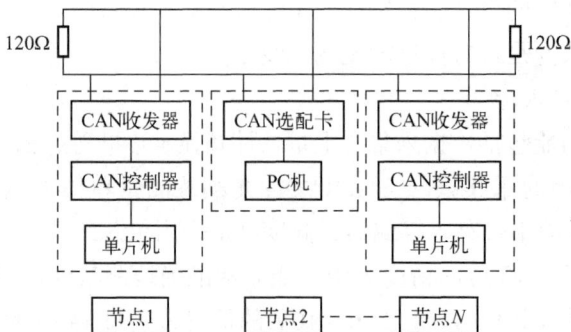

图 5-12　CAN 总线总体结构图

5）CAN 总线的软件设计

CAN 总线的三层结构模型为物理层、数据链路层和应用层。物理层和数据链路层的功能由 SJA1000 完成，系统的开发主要在应用层软件的设计上，主要有三个子程序：初始化子程序、发送数据和接收数据程序，同时还包括一些数据溢出中断及帧出错的处理。

SJA1000 在上电硬件复位之后，必须对其进行软件初始化才可以进行数据通信，初始化过程主要包括对其复位模式下配置时钟分频寄存器 CDR、总线定时寄存器 BTR0 和 BTR1、验收代码寄存器 ACR、验收屏蔽寄存器 AMR 及输出控制寄存器 OCR 等，实现对总线的速率、验收屏蔽码、输出引脚驱动方式、总线模式及时钟分频进行定义。CAN 总线初始化程序框图如图 5-13 所示。

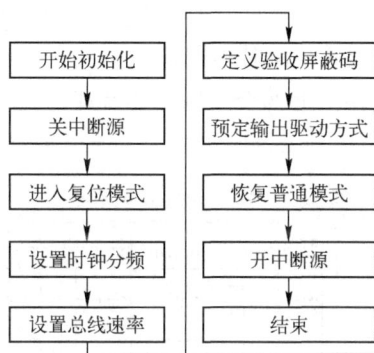

图 5-13　CAN 总线初始化程序框图

SJA1000 发送和接收数据的基本过程为主控制器将数据保存到 SJA1000 发送缓冲器，然后对命令寄存器的发送请求 TR 标志位进行置位开始发送；接收过程为 SJA1000 将从总线上接收到的数据存入接收缓冲器，通过其中断标志位通知主控制器来处理接收到的信息，接收完毕之后清空缓冲器，等待下次接收。

6）采用 P8xC592 芯片的 CAN 总线系统

（1）P8xC592 芯片介绍。电动汽车充电系统的控制电路不仅要支持 CAN 总线通信，还要对负载电压、电流等模拟量进行检测，进行各种逻辑判断，并驱动其他芯片完成功率变换功能。因此，简单选择一个单独的 CAN 控制器是不够的，最方便的选择是使用带有片上 CAN 功能的控制器。P8xC592 是由 PHILIPS 公司开发生产的 8 位微处理器，主要包括：

① 一个 80C51 中央处理单元（CPU）。

② 两个标准的 16 位定时/计数器。

③ 包括四个捕获和三个比较寄存器的 16 位定时器/计数器。

④ 具有 8 路模拟量输入的 10 位 A/D 变换器。

⑤ 两路分辨率为 8 位的脉冲宽度调制输出。

⑥ 具有两级优先权的 15 个中断源。

⑦ 五组 8 位 I/O 端口和一组与 A/D 变换器模拟量输入共用的 8 位输入口。

⑧ 与内部 RAM 进行 DMA 数据传送的 CAN 控制器。

⑨ 具有总线故障管理功能的 1Mb/sCAN 控制器。

⑩ 与标准 80C51 兼容的全双工 UART。

P8xC592 共有 68 个管脚。其中，6 个 8 位 I/O 口，P0～P3 与 80C51 相同，但 P1 可以用作一些特殊功能、4 个捕获输入端、外部计数器输入端、外部计数器复位输入端和 CAN 接口的 CTX0 和 CTX1 输出端。并行 I/O 口 P4 的功能与 P1、P2 和 P3 相同。P5 口是有输出功能的并行输入口，主要用作 A/D 变换器的模拟量输入端。

P8xC592 内含 CAN 控制器，包括为实现高性能串行网络通信所必需的所有硬件，从而能够控制通信流顺利通过 CAN 协议的局域网。为了避免出现混乱，芯片中增加的 CAN 控制器对于 CPU 是作为能够双方独立工作的存储器映像外围设备出现的，即可以把 P8xC592 简单设想为两个独立工作器件的集成体。如果关闭 CAN 控制器部分的功能，则该芯片可以仅作为带有模拟量 A/D 转换的普通 8 位单片机使用。

启用 CAN 控制器的功能主要借助四个特殊功能寄存器（SPR）实现，CPU 和 CAN 控制器接口结构如图 5-14 所示。

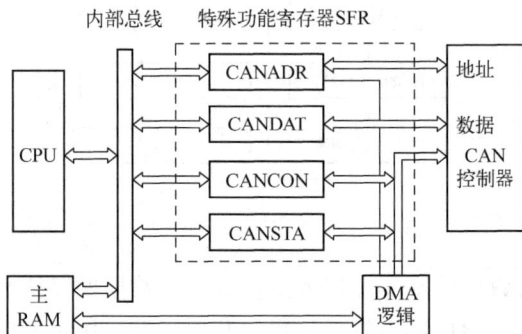

图 5-14　CPU 和 CAN 控制器接口结构

四个特殊功能寄存器分别为：

① 地址寄存器（CANADR），CPU 通过 CANADR 读/写 CAN 控制器的验收码寄存器。

② 数据寄存器（CANDAT），CANDAT 对应由 CANADR 指向的 CAN 控制器内部寄存器。

③ 控制寄存器（CANCON），具有两个功能，读 CANCON 意味着访问 CAN 控制器的中断寄存器，写 CANCON 意味着访问命令寄存器。

④ 状态寄存器（CANSTA），具有两个功能，读 CANSTA 是访问 CAN 控制器的状态寄存器，写 CANSTA 是为后续的 DMA 传输设备内部数据存储器 RAM 的地址。此外，DMA 逻辑允许 CAN 控制器与 CPU 与 CPU 片上主 RAM 之间进行高速数据交换。

在芯片初始化阶段，CPU 通过向 CANCON 和 CANSTA 写入内容，完成 CAN 控制器的功能初始化。在实际通信过程中，CPU 则利用四个寄存器使 CAN 控制器接收和发送数据信息。

（2）CAN 总线通信程序。CAN 总线通信程序包含若干子程序，如图 5-15 所示。在通信程序触发后，P80C592 的 CAN 控制器根据命令字执行相关任务。当上位机请求数据时，将各项运行参数传输给整车系统；当上位机查询节点状态时，将当前 CAN 节点状态等数据发送出去；当上位机要求修改运行参数时，将接收的数据参数存入数据存储器。

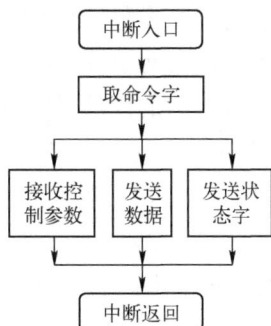

图 5-15　CAN 总线通信程序

CAN 通信网络的引入为电动汽车充电全局优化控制提供了条件，电动汽车的每个子系统都因此成为整个控制中的智能节点。采用集成 CAN 控制器的 P8xC592 单片机作为控制核心，不仅安全稳定性高，还能够充分参与整车的数据交换和控制。对于采用不同 CAN 总线协议的电动汽车，只需适当修改控制程序中有关 CAN 通信的部分程序段，就可以顺利接入整车系统，使电动汽车的充电系统具有更强的通用性。

3. 应用实例

电动汽车充电站可通过以太网连接站内的各个功能部分，如计费和打印等计算机和系统。所以，以太网是作为管理网络存在于系统当中。充电的指示和监控则是由可靠性和实时性更好的 CAN 总线来管理的，所以蓄电池管理系统和充电桩都是具有 CAN 接口的。电动汽车充电站（桩）CAN 网络系统结构如图 5-16 所示。

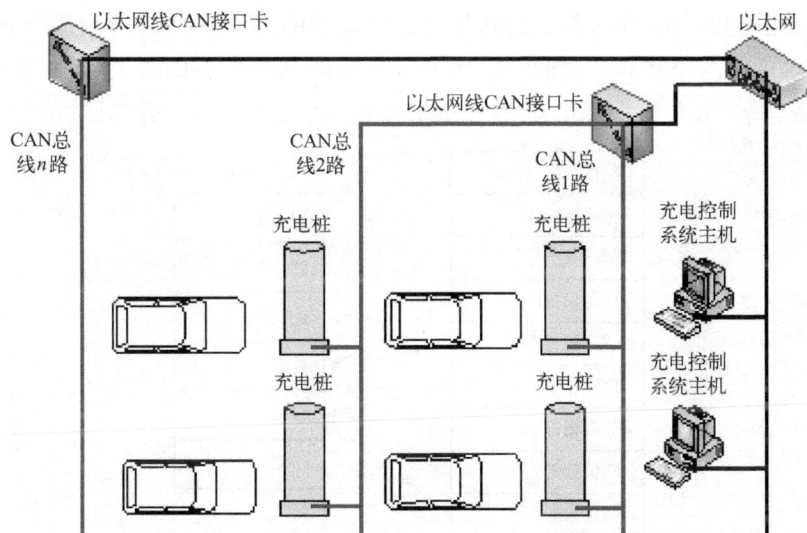

图 5-16　电动汽车充电站（桩）CAN 网络系统结构

在系统结构上要实现以太网和 CAN 总线的数据转换，通常是在 CAN 网和以太网之间加入转换接口，如加入中继器、网桥、路由器等专门的硬件设备。硬件设备还可以是一块智能接口网板，可完成现场总线智能设备与以太网中央监控计算机之间的数据通信。一般来说，这种转换接口的工作原理就是借助这些专门的硬件设备获取 CAN 总线上的数据信息，然后封装成 UDP/TCP 包，再通过以太网传输。

以标准帧和 UDP 为例，当数据从 CAN 总线向以太网转换时，假设 CAN 协议使用标准帧格式。网关取出 CAN 总线数据，将仲裁字段中 11 位标识符由高到低转换为以太网应用层的高 8 位设备 ID 和低 8 位设 ID。数据字段由高到低分别写入命令字、数据标识和数据中。子系统标识是根据设备 ID 查询其属性，填入其优先级、局级优先级、系统标识、子系统标识，加上校验码，完成 CAN 数据帧向以太网应用层协议的转换。如图 5-17 所示。

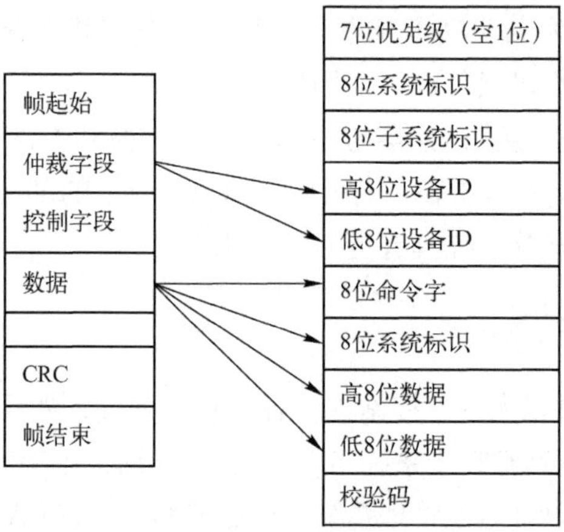

图 5-17　CAN 标准帧转换成以太网帧

以太网应用层数据向 CAN 数据帧转换时，将设备的高 8 位设备 ID 和低 8 位设备 ID 写入 CAN 数据帧的前两个字节，数据的前两个字节参加滤波，在 CAN 总线中用来识别设备。后面的 8 位命令字、8 位数据标识和 16 位的数据写入数据的后 4 个字节。如图 5-18 所示。

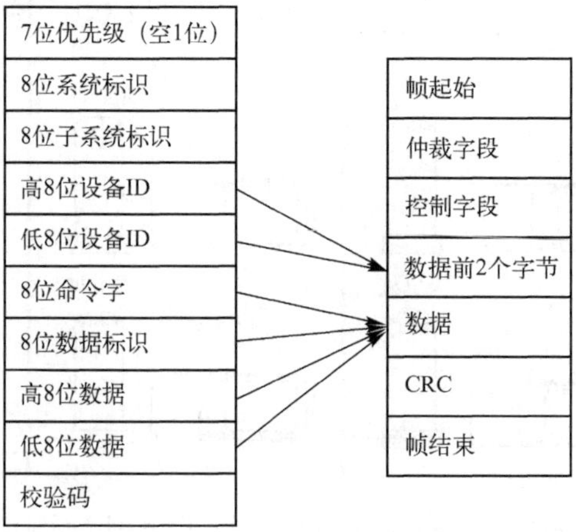

图 5-18　以太网帧转换成 CAN 标准帧

4. CAN 总线应用问题

在硬件方面必须考虑合理的供电，注意对各个 CAN 器件的电源、地之间的滤波及复位电路的设计，在实际进行印刷电路板的设计时，应合理布线、加强地线，以增强系统的抗干扰性。

在软件设计时，CAN 总线定时器的设置非常关键，BTR0 决定传播时间段、相位缓冲段 1 和相位缓冲段 2；BTR1 决定同步跳转宽度和分频值。在位定时寄存器中，TSEG1、TSEG2、SJW 和 BRP 设定的值要比其功能值小 1，因此设定范围是（$0 \cdots\cdots N-1$）而不是（$1 \cdots\cdots N$）。所以位时间可以由（$TSEG1 + TSEG2 + 3$）t_q 或者（同步段 + 传播段 + 相位缓冲段 1 + 相位缓冲段 2）t_q 得到。其中，t_q 由系统时钟 t_{SCL} 和波特率预分频值 BRP 决定：$t_q = BRP/t_{SCL}$。同时，还要注意由于不同节点的 CAN 系统时钟是由不同振荡器提供的，每个节点的实际 CAN 系统时钟频率与实际位时间有一误差，环境温度的变化和振荡器老化影响起始误差，为确保准确地进行数据传输，必须保证每个节点对 CAN 系统时钟频率都在特定的频率误差限值以内，因此，在选择振荡器时要以对振荡器误差范围要求最高的节点为准。而且，在一个可以扩展的总线结构中，最大节点延迟和总线最大长度必须考虑，一般情况下，延迟为 5.5ns/m。

在实际运行中，经常会遇到 CAN 总线不通或者总线突然关闭现象，主要原因是在数据传输过程中出现丢帧现象，从而引起出错，当错误计数器达到一定时会自动关闭总线。因此，必须在软件设计的过程中，及时对其错误状态 ES 位进行判别，在出现错误时需对 SJA1000 进行软件复位，恢复通信。

5.2.2　电动汽车充电站（桩）GPRS 无线接入解决方案

1. GPRS 网络

目前，我国大部分城市已陆续开通 GPRS 业务，这是今后电动汽车充电站监控系统所采用的主流传输资源，是电动汽车充电站监控系统通信方式的必然趋势。电动汽车充电站监控管理系统采用先进的 GPRS 网络，集计算机、通信、机电、自动控制等多种先进技术于一体，成功实现了对电动汽车充电站的实时监控和管理，确保高效稳定、全天候运行。

GPRS 网络具有永远在线、快速登录、高速传输、按量收费和自由切换等优点，克服了有线通信、无线集群、CDMA 等通信方式所存在的建设周期长、投资规模大、网络覆盖差、技术不成熟、终端支持少等缺点，提高了系统的科技含量，保证了系统的稳定性，大大减少了系统的建设投资和运营费用，并为将来系统升级打下良好的基础。无论从功能还是从可靠性来说，没有一个无线网可以与 GPRS 网络相比拟。GPRS 网络具有以下优点。

（1）覆盖地域广。目前 GPRS 网络在全国的覆盖率达到 95% 以上，非边远地区覆盖率几乎 100%。GPRS 用户可随意分布和移动自己的网络点，无须担心线路的维护或有线在移机时导致的通信中断。建设新的监控点无需敷设通信线路，较光纤或专线系统投资少，设备安装方便。通信距离远，在任何场合都可以设中心站。覆盖较好，与多无线数据网络（集群、双向传呼、CDPD、CDMA）相比，其网络覆盖是最好的。GPRS 网络对扩容无限制，接入地点无限制，能满足电动汽车充电站的监控管理需求。

（2）GPRS 网络接入速度快，提供了与现有数据网的无缝连接。由于 GPRS 网本身就是一个分组型数据网，支持 TCP/IP、X.25 协议，因此无需经过 PSTN 等网络的转接，直接与分组数据网（IP 网或 X.25 网）互通，接入速度仅几秒钟，快于电路型数据业务。采用 TCP/IP 协议，较以前的无线数据网络（集群、双向传呼、GSM 短信息）而言，网络接入更加直接方便。GPRS 具有实时在线特性，数据传输时延小，并支持多点同时传输，因此监控中心可以在多个监控点之间快速、实时地进行双向通信，很好地满足系统对数据采集和传输实时性的要求。目前，GPRS 网络实际数据传输速率在 30kb/s 左右，完全能满足系统数据传输速率（≥10kb/s）的需求。

（3）网络可靠性高。首先，网络有较大的冗余设备及信道；其次，设备复用；再次，一旦基站在特殊情况下损坏，移动公司抢修非常及时。通过 GPRS 数据监控中心，可实现对电动汽车充电站的远程控制，如远程开关控制、远程状态查询等。

（4）稳定性好。一方面抗自然干扰的能力强；另一方面频段专用，不会受到人为干扰。GPRS 能最好地支持频繁的、少量突发型数据业务。通信质量稳定可靠，永不掉线。与 SMS 短信息方式相比，GPRS—DTU 采用面向连接的 TCP 协议通信，避免了数据包丢失现象，保证数据可靠传输。监控中心可以与多个监测点同时进行数据传输，互不干扰。GPRS 网络本身具备完善的频分复用机制，并具备极强的抗干扰性能，完全避免了传统数传电台的多机频段"碰撞"现象。

（5）GPRS 资费便宜，计费合理。GPRS 资费包月比有线电话网络资费便宜。电动汽车充电站的监控数据采集业务没有大数据量的信息传输，不必要采用资费很高的专线（DDN、帧中继）。GPRS 还可根据通信的数据量和提供的服务质量进行计费。在 GPRS 网中，用户只需与网络建立一次连接，就可长时间保持这种连接，并只在传输数据时才占用信道并被计费，保持时不占用信道不计费。这样，营业点既不用频繁建立连接，也不必支付传输间隙时的费用。GPRS 是移动通信网中的一种新技术，完成了无线 Internet 接入，这种技术在数据传输时，将数据封装进每个分组，网络容量仅在需要时才分配，一旦分组完成发送任务，信道容量立即释放，所以提供了即时连接和高效传输，实现了实时在线功能。因此，它是一种经济高效的分组数据技术。

（6）在组网方面，主站和从站设备均可使用动态 IP 和固定 IP 两种工作方式，当组成小规模监测网时，主站和从站均采用动态 IP 方式，用动态域名解析使用公网，可节省费用（不用专门租用 DDN 等专线）；组成大网时，主机可采用固定 IP，并用专网，以提高系统的效率，但在条件不具备时仍可使用动态 IP 和公网，此时效率仅比固定 IP

低 0.2%。

（7）系统的传输容量大，扩容性能好。电动汽车充电站监控中心要和每个充电桩实现实时连接。由于充电桩数量众多，系统要求能满足突发性数据传输的需要，而 GPRS 技术能很好地满足传输突发性数据的需要；由于系统采用成熟的 TCP/IP 通信架构，具备良好的扩展性能，一个监控中心可轻松支持几千个充电桩的通信接入。

2. 接入方案

由于 GPRS 是基于 IP 地址的数据分组通信网络，因此监测中心计算机需要一个固定的 IP 地址或固定的域名，各个数据采集点采用 GPRS 模块通过 IP 地址或域名来访问该主机，从而进行数据通信。

（1）公网接入方案。服务器采用公网方式接入 Internet，如 ADSL 拨号、电信专线宽带上网等，申请公网固定 IP 地址，可以实现中小容量的数据采集应用。

（2）专网接入方案。服务器采用移动通信公司提供的 DDN 专线，申请配置固定 IP 地址，与 GPRS 网络相连。由于 DDN 专线可提供较高的带宽，若监控点数量增加，监控中心不用扩容即可满足需求，可实现大容量数据采集应用。监控中心 RADIUS 服务器接收到 GPRS 网络传来的数据后先进行 AAA 认证，后传送到监控中心计算机主机，通过系统软件对数据进行还原显示，并进行数据处理，这样进一步增强了系统数据通信安全性能。

（3）GPRS/GSM 移动数据传输网络。电动汽车充电桩的数据经 GPRS/GSM 网络接口功能模块对数据进行解码处理，转换成在公网数据传送的格式，再通过移动公司的 GPRS 无线数据网络进行传输，最终传送到监控中心 IP 地址。

3. 系统方案

各电动汽车充电站使用 GPRS 透明数据传输终端，通过移动 GPRS 网络与监控中心相连。各监控点使用 GPRS 普通数据卡或 APN 专用数据卡，同时监控中心对各点 GPRS 终端编号进行登记，并与电动汽车充电桩的信息进行关联，以便识别和维护处理。电动汽车充电站控制中心运行监控软件，实现对电动汽车充电桩信息的监控，经授权的监控点均可以使用本系统。

4. 系统特性

SRS—PVL1000GPRS—DTU 无线透明数据传输终端基于 GPRS 网络，具有高性能、高可靠及抗干扰能力强等特点，提供标准 RS—232/RS—485 接口，可直接与 PC、单片机系统、RTU 测控终端、PLC、GPS 接收机、数据集中器等连接，具有远程诊断、测试、监管功能，满足控制中心与众多远端站点之间的数据采集和控制。SRS—PVL1000GPRS—DTU 无线透明数据传输终端具有以下特点：

（1）内置 TCP/IP 协议栈，针对 GPRS 网络优化。提供 GPRS 无线数据双向传输功能；

提供 RS—232/RS—485/RS—422 接口；符合 ETSIGSMPhase2 + 标准；支持自动心跳，保持永久在线。

（2）透明数据传输。为用户的数据设备提供双向 100K 大容量数据缓冲区，支持大数据包传输。自动拨号连接，DTU 上电自动拨号连接网络。

（3）支持用户端发起命令连接或远程唤醒连接，提供短信通道，内置 Unicode 国际编码转换表。

（4）支持远程短信/电话唤醒；实时监测网络连接情况，具有掉线自动重拨功能；支持中心为固定 IP 或动态域名，报告时间间隔用户可设定。

（5）支持点对点、点对多点、多点对多点对等数据传输，支持 APN 数据专网业务，支持多数据中心，自动切换。

（6）安装灵活，使用方便、可靠，适应低温和高温工作环境。

（7）EMC 抗干扰设计，适合电磁恶劣环境应用，采用复合式看门狗技术。

（8）整机低功耗技术，在线待机电流 <20mA。

5. 安全措施

监控系统需要较高的系统安全保障和稳定性，安全保障主要是防止来自系统内外的有意和无意的破环，网络安全防护措施包括信道加密、信源加密、登录防护、访问防护、接入防护、防火墙等。稳定是指系统能够 7×24 小时不间断运行，即使出现硬件和软件故障，系统也不能中断运行。

SRS—PVL 数据中心可通过公网或移动专网接入，采用公网接入方式成本比较低，不用租用专线，而使用数据专线接入时，GPRS 数据传输设备要经过 Radius 服务器的认证，整个数据传送过程得到了加密保护，安全性比较高，可充分保障速度和网络服务质量。

（1）APN 数据专网模式。在内部网络中配置 APN 服务器，移动终端使用 APN 数据专网，由于采用数据专网，服务器与公网 Internet 隔离，可以有效避免非法入侵。

（2）SIM 卡的唯一性。对用户 SIM 卡手机号码进行鉴别授权，在网络侧对 SIM 卡号和 APN 进行绑定，划定用户可接入某系统的范围，只有属于指定行业的 SIM 卡手机号才能访问专用 APN，移动终端与数据中心采用移动公司分配的专门 APN 进行无线网络接入，普通手机的 SIM 卡号无法呼叫专门的 APN。

（3）可以为每个 GPRS 数据传设备单独配置 DTUID 号和密码，通过数据中心在其登陆时进行应用层认证，其他没有数据中心分配的 DTUID 号和密码的 GPRS 的设备将无法登录进入系统，系统的安全性进一步增强。

（4）数据加密，可对整个数据传送过程进行加密保护。

（5）网络接入安全鉴定机制。采用防火墙软件，设置网络鉴权和安全防范功能，保障系统安全。

5.2.3　充电站（桩）基于CM3160P/CM3160EP的GPRS无线接入解决方案

1. CM3160P/CM3160EP简介

CM3160P/CM3160EP采用高性能工业级嵌入式处理器，以实时操作系统为软件支撑平台，超大内存，内嵌自主知识产权的TCP/IP协议栈，可为用户提供高速、稳定可靠、数据终端永远在线、多种协议转换的虚拟专用网络。针对网络流量控制的用户，产品支持语音、短信、数据触发上线及超时自动断线功能，同时也支持双数据中心备份，以及多数据中心同步接收数据等功能。CM3160P/EP是CM3150P/EP的升级和替代产品，CM3160P/EP改进了原来CM3150P/EP无线模块的链接方式，提高了产品的稳定性，软件、硬件与CM3150P/EP完全兼容。

2. 系统构成

基于CM3160P/CM3160EP的GPRS无线接入网络拓扑结构如图5-19所示，主要由四部分组成：电动汽车充电桩、集中器、蓄电池管理系统、充电管理服务平台。

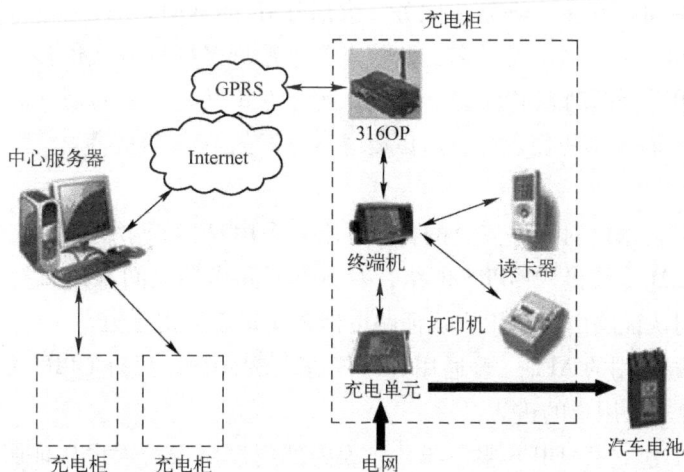

图5-19　基于CM3160PCM3160EP的GPRS无线接入网络拓扑结构

（1）在电动汽车充电桩的终端控制器上，用户可自助刷卡进行用户鉴权、余额查询、计费查询等操作，也可提供语音输出接口，实现语音交互。用户可根据液晶显示屏指示选择4种充电模式：按时计费充电、按电量充电、自动充满、按里程充电。

（2）电动汽车充电机控制器与集中器利用CAN总线进行数据交互，集中器与服务器平台通过无线传输终端CM3160P利用无线GPRS网络进行数据交互。为了安全起见，电量计费和金额数据实现安全加密。

（3）蓄电池管理系统的主要功能是监控蓄电池的工作状态（蓄电池的电压、电流和温度）、预测动力蓄电池的蓄电容量（SOC）和相应的剩余行驶里程，对蓄电池进行管理，避免出现过放电、过充、过热和单体蓄电池之间电压严重不平衡现象，最大限度地利用蓄电池存储能力和循环寿命。

（4）充电服务管理平台主要有三个功能：充电管理、充电运营、综合查询。

① 充电管理对系统涉及的基础数据进行集中式管理，如电动汽车信息、蓄电池信息、用户卡信息、充电桩信息。

② 充电运营主要对用户充电进行计费管理。

③ 综合查询是指对管理及运营的数据进行综合分析查询。

3. 无线系统方案

1）公网方案

中心用一个服务器组作为中心接收，采用 ADSL 与 INTELNET 公网连接，采用公网固定 IP 或公网动态 IP + DNS 解析服务。此种方案需先向 INTERNET 运营商申请 ADSL 等宽带业务。

（1）中心公网固定 IP。监控点直接向中心固定 IP 发起连接，运行可靠稳定，推荐此种方案（固定 IP 费用比较贵）。

（2）中心公网动态 IP + DNS 解析服务。大部分 IP 都是动态的，而且费用相对便宜。用户先与 DNS 服务商联系开通动态域名，监控点先采用域名寻址方式连接 DNS 服务器，再由 DNS 服务器找到中心公网动态 IP，建立连接。此种方式可大大节约公网固定 IP 的费用，但稳定性受制于 DNS 服务器的稳定性，所以要寻找可靠的 DNS 服务商。

2）专网方案

（1）根据用户内部网对网络安全的特殊要求，采用 GPRS 网络的专用 APN 形式入网。

① 通过一条 2M 专线接入 GPRS 网络，双方互联路由器之间采用私有 IP 地址进行广域连接，在移动公司认证路由器与用户认证路由器之间建立加密隧道。

② 为用户分配专用的 APN，普通用户不能进入该 APN。只有 GPRS 专网卡才能进入该 APN，以防止其他非法用户的进入。

③ 用户在内部建立 RADIUS 服务器，作为内部用户接入的远程认证服务器（或在 APN 路由器内，启用路由器本地认证功能）。只有通过认证的用户才允许接入，用以保证用户内部安全。

④ 用户在内部建立 DHCP 服务器（或在 APN 路由器内，启用 DHCP 功能），为通过认证的用户分配用户内部地址。

⑤ 端到端加密，即在移动终端和服务器平台之间采用端到端加密，避免信息在整个传输过程中可能的泄漏。

⑥ 双方采用防火墙进行隔离，并在防火墙上进行 IP 地址和端口过滤。

（2）在 APN 业务流程 GPRS 专网系统终端上网登录服务器平台的流程。

① 用户发出 GPRS 登录请求，请求中包括由移动公司为 GPRS 专网系统专门分配的专网 APN。

② 根据请求中的 APN，SGSN 向 DNS 服务器发出查询请求，找到与企业服务器平台连接的 GGSN，并将用户请求通过 GTP 隧道封装送给 GGSN。

③ GGSN 将用户认证信息（包括手机号码、用户账号、密码等）通过专线送至 Radius 进行认证。

④ Radius 认证服务器看到手机号等认证信息，确认是合法用户发来的请求，向 DHCP 服务器请求分配用户地址。

⑤ Radius 认证通过后，由 Radius 向 GGSN 发送携带用户地址的确认信息。

⑥ 用户得到了 IP 地址，就可以携带数据包，对 GPRS 专网系统信息进行查询和对业务处理平台进行访问。

5.2.4　基于光载无线技术的电动汽车充电站无线解决方案

光载无线通信技术 ROF 为电动汽车充电站的 M2M 通信及数据采集提供了简单且灵活的方式，容许各充电站与控制中心连线。不论是部署在宾馆的单一充电桩，或是在停车场或购物中心的众多充电桩，所有的充电桩与控制中心之间，都将有大量的重要资料和指令需要传送。只要通过光载无线通信系统，控制中心就能远端管理充电桩所有的工作，包括使用者验证、开始及停止指令、传输使用者资料、信用卡付款程序等。光载无线通信技术还能协助控制中心远端管理因充电桩故障而发生的设备停机，并立即侦测人为破坏而导致的异常。

随着物联网技术的不断发展，未来的充电站控制中心能通过定位服务，协助驾驶人找出距离最近、正在营运的充电站。充电完成后，再由控制中心系统通知使用者，传送简讯到驾驶人的移动电话，告知用户充电完成、车辆可以上路。光载无线交换机将以上信息通过光纤网络传送到管理计费中心，实现实时的信息传递。同样，从管理计费中心到最末端的充电桩也实现了实时的信息传递。

针对电动汽车充电桩分散，且单个充电桩的数据量小的特点，同时为了实现电动汽车充电桩的高速无线覆盖，既能满足充电桩的数据传输需要，又能提供高速宽带接入，系统采用两级无线数据传输方案，如图 5-20 所示。

（1）局部区域的充电桩通过 400MHz 频率的低速无线数据传输方式，将充电桩的数据汇聚到中间节点（简称汇聚节点，汇聚节点为其中的一个充电桩），汇聚节点内置 Wi-Fi 中间件，完成汇聚数据到 Wi-Fi 无线网络数据的转换。

（2）采用光载无线技术，通过光纤，将 Wi-Fi 无线射频信号远距离分布到远端节点，汇聚节点通过远端节点接入 Wi-Fi 无线网络，汇聚节点通过 Wi-Fi 无线网络将充电桩的数据上传到控制中心，实现充电桩数据的远程无线采集。

远端节点还可以提供电动汽车充电站的高速无线网络信号的无线覆盖，提供其他设备的无线接入，满足充电站的多种应用需求，也方便电动汽车充电站的扩展和升级。光载无线技术的电动汽车充电站实施方案如图 5-21 所示。为保证充电站的无线网络和数据传输的可靠稳定，具体实施时采用硬件备份。

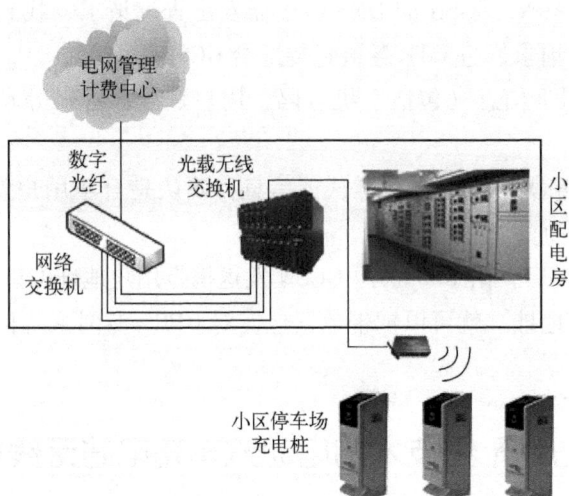

图 5-20　两级无线数据传输方案

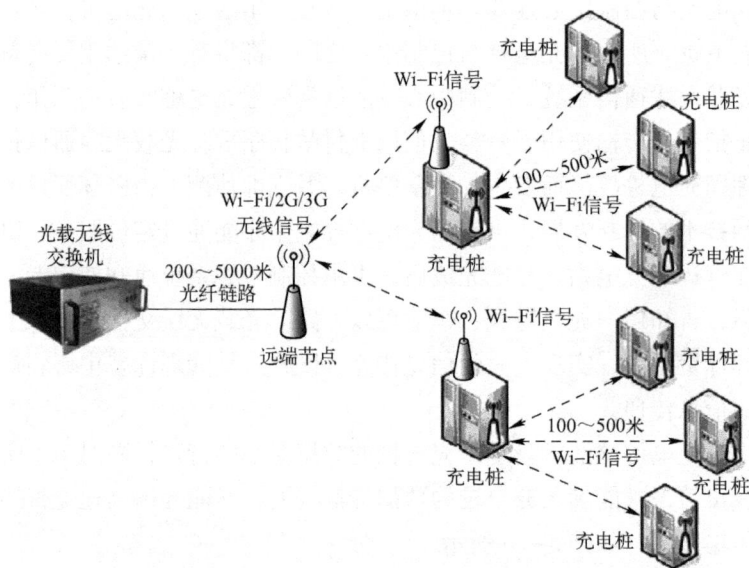

图 5-21　光载无线技术的电动汽车充电站实施方案

（1）在光载无线交换机中，Wi-Fi 接入点（AP）采用双备份，以保证无线接入点的可靠性。

（2）远端节点采用双备份，保证远端无线信号的不间断覆盖。

（3）汇聚节点采用双备份，避免因为充当汇聚节点的充电桩故障而中断局部充电桩的数据上传和下载。

（4）系统软件时刻检测整个电动汽车充电站无线信号分布情况和充电桩的工作状态，

并实时做出反应，保证系统可靠运行。

5.2.5　宏电智能充电桩解决方案

1. 宏电智能充电桩解决方案架构

当前充电桩行业面临的主要问题包括：

（1）充电桩布置分散，车主难以找到充电桩。

（2）充电时间长，车主等待时间长，很多车主不愿意等待。

（3）充电桩结构复杂，维护管理困难。

（4）充电桩通常布置在地下停车场、购物中心、高速公路服务区、居民区等区域，因布置分散给管理带来不便。

针对以上的问题，宏电公司借助网络接入产品，为充电桩构建了一套基于互联网+的基础解决方案，实现充电桩的智能化，有效解决了充电桩发展面临的问题。整个系统包括充电桩系统、接入系统、网络应用平台、运营管理中心及基于服务平台的终端应用。宏电智能充电桩系统结构如图5-22所示。

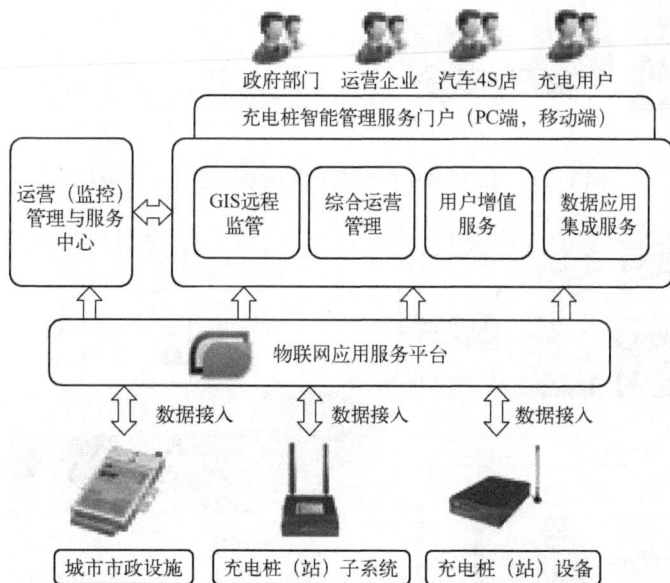

图5-22　宏电智能充电桩系统结构

2. 宏电智能充电桩系列解决方案

宏电智能充电桩解决方案包括一系列的个性化解决方案，结合不同的充电桩设备和需求，采用不同的宏电设备，可以实现从最简单的网络接入，到丰富的网络功能及应用，满足不同用户不同场景的应用需求。

（1）宏电 DTU 在充电桩无线联网管理中的应用如图 5-23 所示。将宏电 DTU 嵌入到充电桩内部，与控制系统结合，就可以为中小型充电桩提供快速简单的网络接入及数据传输。整个宏电智慧充电桩系统由充电桩、宏电 DTU、后端网管平台、数据管理中心及基于互联网的各种 APP 应用构成。充电桩运营企业除了可以远程实时监控和维护外，还可以提供丰富的在线应用。

（2）宏电 3G/4G 路由器在充电桩无线联网与远程管理中的应用如图 5-24 所示。与 DTU 组成的充电桩网络相比，用路由器组成的网络能够为充电桩提供更高速、安全、稳定的联网及数据传输通道，同时也能够提供更多的网络服务。在某些数据量大，安全性要求更高，或者需要更多产品应用及服务的大型充电桩产品上，路由器是个更好的选择。

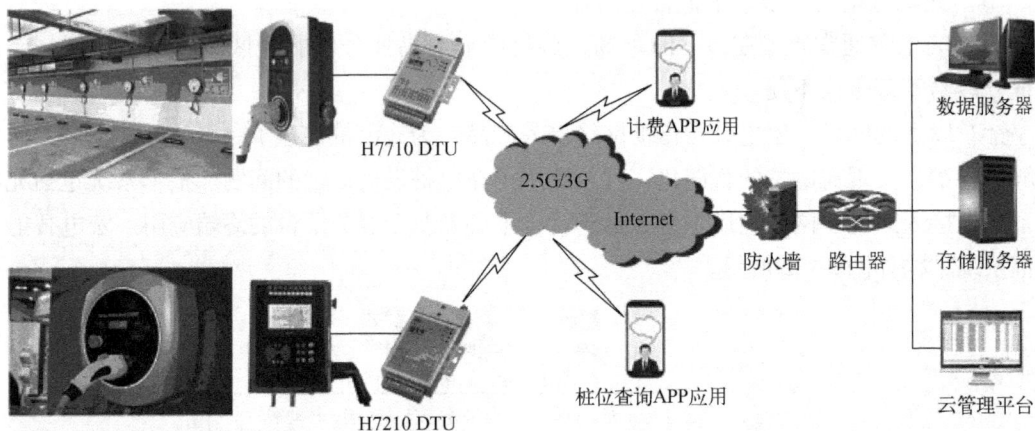

图 5-23　宏电 DTU 在充电桩无线联网管理中的应用

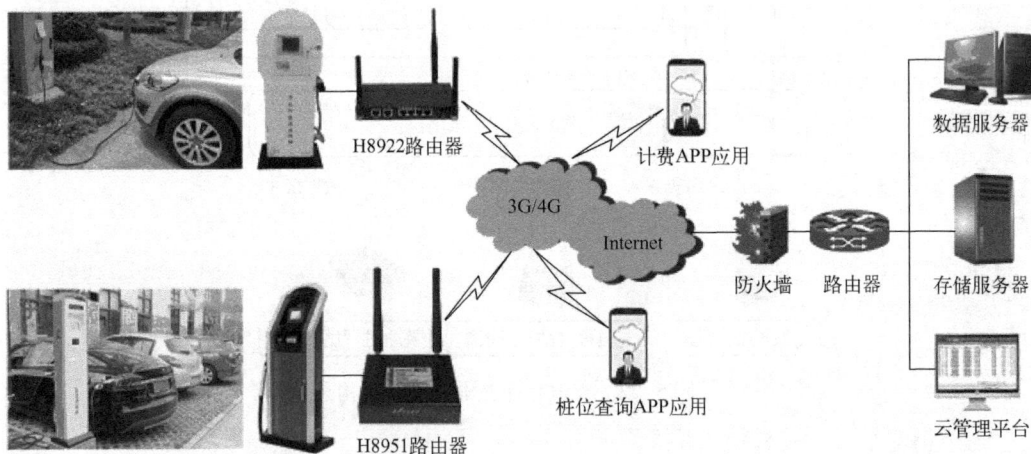

图 5-24　宏电 3G/4G 路由器在充电桩无线联网与远程管理中的应用

（3）宏电 DVS 在充电桩无线联网远程管理中的应用如图 5-25 所示。在繁忙市区或者高速公路服务区等区域安装的充电桩，可以将宏电的视频监控解决方案与充电桩进行组合，在提供充电服务和网络接入的同时，还可以对周边的环境及道路状况进行监控，在降低工程施工成本的同时，还可以给城市管理及交通运营管理提供服务，降低设备的维护和运营成本。

（4）FREEWi－Fi 充电桩解决方案。将宏电的 FREEWi－Fi 系列产品与充电桩紧密结合，除了能够提供基本的网络接入及数据传输的功能外，还可以在充电桩周围实现 Wi－Fi 覆盖，驾驶者也可以在等待充电的时候享受本地存储的视频、音乐、资讯等节目，也可为设备运营商或者广告媒体带来营销及品牌价值的提升。

（5）宏电 M2M 云平台。宏电 M2M 平台是以云管理平台为基础，对最新的 iThings 架构进行研发而成的，是对宏电设备进行集中管理及操作维护的平台。平台的核心功能在于业务管理和数据统计。其中，业务管理主要提供设备与平台的资源交换、运维业务功能的实现、更新设备资源、升级补丁及远程推送业务资源。资源管理服务器和业务服务器均可实现分布式部署，从而在设备资源交互和投放业务过程中达到负载均衡效果。

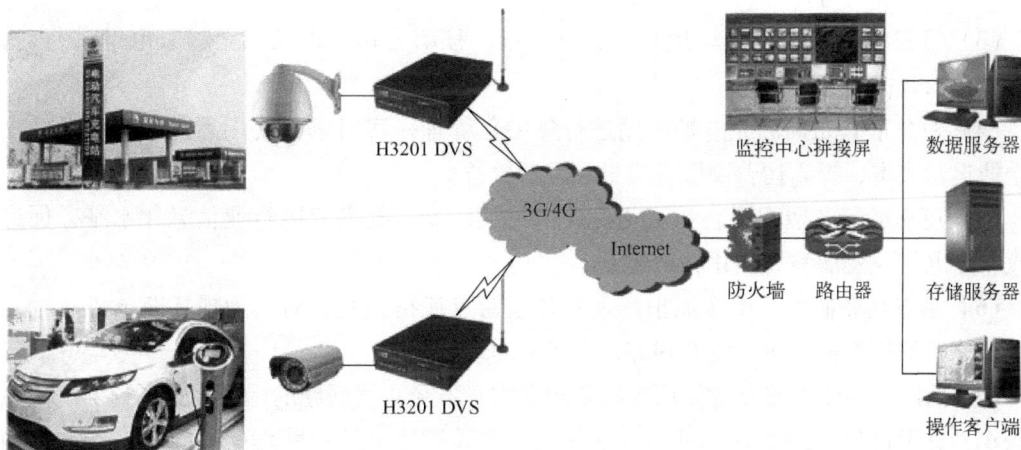

图 5-25 宏电 DVS 在充电桩无线联网远程管理中的应用

3. 系统功能

（1）远程监控管理。远程接入网络监控系统可以实时或者定时监控充电桩的电量、电流、电压、功率、开关等运行参数，通过远程控制充电开关及修改充电桩的参数。

（2）故障管理。可以实时监控充电桩的运行状态及故障情况，一旦出现故障告警，可以远程进行处理或者派人到现场进行维修。

（3）提供丰富的 APP 应用基础。通过将充电桩接入网管中心，提供基础数据，充电桩厂商或者第三方软件公司就可以开发各种应用 APP，可以实现充电桩位置查询、预约充电、充电提醒及在线付费等在线功能，同时还可以收集用户的交易数据及用户行为习惯信息，实现大数据整合。

（4）Wi－Fi 覆盖。提供充电桩周边区域的 Wi－Fi 覆盖；可以推送广告及微信服务等功能服务；配套宏电的 M2M 管理平台，可以分析用户上网行为、流量及行为、流量数据的统计。

（5）本地多媒体服务。车主在等待充电的同时可以观看本地视频、音乐及新闻等内容。

（6）实时视频监控。采用宏电视频监控系统，可以实时监控充电桩周边状况及道路的情况，为城市管理部门提供服务。

5.2.6 远程监控电动汽车充电桩解决方案

远程监控电动汽车充电桩方案的主要功能有：

（1）实现运营单位、电动汽车用户及支付平台三方实时信息共享，方便电动汽车的随时充电。

（2）帮助电动汽车真正实现"24 小时"充电服务，充电、支付费用等信息实时上传至运营充电桩企业后台。

（3）将充电桩与电动汽车用户、运营单位、移动公司、银联甚至国家电网进行对接，实现大量的数据交互。

（4）对分散式布局的充电桩终端进行集中化管理，实时掌握终端运行状况，降低充电桩企业运营成本，提高运营商服务质量和经营效益。

（5）可靠的运营数据报表为运营商提供决策依据，提高充电行业信息化水平，促进电动汽车充电行业发展和智能化城市建设。

（6）站点视频监控、图像抓拍，查看各运营点抓拍图片，对人为损坏充电桩过程录像取证存储，保证充电桩设备安全跟踪，以备随时取证。

（7）2G/3G/4G 无线设备使用无线联网方式，不受布线问题的困扰，受现场环境因素影响较小，有手机信号的地方都可以正常联网，安装简便灵活；3G/4G 无线路由器通过简单的页面配置，可自动拨号联网主动发送连接请求，可快速接入路由器管理平台；采用 WEB 架构设计，访问方便。

方案一：基于无线数据传输 RTU 技术的充电桩终端解决方案

本方案主要由交流/直流充电桩、无线数传终端 RTU、各种 2G/3G/4G 无线网络及通信网络、充电桩系统管理平台软件等组成，如图 5-26 所示。

无线数传 RTU 可以提供 RS—232/RS—485/以太网/USB 各种接口与充电桩及相应配套的设备连接；无线数传 RTU 通过各种无线网络，将各种充电桩终端的数据无线透明传输到服务器端的充电系统管理平台，此系统平台软件包括计量计费系统、充电监控系统、配电监控系统、安防监控系统等。

方案二：工业级无线路由器充电桩数据传输系统应用方案

充电桩无线数据传输应用方案由电动汽车、充电桩、路由器和第三方 M2M 云管理平台四部分组成。其中，M2M 云管理平台由 WEB 端控制平台、手机移动 APP 终端、云服务器组成，人们可以在任何时间通过 WEB 端或者 APP 客户端查询充电桩的详细地理位置、使用情况、支付费用情况，同时还可以对充电桩提前使用预约服务。

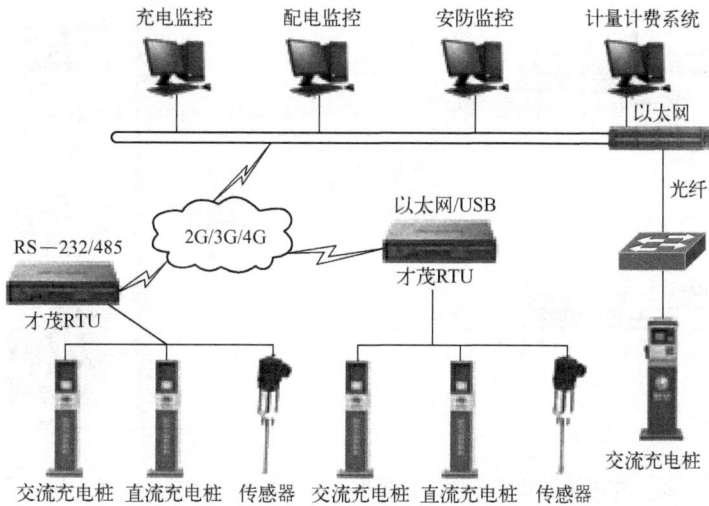

图5-26 基于无线数据传输 RTU 技术的充电桩终端解决方案

　　3G/4G 路由器能够为充电桩无线数据传输应用方案建立高速、稳定的联网与数据传输通道，将所有充电、支付等信息传输到企业后台，供运营企业进行业务分析和操作。同时，运营企业通过第三方 M2M 云管理平台，实现对分散在不同地点的充电桩终端进行统一的运行状态监管，有效降低企业的运维成本。充电桩无线数据应用拓扑图（才茂 2G/3G/4G 路由器）如图 5-27 所示。

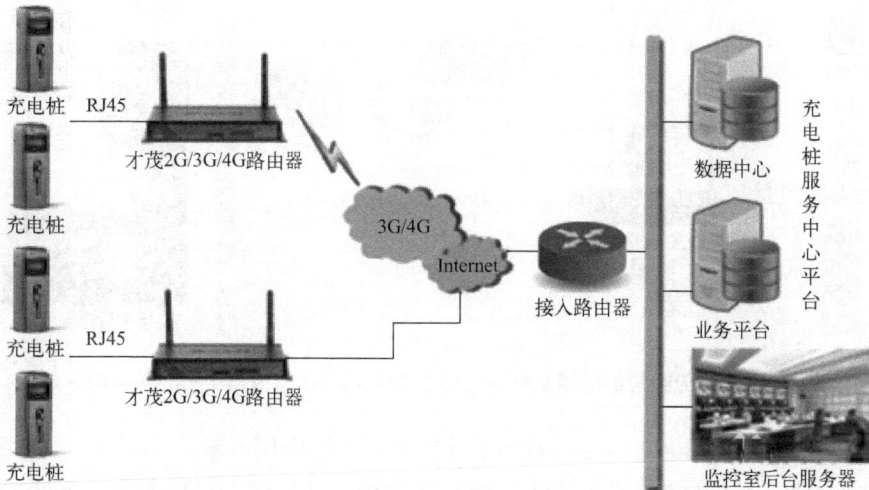

图5-27 充电桩无线数据应用拓扑图

　　方案三：工业路由器 + Wi-Fi 覆盖应用方案

　　充电桩无线数据应用拓扑图（才茂 2G/3G/4G 路由器 + Wi-Fi）如图 5-28 所示。

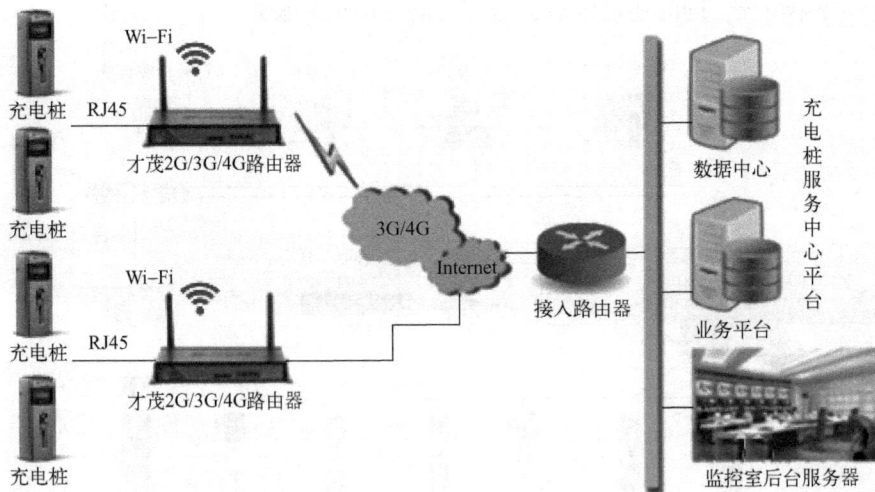

图 5-28　充电桩无线数据应用拓扑图（才茂 2G/3G/4G 路由器 + Wi-Fi）

方案四：工业路由器 + Wi-Fi + GPS 应用方案

充电桩无线数据应用拓扑图（才茂 2G/3G/4G 路由器 + Wi-Fi + GPS 定位）如图 5-29 所示。GPS 定位示意图如图 5-30 所示。

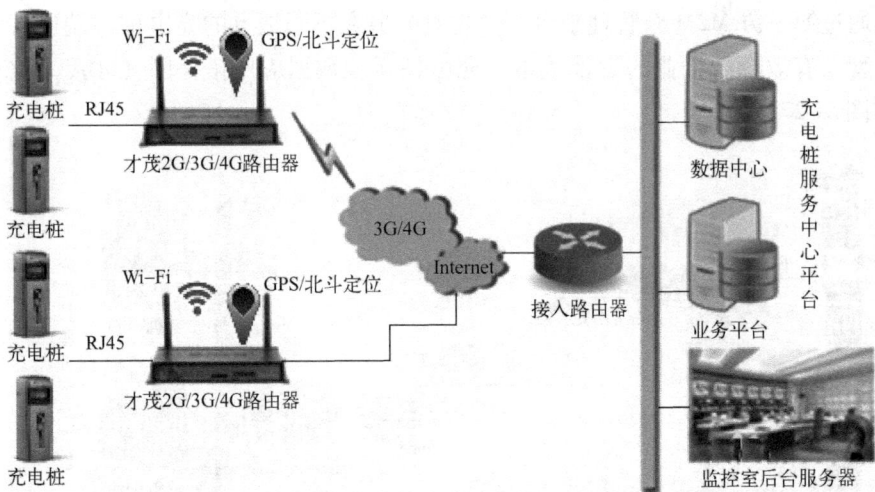

图 5-29　充电桩无线数据应用拓扑图（才茂 2G/3G/4G 路由器 + Wi-Fi + GPS 定位）

方案五：工业路由器 + Wi-Fi + GPS + 营销运营系统应用方案

工业路由器 + Wi-Fi + GPS + 营销运营系统应用方案如图 5-31 所示。通过工业级营销系统路由器，不仅可以实现数据的传输、GPS 定位、Wi-Fi 覆盖，还可以实现广告的智能营销功能。

Wi-Fi 系统可提供的微信认证、短信认证、微博认证、portal 认证等，在用户连接 Wi-Fi 后，运营商可以收集接入用户的各种信息，包括手机号码、微信号、微博号，手机 MAC 地址、手机操作系统、手机应用软件等信息。运营商可以利用获得的信息，通过 Wi-Fi 把用户和商户关联起来，为二次营销或者多次营销做好铺垫。

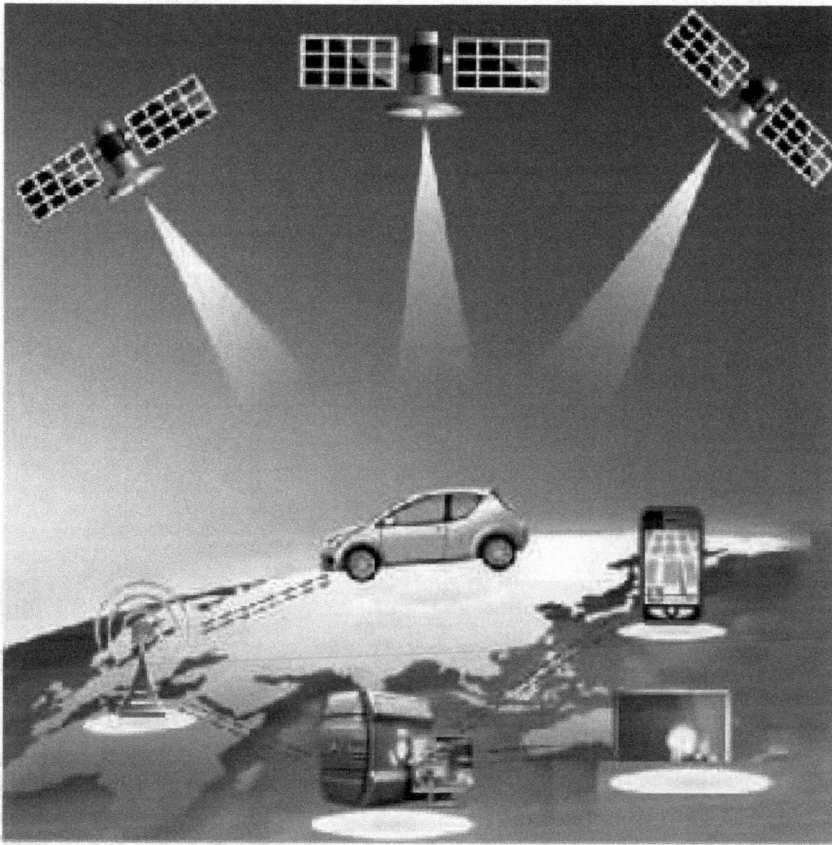

图 5-30　GPS 定位示意图

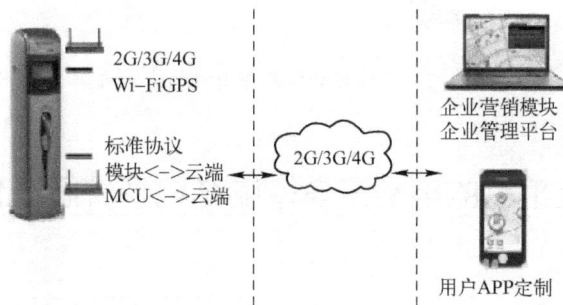

图 5-31　工业路由器 + Wi-Fi + GPS + 营销运营系统应用方案

方案六：无线视频监控充电桩的应用方案

无线视频监控充电桩的应用方案如图 5-32 所示。2G/3G/4G 无线音视频设备（摄像、图像抓拍、告警信息、对讲、GPS 定位、环境温湿度检测、RS232/RS485、路由）与充电桩的集中器、蓄电池管理系统实现可靠的无线数据远传，依据无线传输的数据，充电管理服务平台可以实现强大的运营商管理、用户管理、客服管理、充电站（桩）管理、数据统计分析、警报故障、报装报修管理、设备地图展示功能。可靠的无线数据联接及结合节约了安装造价成本，使得广大的用户在手机 APP（主要功能有用户中心、设备管理、设备控制/查看、充电计划、设备授权分享、设备发布出租、在线寻桩和导航、在线结算和支付等）友好直观画面下，更好地体验电动汽车充电的方便。

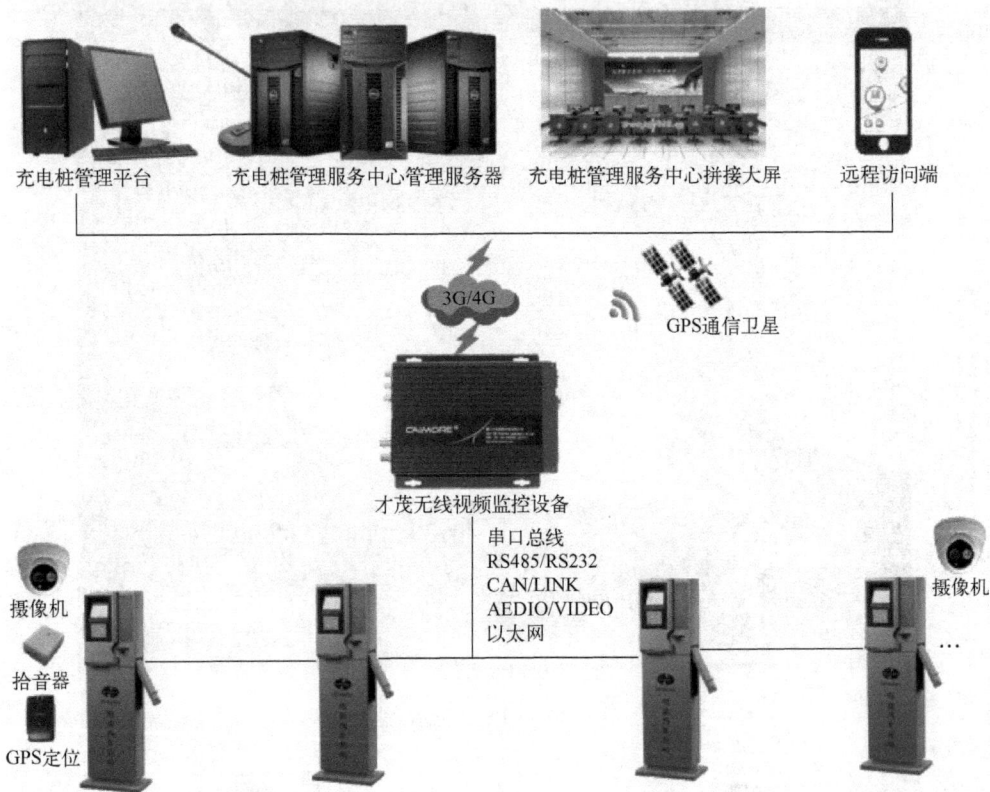

图 5-32　无线视频监控充电桩的应用方案

5.2.7　基于云平台的电动汽车智能充电系统解通信决方案

1. 系统架构设计

云平台电动汽车智能充电系统是建立在互联网、高速无线网和电力信息系统基础上的大型分布式网络信息系统，整个系统分为平台层、网络层和终端层，系统逻辑架构如图 5-33 所示。

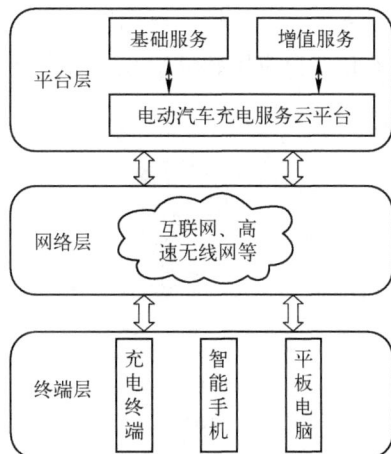

图 5-33 系统逻辑架构

（1）平台层。平台层采用针对电动汽车充电服务的数据挖掘技术、云计算技术、门户技术，提供用户管理、身份认证、权限控制、充电装置信息记录、电动汽车充电海量数据存储等基础服务，并支撑手机 APP 实现充电装置使用情况查询、定位导航、充电预约及充电装置锁定等业务，并与相关外部系统进行数据交换，实现跨应用、跨系统的信息互通、共享和协同，并可通过深度挖掘为用户推送充电服务计划、充电商店等增值服务。

（2）网络层。网络层是平台层和终端层之间的纽带，提供了各类用户信息、电动汽车充电信息等多种数据的传输通道。网络层既包括诸如 Wi-Fi 形式的高速无线网络，也包含广域铺设的互联网。

（3）终端层。终端层包括电动汽车充电终端设施（交流桩、直流桩等）、智能手机和平板电脑等用户设备。电动汽车充电终端可以将车辆的充电信息通过网络层发送给远端平台，也可以接收平台下发的控制指令。智能手机、平板电脑等终端设备通过其上的 APP 应用软件进行实时互动，接收用户输入，并展示系统所提供的各类服务。

系统通信架构图如图 5-34 所示。充电终端含有 Wi-Fi 通信模块，可与 Wi-Fi 路由器通信；Wi-Fi 路由器通过 2G、3G 或光纤网络等将信息发送给云平台服务器；智能手机、平板电脑等终端设备通过 Wi-Fi、GPRS 和 CDMA 等与后台服务器通信。

此外，为了确保信息安全，在云平台中部署密钥管理系统和加密机，在充电装置中加入嵌入式安全模块芯片（ESAM）。

2. 系统组成及功能

云平台电动汽车智能充电系统主要由云平台、智能充电装置和智能终端 APP 应用软件组成。

1）电动汽车充电服务云平台

电动汽车充电服务云平台是为电动汽车充电提供数据发布、收集、存储、加工、维护和挖掘的综合平台，为满足业务发展需求，电动汽车充电服务云平台支持百万级用户的多种业务请求，系统平台软件和硬件都具备高可靠性、可用性和可扩展性。该平台由计算机、网络设备、存储设备、其他外围设备和平台应用软件组成。整个电动汽车充电服务云平台主要分为3个子系统。

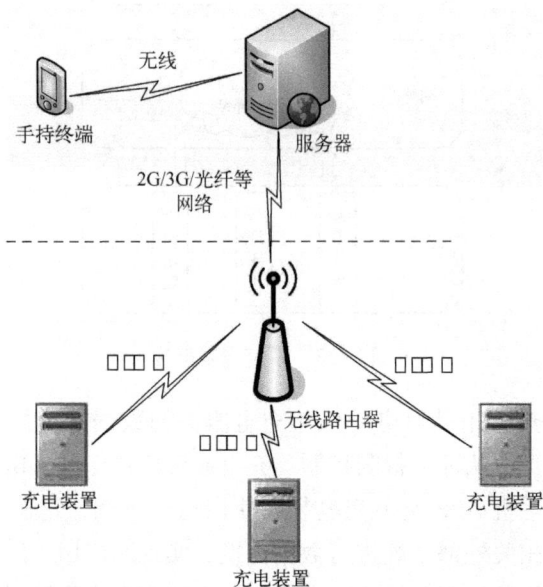

图 5-34　系统通信架构图

（1）基于云计算技术的功能支撑子系统。该子系统深入研究了电动汽车充电服务的特性，利用云计算技术开发虚拟机与物理机资源统一管理子系统，将所有的计算资源进行全面、灵活的管控，为整个电动汽车智能充电系统提供具有弹性的计算能力。针对电动汽车充电服务接入特点，采用负载均衡技术，支持海量用户的高并发访问。提供用户管理、身份认证、权限控制、充电装置信息记录、电动汽车充电海量数据存储与处理等功能，支持手机APP实现充电装置使用情况查询、定位导航、充电预约、充电装置锁定等多种业务应用。

（2）数据交换子系统。为了解决在系统中各类数据交换、整合的难题，主要从以下4个方面设计数据交换子系统。

① 有效降低系统间的耦合度，使每个应用系统在逻辑上只和数据交换子系统有关系，而不必考虑数据交换的另一端具体部署，使系统间形成简单的数据耦合。

② 提高数据交换接口的规范性，使得系统接口统一面向数据交换子系统，在接口的逻辑和技术形态上具备一致性，为系统接口的稳定和规范提供基础。

③ 提高数据交换的开放性，使得数据交换子系统如同系统间的一个逻辑数据总线，可以对外提供灵活、多种形式的接口。

④ 保证数据交换的高效性和稳定性，从系统设计层面有效保证数据交换过程的高效和稳定。

（3）数据挖掘子系统。深入分析整个电动汽车智能充电系统所提供的各类服务，依据服务的不同类别、特点及实际需求，利用数据抽取、存储、管理及展现技术，开发电动汽车充电数据分析和用户行为挖掘等业务应用，为用户提供深入、高效的增值服务。数据挖掘子系统将主要完成以下两类典型工作。

① 通过对海量用户充电时间数据的收集和分析，可以挖掘得到不同时间段用户的充电密度，计算出用户充电行为对于电网负荷的影响规律，为负荷预测提供有力支撑，为电力调度提供依据。

② 通过对海量用户充电地点数据的分析，可以挖掘得到不同区域、不同地段的用户充电需求分布，计算出目前已建的充电设施在各个地点的利用情况，为进一步建设充电设施提供直接的指导。

2）智能充电装置

智能充电装置原理框图如图 5-35 所示，包括 MCU 单元、数字电能表、Wi-Fi 通信模块、FLASH 存储单元、保护单元、电源转换模块、接触器、急停开关等。其中，MCU 单元为充电装置的控制核心，完成指令控制与信息分发，采用低功耗、高性价比的 CORTEX—M0 系列芯片，通过串口或 SPI 总线与 Wi-Fi 通信模块通信，通过 485 总线与数字电能表通信，通过 I^2C 总线与 FLASH 存储单元通信，MCU 通过驱动电路与接触器相连实现充电电能输出的通断控制。Wi-Fi 通信模块采用低功耗的 Wi-Fi 模块，实现与无线网关的数据通信，进而实现充电装置开关状态远程控制，电流、功率、电能信息的上报。电源转换模块用于将交流电转换为直流电，提供不同电压等级的直流电，为充电装置中的其他电路提供电源。

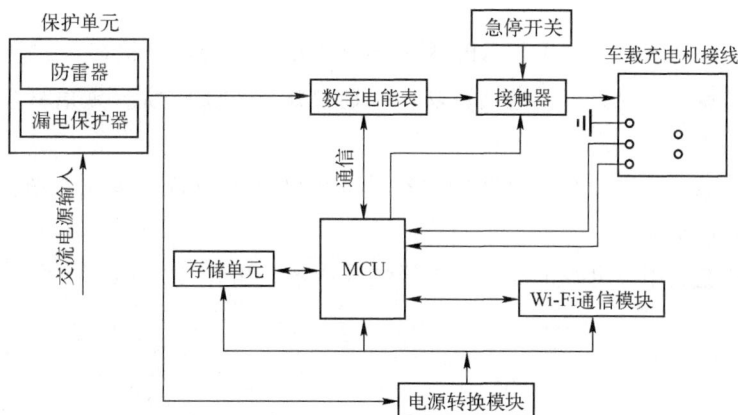

图 5-35　智能充电装置原理框图

智能充电装置除了具备传统的充电、计量、保护等功能外，以下功能在提高本系统智能性的同时，将会更加适应日新月异的技术变革。

（1）手持终端控制功能。分布式充电装置可通过移动端 APP 控制启停机，当充电装置符合充电条件时，用户通过手机等移动终端可以实时控制充电装置的启停。

（2）充电信息上传功能。分布式充电装置可将充电信息上传至服务器并通过手机安装的 APP 界面实时显示充电信息，包括当前充电电压、充电电流、充电电量、充电费率、计费信息、故障信息、工作状态信息等。

3）APP 客户端

随着智能手机的普及，APP 客户端软件已经应用于日常生活的各个方面。本系统设计了客户端软件的两个版本，分别支持操作系统为 iOSV7.0.0 及以上版本和 Android V2.3.3 及以上版本，总体设计为 C/S 体系结构，客户端为多层体系结构，以提供更好的灵活性和强大的扩展能力。多层体系对于客户端来说是 3 层结构，分别从视图层、业务逻辑层、业务实体层进行分配。

（1）视图层是与用户交互的界面，响应用户的请求，调用业务逻辑层的接口进行逻辑处理，根据结果以不同的形式展现给用户。视图层包含地图显示、支付结算、状态显示、控制界面和查询界面。

（2）业务逻辑层完成实际的业务逻辑，包括对服务器的数据请求和对本地数据库的读取。

（3）业务实体层包含了各个业务实体，对网关服务器的数据请求、数据解析，对平台服务器的数据请求、数据解析，以及数据库维护。

APP 客户端软件根据用户选择的功能调用业务逻辑层相应的模块，业务逻辑层负责业务流程的组织，并调用业务实体层的模块，通过网关服务器接口（或平台服务器接口）同网关服务器（或平台服务器）进行信息交换。APP 客户端软件具备以下功能：

（1）地图功能。智能充电装置具备地图应用功能，可以通过地图及导航查询充电装置的位置信息。

（2）状态显示功能。通过手机 APP 显示智能充电装置的各种状态。

（3）支付功能。系统具有充电结算功能，通过账户和支付宝、微信账户等绑定，实现定额、定量、定时等方式的智能充电。

（4）控制功能。通过控制命令实现对智能充电装置的设置和控制，包括开始充电、取消预约、停止充电等。

（5）查询功能。用户可查询充电数据详情（次数、累计）。

6

第6章

电动汽车充电站运营模式

6.1.1 电动汽车运行特点及运行模式

1. 电动汽车运行特点

（1）储存电能多，充电功率大。一台普通电动汽车的储存电能约为40kWh（度），相当于普通家庭半个月的用电量。为能够在短时间内将电动汽车的蓄电池充满，需要充电机的充电功率较大，一般车载充电机（慢充）的充电功率为2～3kW，专用直流充电桩的充电功率为10～100kW。用20kW的直流充电桩为普通电动汽车车载蓄电池充满电需要1～2小时。

电动大巴的储存电能为250～300kWh。车载充电机的充电功率为5～20kW。专用直流充电桩的充电功率为20～200kW。用40kW的直流充电桩为电动大巴的车载蓄电池充满电需要4～6小时。对电动汽车的充电时间越短，对充电桩的输出功率要求则越大。

（2）运行距离近。一般电动汽车最大行驶里程约为300km，考虑到路况、空调、安全系数、蓄电池衰减等因素，实际单程运行为150～200km。如果没有充电站（桩）的支持，则活动半径不超过75～100km。

2. 电动汽车运行模式

电动汽车充电站的服务对象是各种各样的电动汽车，充电站必须满足不同电动汽车的充电需求。电动汽车在不同的运行模式下，对续驶里程和充电时间的要求也是不同的，直接影响充电站的建设方式和功率需求。根据目前城市对电动汽车目标市场定位及电动汽车的发展趋势，按电动汽车的用途有以下运行模式：

（1）公交运行模式。公交运行模式具有一定的共性，通常行驶线路、行驶里程、行驶时间是固定的。公交运行模式应采用整车充电方式。这是由于他们的行驶里程和路径可预估，可充分利用夜间停运时段进行充电，满足下一次的行驶里程需要。由于电动公交车通常都有专门的停车场所，因此可在公交首末站停车场所建设充电站，利用夜间低谷时段进行常规充电，电动公交车一次充电续驶里程至少应满足单程运行里程，紧急情况下应能实现电能的快速补充。

（2）出租车运行模式。根据出租车一次充电后的续驶里程，应在其相应的出行范围内提供必要的充电设施。出租车需要及时快速补充电能，尽量增加运营时间，获得更大的经济效益，应在市区建立专用充电站或蓄电池更换点，提高运营效率。在出租车的运营时段，应能通过快速充电或蓄电池组快速更换完成电能补充。

（3）公务车或社会车辆运行模式。公务车或社会车辆运行模式的车辆由单位、部门的驾驶员或社会大众驾驶，应在公务车集中的区域或居民小区建设相应的充电设施。公务车、商务车、社会车辆等行驶路线和行驶里程一般能预估；工程车行驶线路、行驶里程不固定，变化较大，应能通过快速充电或蓄电池组快速更换完成电能补充。

（4）示范区运行模式。如果为示范运行配备的车辆数有限，则为了提高车辆运营效率，应采用更换蓄电池组的方式，但是这就需要增加蓄电池组的投资。如果配备的车辆能够满足运营要求，应采用整车充电方式，这样就可以降低蓄电池组的投资，减少蓄电池更换操作造成的工作量。鉴于示范区用车数量少，运行范围相对集中，可以在示范区内建立集中的大型充电站（蓄电池更换点）。

（5）私家车运行模式。用于上下班的私家车，停放时间和位置相对固定，可充分利用停靠的时间进行充电，因此可以依托停车场所，建立简易充电设施，提供充电服务，不用兴建大规模的集中充电站，可以大大降低成本。也可根据个体实际情况决定采用整车充电方式或蓄电池组更换方式。私家电动汽车的车载蓄电池容量较小，充电时间不会太长，蓄电池的成本较低，补充电能的方式只要方便使用者即可。

此外，对于充电站而言，车辆进入充电站的运行机制也会影响充电站功率需求。车辆进入充电站的时间越集中，充电站电力负荷将越大，充电站功率需求将越大。电动汽车应充分利用电网谷电阶段进行充电，对车辆所有者而言，可最大限度降低运行成本，而电网公司则可借此调节电网的峰谷差。

6.1.2 电动汽车充电站商业模式

目前，国内外电动汽车充电站的建设、运营主要有三种商业模式：公用充电站模式、停车场（或路边）充电桩模式、蓄电池更换站模式。

1. 公用充电站模式

充电站直充与加油站类似，无须更换蓄电池，直接对电动汽车充电。直接充电由于需要占用大量场地和需要专用供电设施，投资大且难以收回成本，因而除政府样板行为外，很难进行商业推广。此外，直充耗时较长，快充也要 2～3 小时，且对蓄电池损伤较大。

（1）主要特征。公用充电站类似于加油站，通常建在城市道路或高速公路两旁。充电站由多台充电设施组成，可以采取快充、慢充和换蓄电池等多种方式为各种电动汽车提供电能。规模较小的充电站一般可供 10 辆电动汽车同时充电，规模较大的充电站可供 40 电动辆汽车同时充电。

（2）优点。充电站可以为社会电动汽车提供多种服务，既可以快充，也可以慢充，有些充电站还可以提供换蓄电池服务；充电速度快，采用快充方式一般可在几十分钟内将蓄电池基本充满；充电站由于具有公用性质，设备利用率高于停车场的充电桩。公用充电站最大的优势在于快充，但目前快充技术还有待完善，以期进一步缩短充电时间，减小对蓄电池寿命的损害。

（3）缺点。充电站占地面积大，规模较大的充电站占地超过一般加油站，甚至可与停车场相比。由于占地面积大，在城市土地日益紧缺的情况下，充电站在大城市布点数量受限，网点密度低。由于需要配备多种充电设备，建设难度较大，一次性投入多，国家电网公司新建一座充电站投资平均为 300 万元左右。

2. 停车场（或路边）充电桩模式

充电桩是为电动汽车补充电能的设备，外形犹如停车计时表一般。一个充电桩可同时为两辆电动汽车充电，充满电的时间为 6～8 小时。充电桩可实现计时、计电度、计金额充电。

（1）主要特征。充电桩通常建在公用停车场、住宅小区停车场、商场停车场，或建在公路边，也可以建在私人车库中。充电桩具有功率较小、布点灵活等特点，以慢充方式为主，具备人机操作界面和自助功能。

（2）优点。充电桩建在停车场或路边，占地面积小，建在车库和住宅小区内的充电桩完全不占公共用地；建设难度小，一次性投资少，单个充电桩的建设成本为 2～3 万元。

（3）缺点。充电速度慢，充电桩采用慢充方式，充电时间要 5～10 小时；由于充电时间长，且部分充电桩具有专用性质，充电桩的设备利用率要低于充电站；不能满足应急、长距离行驶的充电需求。虽然建设单个充电桩很容易，但充电桩要形成网络才能满足电动汽车普及的需要，完善整个充电网络需要较长时间。

3. 换电站（蓄电池租赁）模式

蓄电池租赁是指电动汽车与蓄电池销售分开，部分厂商出售电动汽车裸车，部分厂商经营蓄电池租赁业务。中央财政对蓄电池租赁企业给予补助，蓄电池租赁企业按扣除补助后的价格向私人用户出租电动汽车用蓄电池，并提供蓄电池维护、保养、更换等服务。蓄电池只租不售，电动汽车在充电站直接更换充满电的蓄电池实现充电，并结清前一组蓄电池实际电量使用费用。

（1）主要特征。用户从蓄电池租赁公司租用蓄电池，更换站为用户提供更换蓄电池和蓄电池维护等服务，蓄电池在充电中心集中充电。由于蓄电池组重量较大，更换蓄电池的专业化要求较强，需配备专业人员借助专业机械来快速完成蓄电池的更换、充电和维护。

（2）优点。对蓄电池更换门店要求很低，只需要 2～3 个停车位，占地面积较充电站小；蓄电池更换站的主要设备是蓄电池拆卸及安装设备，电气设备少，建设难度小，一次性投资也比充电站要少；更换蓄电池速度快，更换蓄电池的时间一般为 5～10 分钟，未来随着技术的进步，更换蓄电池所需的时间将少于快充时间；更换蓄电池模式对门店要求低，易于在城市大面积布点。

从商业运营的角度看，更换蓄电池模式属于能源新物流模式。更换蓄电池模式有利于蓄电池生产企业的规模化、标准化生产，有利于能源供给企业的规模化采购与集约化管理，将显著降低总运营成本。能源供给企业作为一个相对独立的中间运营商，有利于政府施行更具有针对性的扶持和优惠政策，如电价政策、购买蓄电池补贴政策等，易于建立清晰的财务盈利模式，比单纯提供充电服务可获得更高的投资回报，具有更广阔的发展空间。除此以外，这种模式对电网安全、经济运行也十分有利，集中充电便于统一调度、管理和监控，能够最大限度地发挥削峰填谷作用，提高电力系统负荷率，最大限度减少谐波污染等对电网的不利影响，有利于电网的安全稳定运行和电力资源的优化利用。

（3）缺点。换电站（蓄电池租赁）模式要求国家建立统一的蓄电池标准，电动汽车安装的动力蓄电池必须可拆卸、可更换，对汽车工业标准化体系要求非常高。我国目前电动汽车标准体系还很不健全，各汽车生产厂家和蓄电池生产厂家基本上各自为战，蓄电池规格差别很大；更换蓄电池模式涉及蓄电池租赁、充电、配送、计量、更换等多个环节，由多家企业分工完成，工作复杂。

蓄电池更换站模式在理论上是一种较为理想的商业模式，国内有个别城市已开展了试点运营，但在短期内大规模推广这种模式存在一些困难，主要体现在以下三方面。

（1）管理方面，我国处于电动汽车产业发展初期，蓄电池技术尚未成熟，各种蓄电池的性能、质量差距很大，统一蓄电池标准难度非常大，这不仅是蓄电池的标准化问题，还涉及电动汽车的标准化问题，是一个庞大的系统工程，涉及汽车厂、蓄电池制造商、更换站经营者等各方面的利益。

（2）技术方面，为了保证蓄电池可更换，所有蓄电池须具有良好的一致性。不仅要统一蓄电池接口标准，还要统一蓄电池的尺寸、规格、容量、性能等，在目前国内蓄电池生产厂家各自为战的情形下，统一所有蓄电池厂家生产蓄电池的一致性问题，在短期内很难实现。

（3）蓄电池流通方面。蓄电池更换过程中会存在蓄电池新旧程度、残留能量的差异，将带来蓄电池更换时如何计量、计费的难题。

总之，蓄电池更换站模式要成为一种成熟的商业模式，还有很长的路要走。只有在我国电动汽车工业发展到较为成熟的阶段，才可能成为充电产业主流的商业模式。

4. 电动汽车充电站商业模式发展趋势

以上三种模式不是非此即彼、互相排斥的关系，而是既互相竞争又互为补充的关系。未来应由充电站、充电桩和更换站共同组成一个完整的充电网络体系，为电动汽车用户提供便捷、高效的服务。

公用充电站建设在技术上不存在问题，设备投资成本也不高，但其占用过多的土地资源，征地成本不可低估。从短期看，在电动汽车发展的初级阶段，充电设施建设刚刚起步、完备的充电网络还没有形成的情况下，迅速建设一批公用充电站是必要的，可以产生良好的示范效应和广告效应，推动电动汽车尽快普及。但是从长期看，公用充电站不可能成为电动汽车充电的终极解决方案，也不应作为主要的充电方式。公用充电站应该定位于主要满足各种社会车辆的应急充电需求，以提供快充服务为主，这样可以有效减少充电站的占地面积，提高设备利用率。

从使用便利性和节约资源角度考虑，普通电动汽车大部分时间都处在停车状态，建在停车场和路边的充电桩基本可以满足普通电动汽车常规充电的需要；并且以数量庞大的充电桩替代充电站，还可以节约宝贵的土地资源。因此，长期来看，在我国占据主导地位的常规充电方式应为慢充，停车场和路边的充电桩将成为占主导地位的充电设施。在所有能够停车的地方建设充电桩，每增加一台电动汽车即新建一个充电桩，充电桩数量将与电动汽车数量相当。

在国外，居家充电是使用频率最高的电动汽车充电方式，在家门之外，才需依靠公用充电设施。目前，从以色列特拉维夫和日本东京地区的使用经验来看，停车场和社区的充电桩使用频率最高，而充电站并未成为大多数电动汽车使用者的优先选择。

随着电动汽车数量迅速增长，应形成以"充电桩为主、充电站为辅"的充电网络，充电桩用于常规慢充，充电站满足应急快充的需求。因此，我国目前应加强对充电桩规划、建设、运营等有关问题的研究，加快充电桩的布点和建设。

理论上，蓄电池更换模式是一种比较理想的商业模式。但是这种模式目前存在管理、技术和商业上的困难，短期内难以大规模推广。当我国电动汽车工业发展到较为成熟的阶段，蓄电池更换站模式将可能成为更成熟、更高效的商业模式，而近期只可在个别具备条件的城市开展蓄电池更换站的模式试点。

经过上述分析，未来将出现家庭交流充电（解决有固定车位用户的需求）为主，经营性直流快充（解决无固定车位用户、应急充电用户的需求）为辅，集团用户直流快充（解决如公交车、出租车等集团用户的需求）为补充的电能补给格局。因此，投资建设并运营提供有偿充电服务的充电站符合未来电动汽车电能补给的趋势。

6.2 电动汽车充换电站建设模式及工作流程

6.2.1 电动汽车充换电站建设模式

1. 政府主导模式

以政府或公共机构为充电站建设运营主体，电力供应商、充电装置研发制造企业或其他社会力量共同参与。政府主导模式的突出特点是由中央和地方政府通过"直接投资、政府所有"的方式，支持电动汽车充电站的建设、运营和发展。按照政府建设与运营方式不同，此种模式可以有两种具体操作方式：

（1）直接主导方式，即由政府直接出资建设电动汽车充电站，建成后由政府相关部门负责经营管理。

（2）间接主导方式，即由政府出资建设电动汽车充电站，建成后移交给国有企业经营管理，或者委托专业机构经营管理。

政府主导模式的优点：由政府出资建设充电站，由政府来组织运营，亏损由财政负担，可促进电动汽车商业化运行的实施和发展，引领和推动电动汽车及充电站建设有序发展；实现电动汽车充电站的统一规划和集约化发展。

政府主导模式的缺点：增加政府财政压力，运营效率低下，不利于电动汽车充电站大规模集约化建设与运营。随着电动汽车商业化运行规模和区域的扩大，投资需求增加，使得政府财政能力难以支撑，政府的融资压力不能得到缓解。

2. 企业主导模式

由作为市场主体的企业投资与运营电动汽车充电站，企业投资电动汽车充电站可以实现传统能源企业逐步向新型能源企业转变。电网企业将电动汽车充电站建设纳入智能电网有机组成部分，既可催生储能技术，又可促进清洁能源发展，实现电力资源的节约和高效利用。

企业主导模式的优点：拓宽了投资渠道，减轻了政府财政压力；能保证电动汽车充电站建设所需的资金投入；可以有效提高充电站的经营效率和管理水平。

企业主导模式的缺点：容易导致充电站建设的无序发展；影响或制约电动汽车产业发展；与相关领域的协调性不足。在电动汽车示范运行阶段，充电站运营商在单一运行区域的固定资产投资在示范运行期满后不能持续发挥最大效益。

根据建设主体对充电站商业化运行项目组织管理方式的不同，充电站关联企业主导型又可分为充电站关联企业直接主导型、委托运营型和一体化运营型三类：

（1）直接主导型。直接主导型的特点是由一家或多家电力供应部门，或研究开发及制造充电装置的生产企业建设充电站，并由这些企业共同负责充电站的商业化运营。

（2）委托运营型。委托运营型的特点是由充电站关联企业投资建设充电站，但委托专业企业进行充电站商业化运营，并提出运营要求和规范。建设主体本身一般会提供技术人员参与商业化运营。

（3）一体化运营型。一体化运营型的特点是充电站关联企业与电动汽车商业化运行的主体联合起来，共同建设和运营充电站，如电力供应部门与负责电动汽车运营的公交公司、或与公务车、商务车用部门或企业之间联合建设和运营充电站，以利于电动汽车运行主体推动电动汽车充电站的商业化运行。

3. 用户主导模式

电动汽车用户为满足自身车辆运行需要，投资建设电动汽车充电站。电动汽车用户投资建设的充电站被视为电动汽车的一项配套设施，避免受制于外部充电站以及由此给电动汽车运行带来不利和不便的影响。用户主导模式的优点是电动汽车用户可以根据自身需要建设充电设施，实现充电设施与其自身的电动汽车有效衔接。其缺点是电动汽车用户不仅要承担高额的充电设施建设和运行费用，更为重要的是会导致充电设施利用率低和造成重复建设。

4. 充电站的不同运营模式适用范围

充电站的不同运营模式的适用范围如下：

（1）政府主导模式适用于电动汽车商业化运行规模较小，或处于电动汽车发展的早期，需要鼓励企业从事电动汽车充电基础设施的建设，或政府经济实力强大时，可采用这种模式，体现政府支持。

（2）充电站关联企业主导模式适用于电力供应企业急需拓展电力市场，提高充电产品质量和性能，有政府支持，且企业实力较强，并在运行区域有长远规划时。

（3）社会企业主导模式适用于电动汽车商业化运行规模较大、有很大的客流量、充电需求大、政府财政能力较弱、市场环境和市场机制较好、融资渠道较畅通时。

（4）电动汽车用户主导模式的充电基础设施建设为满足用户自身运行需要，随着电动汽车市场的逐渐扩大和成熟，有商业化运营的趋势。

以上四种模式各有其特点，选择电动汽车商业化运行模式时需根据实际情况，以体现市场经济中政府和市场的分工合作，体现不同企业和机构基于核心竞争力的专业化分工合作，实现市场资源的最优配置为准则。

6.2.2　电动汽车充电站工作流程

1. 蓄电池更换方式的工作流程

当电动汽车进入充电站，按照电动汽车的需求进入能量补给程序。更换蓄电池流程如图6-1所示。

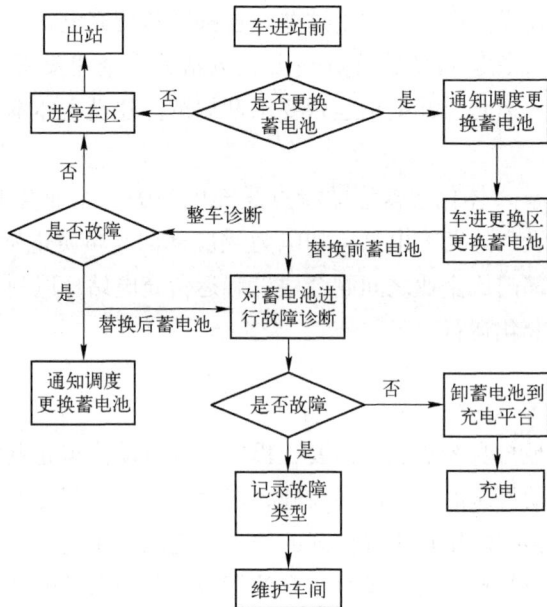

图 6-1　更换蓄电池流程

电动汽车更换蓄电池的具体工作流程为：

（1）更换申请。为了使电动汽车更换蓄电池更加快捷，需要更换蓄电池的车辆进站之前应向充电站提出蓄电池更换申请，以便站台调度安排停车位置，通知蓄电池存储间准备更换蓄电池，并将蓄电池运至更换蓄电池区，准备卸载设备。

（2）车辆进入更换区。已经提出更换请求的车辆进站后，根据调度指令将车开到更换蓄电池区准确位置，准备更换蓄电池。

（3）故障诊断。更换蓄电池前，必须仔细翻阅车载监控装置故障记录，检查车载蓄电池在运营过程中是否故障。如果有故障记录，则记录故障信息（包括故障位置和类型），区分故障蓄电池和无故障蓄电池，然后清除故障记录。

（4）更换蓄电池。首先断开电动汽车的高低压供电，然后才能卸载蓄电池。在卸载蓄电池时，将故障蓄电池和无故障蓄电池分开摆放；卸载完毕后，将已经准备好的蓄电池装车。

（5）故障诊断。充满电的蓄电池装车后，接通电动汽车的高低压供电，再进行一次故障诊断，确保更换蓄电池后的电动汽车运行正常，检测电动汽车运行正常后，将车驶出更换蓄电池区，转到步骤（7）；如果仍然出现故障，转到步骤（6）。

（6）故障排除。仔细阅读车载监控的故障诊断结果，查找故障原因。如果是连接线未接通等可立即排除的故障，故障排除后，转到步骤（5）；如果属于蓄电池箱内部故障，则通知蓄电池存储间所需蓄电池箱的类型和编号及车辆位置、记录故障信息（包括故障位置和类型），然后清除故障记录，收到备用蓄电池后，返回步骤（4）。

（7）蓄电池更换后处理。将故障蓄电池送蓄箱电池维护区；无故障的蓄电池箱送充电区充电。

1）蓄电池充电的工作流程

在对卸载下的蓄电池进行筛选和维护后，都必须进行充电，操作步骤为：

（1）将从车上卸载下来的无故障蓄电池运抵充电平台。

（2）将充电平台上所有的连接头接上，包括蓄电池管理系统插接头（内有电源线和蓄电池管理系统内部通信线）。

（3）将充电机与充电平台之间的接头接上。

（4）闭合电源开关。

（5）充电机控制电源上电。

（6）充电机、蓄电池管理系统、监控 PC 机之间通信建立。

（7）确认蓄电池正常后设置充电参数，参数设置返回成功后，启动充电机开始充电。

（8）如果一切正常，充电结束后，充电机通知监控室充电结束，请求关闭充电机。

如果操作过程中出现故障，必须排除故障之后才能操作。并通知监控室充电过程出现故障，请求处理。充电故障及充电机控制策略见表 6-1。停机后，查询故障代码，找到故障原因。若充电过程中出现表 6-1 中的前 3 种故障，停机后，将故障蓄电池箱剔除，记录故障位置和故障类型后送蓄电池维护区，然后按以上所述步骤重新启动充电机，继续充电。

表 6-1　充电故障及充电机控制策略

故 障 类 型	充电机控制策略
电压超过单体蓄电池可承受电压高限	立即停机，显示相应故障代码，锁定输出，重新启动充电机后才能输出
充电温度超过蓄电池可承受最高温度	立即停机，显示相应故障代码，锁定输出，重新启动充电机后才能输出
蓄电池均衡性差（包括电压和温度）	停止充电，显示相应故障代码
充电机和蓄电池管理系统的通信失去联系超过限制时间	立即停机，显示相应故障代码

2）蓄电池维护的工作流程

电动汽车动力蓄电池的维护工作类似燃油汽车的一级保养、二级保养，电动汽车的蓄电池也需要定期维护。现在尚没有这方面的标准可参照，也没现成的数据可供使用。虽然单体动力蓄电池工作寿命很长，但是由于蓄电池单体之间的差异较大，同时蓄电池的老化速度不同，导致蓄电池发生过充和过放的可能性大大增加，由于目前蓄电池管理系统尚不能提供有效的蓄电池运行的动态数据，为蓄电池维护提供依据，因此非常有必要从开发蓄电池管理系统开始，逐步完善电动汽车蓄电池的维护工作。蓄电池配组中心的工作是把容量均衡性控制在指标以内，指标依据使用要求而定。

蓄电池维护工作的核心是控制蓄电池容量的均衡性，调节并控制使用状态，给蓄电池提供合理的环境条件。现在用于电动汽车的 BMS，都有容量自动均衡功能，设计者都声称可以用"能量转移"方法，达到自动均衡蓄电池组各单体的功能。实际上是不可能利用这种外电路的功能改变蓄电池自身的电化学性能的，而且该功能势必要增加蓄电池管理系统的复杂程度，甚至造成可靠性显著下降，曾经发生过采用能量转移方式工作的 BMS 加剧了蓄电池组的老化。

目前电动汽车的蓄电池管理系统实际只能承担检测功能，不具有蓄电池组容量均衡功能。蓄电池的运行质量，核心问题是控制蓄电池组容量的均衡性。蓄电池的不均衡是绝对的，均衡是相对的，蓄电池组不均衡性总是自动向增大的方向发展。维护工作就是把均衡性控制在"合理"的范围。"合理"的标准是看追求那些指标和获取这些指标需要投入资金的比例。

蓄电池容量均衡性的控制必须按实际运行状态进行人工调整和控制。充电时，蓄电池管理系统检测到某蓄电池达到充电上限，就会减少充电电流；放电时，检测到某个蓄电池到达下限，就限制继续放电，这就使一部分蓄电池的容量无法利用。通过人工维护，将其结构容量的不均衡性压缩到一个小的范围。

蓄电池的维护是在蓄电池维护区进行的，如图6-2所示。蓄电池维护区的主要任务是挑选和对故障蓄电池进行维护。蓄电池维护区配有蓄电池检测和试验仪器，为蓄电池的诊断、筛选提供数据支持。蓄电池筛选完成后，将不能再使用的蓄电池进行妥善处理，能用的蓄电池做必要的维护后再充满电，之后将蓄电池送蓄电池存储间进行配组装箱及初始化工作。

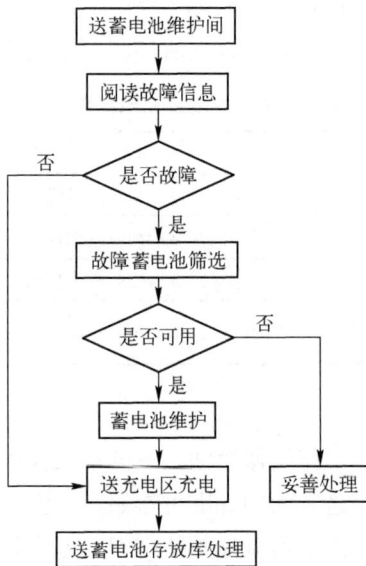

图6-2　蓄电池维护的运营流程

电动汽车动力蓄电池达到一定的换电次数、运行期限或出现破损、故障时，应移交有关部门进行例行维护或故障修理，包括开展蓄电池箱体二次回路、电芯性能、绝缘、接插件等外观及零部件的维护修理。动力蓄电池修理包括计划修理、计划外的故障修理和事故修理。

2. 整车充电方式的工作流程

电动汽车进入充电站，按照需求进入能量补给程序。如果是整车充电，则连接整车充电系统。该系统进行故障诊断，出具状况检测报告，根据不同情况进入充电程序（整车充电的车辆可以是整车日常补充充电，也可以在需要临时充电时采用应急性的整车快速充电）。

在整车充电系统进入充电程序后，充电机和车载蓄电池管理系统通信将蓄电池的数据传输到充电机监控网络主机。车辆采用整车充电方式的具体工作流程为：

（1）插上充电插头后，车载设备（包括车载监控、蓄电池管理系统）自动供电，正常运转。

（2）闭合充电机控制电源。

（3）确认监控室与充电机、车载监控、车载蓄电池管理系统之间 CAN 网络已经建立。

（4）确认蓄电池状态正常后，设置充电参数，参数设置返回成功后启动充电机开始充电。

在操作过程中如果出现故障，必须排除故障之后才能继续操作。

3. 蓄电池充电工作状态转换

蓄电池的整个充电过程包括四个阶段：充电握手阶段、充电参数配置阶段、充电阶段和充电结束阶段。蓄电池充电总体流程如图 6-3 所示。

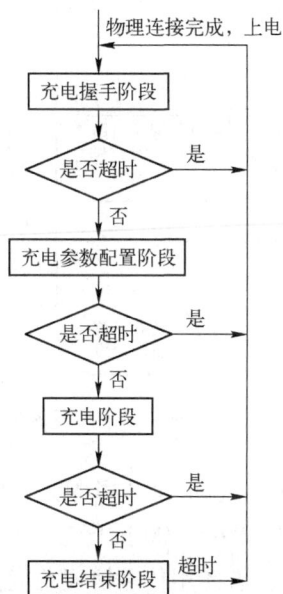

图 6-3　蓄电池充电总体流程

1）充电握手阶段

在蓄电池管理系统和充电机物理连接完成并上电后，蓄电池管理系统和充电机进入充电握手阶段。双方在该阶段进行握手，并确认电动汽车和蓄电池的相关信息。充电握手阶段流程图如图 6-4 所示。充电握手阶段报文目的如下：

（1）PGN256 充电机辨识报文（CRM）目的：向蓄电池管理系统提供充电机辨识信息。在蓄电池管理系统和充电机完成物理连接并上电后，该报文由充电机向蓄电池管理系统每隔 20ms 发送一次 SPN2562 ＝00 的充电机辨识报文。若连发 3 帧辨识报文仍未收到蓄电池管理系统辨识信息，则充电机判断充电连接异常，同时自动切断供电回路，并发超时报文。

充电机监控单元　　　　　　　　　　　　蓄电池管理系统

物理连接完成，上电

向蓄电池管理系统发送SPN256=00的充电机辨识报文

是否收到蓄电池管理系统辨识报文　否／是

向蓄电池管理系统发送SPN256=01的充电机辨识报文

是否蓄电池管理系统发送通信版本信息报文　否

是否收到SPN256=00的充电机辨识报文　否／是

向充电机发送蓄电池管理系统辨识报文

是否收到SPN256=01的充电机辨识报文　否

向充电机发送通信版本信息报文

超时　握手阶段失败告警信息　超时

充电参数配置阶段

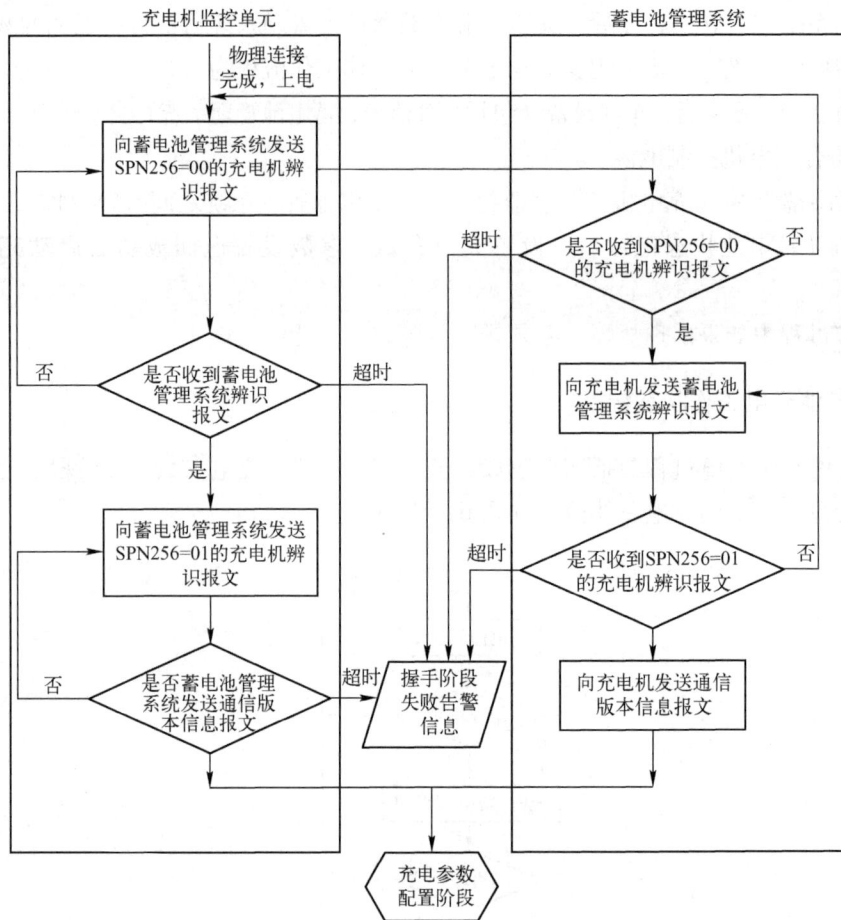

图6-4　充电握手阶段流程

（2）PGN512 蓄电池组身份编码信息报文（BRM）目的：向充电机提供蓄电池组身份编码信息。在蓄电池管理系统收到 SPN2562 = 00 的充电机辨识报文后，向充电机每隔 20ms 发送一次，数据域长度超出 8 字节时，需使用传输协议功能传输，发送间隔为 10ms。若连发 3 帧辨识报文仍未收到 SPN2562 = 01 充电机辨识报文，则蓄电池管理系统判断充电连接异常，同时自动切断充电回路，并发超时报文。

（3）PGN768 BMS 版本信息报文（BVM）目的：确认蓄电池管理系统通信协议版本信息。在蓄电池管理系统收到 SPN2562 = 01 充电机辨识报文后，发送给充电机的通信协议版本信息。

（4）PGN1024 充电握手阶段错误代码（CE1）目的：充电握手阶段发生的错误代码。

2）充电参数配置阶段

充电握手阶段完成后，蓄电池管理系统和充电机进入充电参数配置阶段。在此阶段，蓄电池管理系统向充电机发送蓄电池详细的充电参数，充电机向蓄电池管理系统发送充电机最大输出级别等信息，双方发送完毕后，即互相发送充电准备报文，以准备进入下一个阶段。

充电参数配置阶段流程图如图6-5所示。

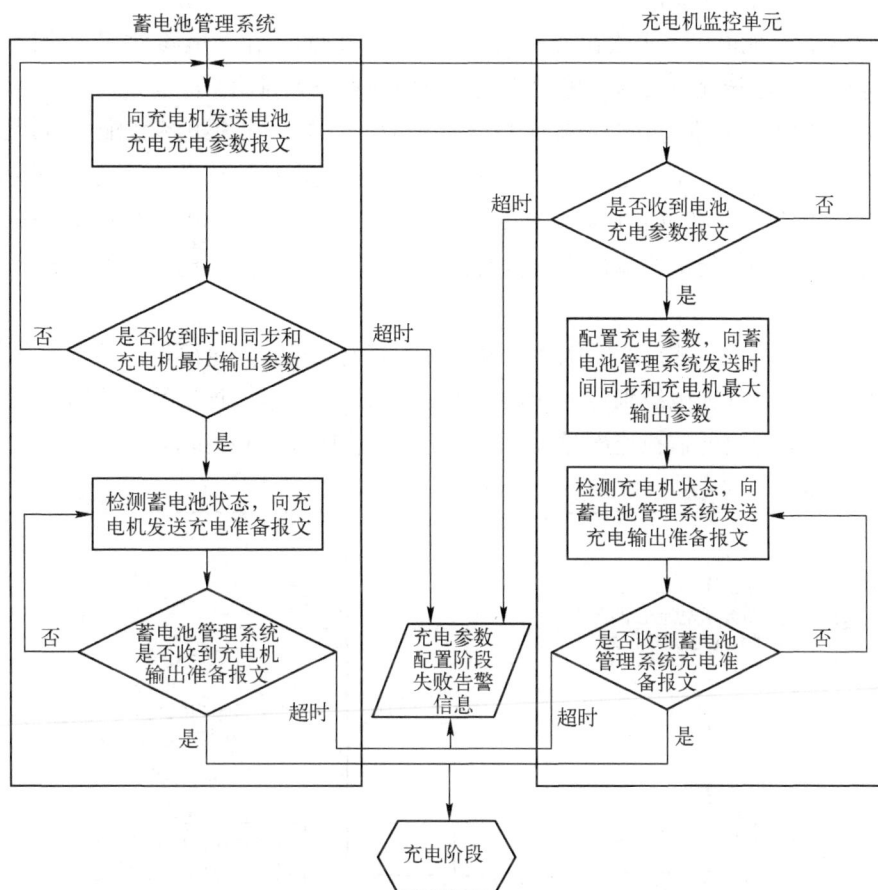

图6-5 充电参数配置阶段流程

充电参数配置阶段报文目的如下：

（1）PGN1280 充电参数配置阶段错误代码（CE2）目的。充电参数配置阶段发生的错误代码。

（2）PGN1536 蓄电池充电参数报文（BCP）目的。在充电参数配置阶段，蓄电池管理系统发送给充电机的蓄电池充电参数（蓄电池模块最高允许充电电压、蓄电池最高允许充电电流、蓄电池最大允许充电容量、蓄电池最高允许充电总电压、蓄电池最高允许温度）。

（3）PGN1792 蓄电池参数#1 报文（BP1）目的。在充电参数配置阶段，蓄电池管理系统发送给充电机的蓄电池物理参数1（车号、蓄电池模块串联数、蓄电池模块并联数、整车蓄电池估计剩余容量）。

（4）PGN2048 蓄电池参数#2 报文（BP2）目的。在充电参数配置阶段，蓄电池管理系统发送给充电机的蓄电池物理参数2（蓄电池充电电流、蓄电池充电电压、蓄电池供应商代码、蓄电池组组数、每组蓄电池只数）。

（5）PGN2304 充电机发送时间同步信息报文（CTS）目的。在充电参数配置阶段，充电机发送给蓄电池管理系统的时间同步信息。

（6）PGN2560 充电机最大输出级别报文（CML）目的。在充电参数配置阶段，充电机发送给蓄电池管理系统充电机最大输出级别，以便估算充电时间。

（7）PGN2816 蓄电池充电准备就绪报文（BRO）目的。在充电参数配置阶段，蓄电池管理系统发送给充电机的蓄电池充电准备就绪报文，让充电机确认蓄电池已经准备充电。

（8）PGN3072 充电机输出准备就绪报文（CRO）目的。在充电参数配置阶段，充电机发送给蓄电池管理系统充电机输出准备就绪报文，让蓄电池确认充电机已经准备输出。

3）充电阶段

充电参数配置阶段完成后，蓄电池管理系统和充电机进入充电阶段。蓄电池管理系统向充电机实时发送蓄电池充电级别需求和蓄电池充电状态。充电机根据蓄电池的充电级别，需要调整充电电压和电流并监控充电过程。充电阶段流程图如图 6-6 所示。

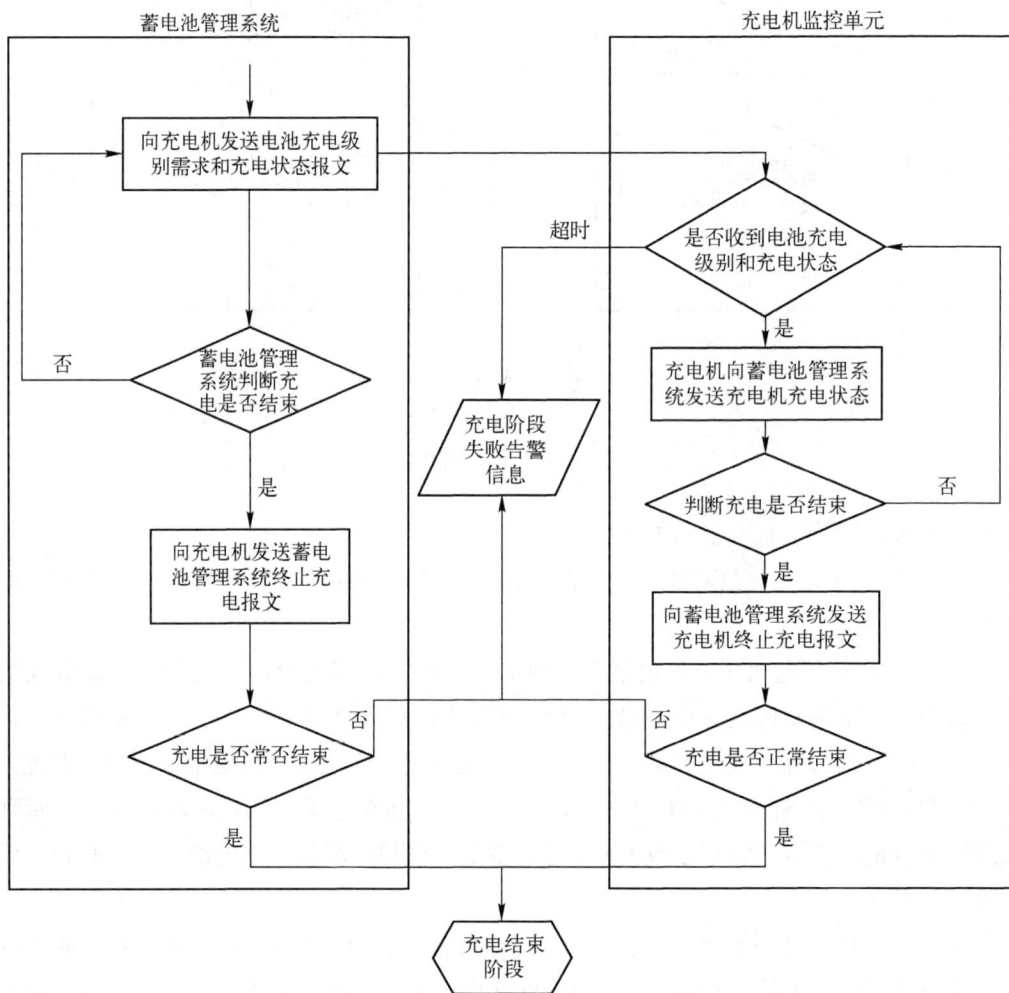

图 6-6　充电阶段流程

充电阶段报文目的如下：

（1）PGN4096 蓄电池充电级别报文（BCL）目的。让充电机实时更新蓄电池的充电级别。在恒压充电模式下，充电机输出的电压应满足电压需求值，输出的电流不能超过电流需求值；在恒流充电模式下，充电机输出的电流应满足电流需求值，输出的电压不能超过电压需求值；在恒功率充电模式下，充电机输出的功率应满足功率需求值，输出的电压不能超过电压需求值。

（2）PGN4352 蓄电池充电状态报文（BCS）目的。让充电机确定蓄电池当前的充电状态和剩余充电时间。

（3）PGN4608 蓄电池管理系统发送蓄电池状态信息报文（BS1）目的。在充电阶段，蓄电池管理系统发送给充电机的蓄电池状态信息。

（4）PGN4864 蓄电池管理系统发送蓄电池状态信息报文（BS2）目的。在充电阶段，蓄电池管理系统发送给充电机的蓄电池状态信息。

（5）PGN5120 充电机充电状态报文（CCS）目的。让蓄电池管理系统确认充电机当前的充电状态和累计充电时间。

（6）PGN5376 蓄电池组各模块电压报文（BMV）目的。蓄电池组各个模块电压值。数据域的长度超出 8 字节，需使用传输协议功能传输。

（7）PGN5632 蓄电池组温度报文（BMT）目的。蓄电池组温度。数据长度超出 8 字节时，需使用传输协议功能传输。

（8）PGN5888 蓄电池组荷电容量 SOC 值报文（BSOC）目的。蓄电池组荷电容量值。数据域长度超出 8 字节时，需使用传输协议功能传输。

（9）PGN6144 蓄电池组平均模块电压值报文（BAV）目的。各蓄电池组平均模块电压。数据域长度超出 8 字节时，需使用传输协议功能传输。

（10）PGN6400 蓄电池管理系统终止充电报文（BST）目的。让充电机确认蓄电池管理系统将发送终止充电报文，结束充电过程及结束充电原因。

（11）PGN6656 充电机终止充电报文（CST）目的。让蓄电池管理系统确认充电机即将结束充电及结束充电原因。

（12）PGN6912 充电阶段错误代码（CE3）目的。充电阶段错误代码。

4）充电结束阶段

在蓄电池管理系统和充电机有一方结束充电阶段后，便进入充电结束阶段。在该阶段蓄电池管理系统和充电机相互发送整个充电过程中各自的统计数据。充电结束阶段流程图如图 6-7 所示。充电结束阶段报文目的如下：

（1）PGN7168 蓄电池管理系统统计数据报文（BSD）目的：让充电机确认本次充电过程的具体统计数据。

（2）PGN7424 充电机统计数据报文（CSD）目的：让蓄电池管理系统确认充电机关于本次充电过程的具体统计数据。

（3）PGN7680 充电结束阶段错误代码（CE4）目的：充电结束阶段错误代码。

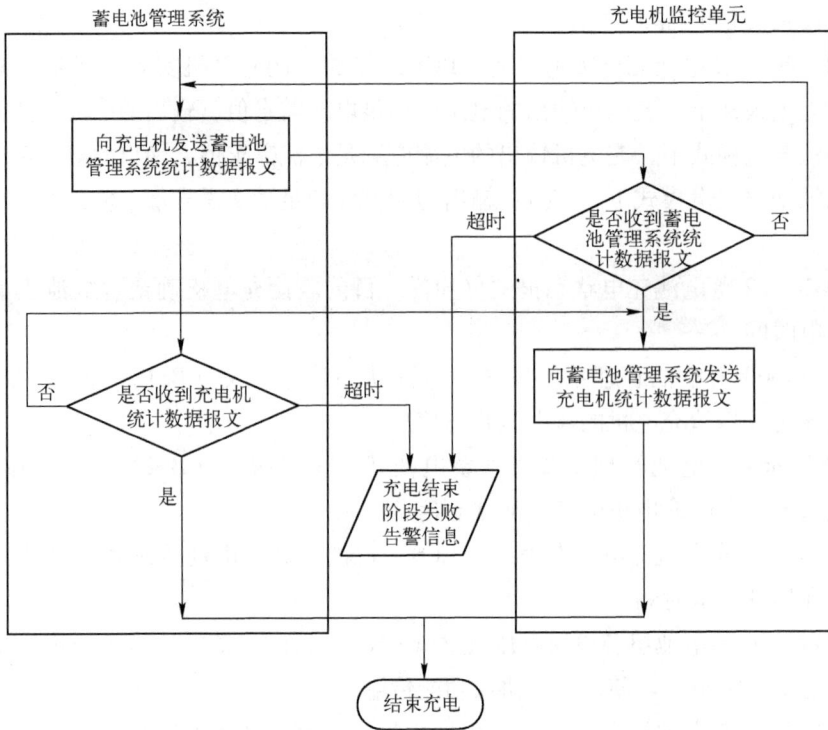

图 6-7 充电结束阶段流程

6.3 电动汽车充电站运营系统及运营管理解决方案

6.3.1 电动汽车充站电运营系统

充电站的运营是一项复杂的系统工程，为保证充电服务的有效提供，电动汽车的充电运营需要多个子系统的协调和保障，包括电力供应系统、充电计量和结算系统、公用充电网络、蓄电池、配件维护维修体系及专业化的组织管理保障等。

1. 电力供应系统

电力供应系统是保障充电站运营最基本的、最重要的一个环节，同时也是保障电动汽车得以商业化运行的重要支持。充电站从建设到运营，应加强与电力供应企业的协调。

在充电站规划和建设阶段，需要得到电力供应企业的合作和支持，完成充电站外部电网的合理设计和安全、有效接入；在充电站运营期间，需要得到电力供应保障，这是维持充电站持续运营的根本。此外，如能与电力供应企业良好协商，充电站可获得电力公司销售电价方面的优惠，进而提高充电站的运营赢利能力。

由此可见，电力供应企业在充电站运营乃至电动汽车产业化发展中充当着一个重要的、根本的角色。因此，电力供应企业可充分把握其地位，瞄准电动汽车充电市场，尽快建立起与充电体系关联的市场发展策略，在推进电动汽车充电市场发展的同时，也实现自我的发展。

2. 充电计量和结算系统

充电电能计量和结算系统是充电站与电动汽车用户交流的一个重要环节，而准确、合理、方便、快速的电能计量和结算系统也是充电站准确核算财务收益、提高运营效率的重要手段。

在充电站运营中，需要通过准确的充电计量系统，保障充电站与电动汽车用户之间的交易以可靠、准确、真实的方式进行。同时，智能化的充电计量系统也将成为充电站运营的一个方向，通过对蓄电池的剩余电量进行科学估计，不仅能精确核算电量，而且还是选择合适充电方法、提高蓄电池性能的有效依据。

充电费用结算工具、结算手段的现代化，对提高充电站运营效率具有重要的意义。特别是对于无人值守的充电站（桩），智能化的结算系统是保障充电站正常运营不可缺少的一个手段。用户通过先进的 IC 卡、银行卡等即可快捷方便地完成充电费用结算。因此，充电站的顺利、高效运营，需要现代化、智能化的充电电能计量和结算系统加以保障。

3. 公用充电网络

分布合理、数量众多、昼夜服务的公用充电网络是电动汽车商业化的必备条件之一，它的发展直接决定了各式电动汽车的应用和推广，进而也成为推动充电站个体实现商业化运营的基础。数量少、规模小、布局不合理的充电配套设施，根本无法支撑未来大规模的电动汽车商业化、产业化的运营。

公用充电网络由常规公用充电站、快速充电站和蓄电池组更换站组成，其运营方式分为有人值守和无人值守两种方式。公用充电网络中充电站的布局、数量和充电方式应该合理设计和部署，使电动汽车在充电网络中能方便、及时充电，保障电动汽车的正常运行。

城市公用充电网络应由城市主管部门统一规划，合理布点，形成网络，由政府出面协调城市规划、建设、电力、交管等部门的职责，统一建设、实施。电动汽车研发主管部门、国家技监部门和汽车产业主管部门也应通力协作，尽快制定公用充电站的技术标准和相关配套设备的技术标准，尽快投入实施，使想投资充电站的商家和想应用电动汽车的用户，以及想改善城市环境卫生和树立城市形象的地方政府可以及时地、有目标地进行实施。

4. 蓄电池、配件维护维修体系

蓄电池的使用成本在电动汽车运行中占有很大比例，做好蓄电池的维护工作，有助于延长蓄电池使用寿命，降低车辆运行成本，减少用户使用费用。因此，充电站的运营应配套蓄电池、配件的维护维修体系作为支撑。

结合充电管理系统，可帮助用户在充电过程中及时发现问题，并进行相关的维护维修工作。配合充电网络建立的蓄电池维护维修体系，也使用户无论什么时候遇到问题，都可到附近的充电站网络寻求帮助，同时也提高了充电站运营的赢利能力。

5. 专业化的组织管理

电动汽车对技术发展的依赖性大，运行中具有较多的不确定性。这就决定了电动汽车充电过程要求实现专业化、系统化。因此，应开展有效的组织管理，以保障充电站安全、高效的运营。同时，专业化的组织管理体系也是联系充电系统和上述运营关联系统的纽带，有助于推动充电站乃至电动汽车的商业化运营。具体来说，可从以下方面加以保障：

（1）要建立职责明确、执行有力的运营组织架构，不同职责岗位配备不同的专业化人员，从组织管理方面对充电站建设和运营进行严格、规范和有效的控制，满足电动汽车充电的专业化要求。

（2）根据充电站运营组织架构，设计一套合理的组织工作流程，使充电方法、技术与不同电动汽车的需求相适应，同时要协调好不同岗位之间的业务关系，协调好各个环节的衔接，充分提高充电站工作管理的效率。

（3）建立与充电站一体化管理相适应的严格的管理法规、条例和规章制度，以责任制为基础，对各种运营管理参数进行科学量化，增强管理的针对性和时效性。

（4）电动汽车作为新的事物，充电站在充电中出现故障或意外事故是有可能的，应建立故障恢复与紧急响应机制，加强管理，确保人员、车辆及充电系统的安全。

6.3.2 电动汽车充电站运营管理解决方案

电动汽车能源供给设施是电动汽车产业链中的重要环节，主要包括交直流充电桩、充电站、蓄电池更换站3种类型，电动汽车能源基础服务设施的构成设备数量多、地点分散，采用GIS能把所有与空间地理位置有关的信息收集起来，建成多源空间信息数据库，综合分析利用，获取有价值的信息，通过地图和表格生动直观地表达出来，供用户有效地管理这些信息，更有效地做出决策。随着Internet的快速发展，WebGIS使得空间信息及其服务能够在分布式计算机网络环境中部署，极大地提升了GIS的应用服务水平。

随着电动汽车的推广应用和大量的电动汽车充电站（桩）的建设，如何对充电站（桩）进行有效的运营管理成为一个亟须解决的问题。根据多年电动汽车充电站（桩）的建设经验，分析充电站（桩）运营管理特点，利用先进的通信技术、数据采集技术、Web和GIS技术，设计并开发电动汽车充电站（桩）的运营和管理自动化系统，以提高电动汽车充电站（桩）的运营和管理水平。

1. 电动汽车充电桩运营特点

1) 充电设施建设模式

电动汽车充电站是不可缺少的电动汽车能源服务基础设施，电能供给主要有交流、直流充电和蓄电池组快速更换三种典型模式。电动汽车用户通过充电站内交流、直流充电桩直接为电动汽车充电，即时消费电力产品并通过现场付费的模式支付费用，完成交易，充电站较适合为数量较少的公共交通工具提供充电服务。

为满足大规模的家用电动汽车用户及时、方便充电的需求，选用充电桩充电模式是最佳选择。在住宅小区或商业大厦的专用停车场安装一定数量的智能充电桩，充电桩提供 220V 或 380V 交流电源接口，为电动汽车提供应急充电服务。充电桩占地面积很少，建设成本较低，更适合支撑大规模的家用电动汽车充电。

2) 系统功能需求

充电桩的建设是以点为基本特征的充电设施，数量众多，且地理位置分散，多数充电桩直接安装在室外，长期处于湿度大、灰尘大、温差大的环境中，因此，及时掌控其运行状态是保证设备稳定可靠运行的基础。

充电站（桩）运营管理涉及对分散于市区内充电设施的资产管理、充电桩充电监视及相关参数的设置管理及电动汽车用户卡的发放、充值、解锁等。因此，充电站（桩）运营管理的主要功能包括：

（1）远方监视功能，结合充电桩地理位置监视其状态信息、报警信息及监视充电过程。

（2）远方控制功能，实现对充电桩保护定值及交易费率等参数设置。

（3）计费管理功能，记录充电计费信息，并提供数据分析统计功能。

（4）资产管理功能，实现对充电设施全生命周期管理，提供其相关信息查询及利用率分析功能。

（5）分布式管理功能，对管理权限进行设置，通过与互联网技术紧密结合，实现城市片区集中管理功能。

（6）用户卡管理功能，能满足在市内不同片区建立充值卡营销网点，实现电动汽车用户多点发卡与充值功能。

3) 系统总体结构

根据上述功能需求，开发的充电站（桩）运营管理系统由三个子系统构成，包括数据采集系统、发卡充值系统、WebGIS 系统。管理中心（内网）与互联网（外网）通过安全防护相联，外网程序通过访问 Web 服务器的接口与内网进行数据交互。通过系统共享数据，管理中心可以统一管理，也可以给相关管理人员指定不同区域管理权限，通过互联网实现分布式管理。发卡充值系统可分布在城市各网点。充电站（桩）运营管理系统结构如图 6-8 所示。

通过如图 6-8 所示的运营管理系统可实现对电动汽车用户、充电设施及运营维护人员的有机协调，以保证电动汽车的电能补充，提高充电设备利用率和管理人员的工作效率。

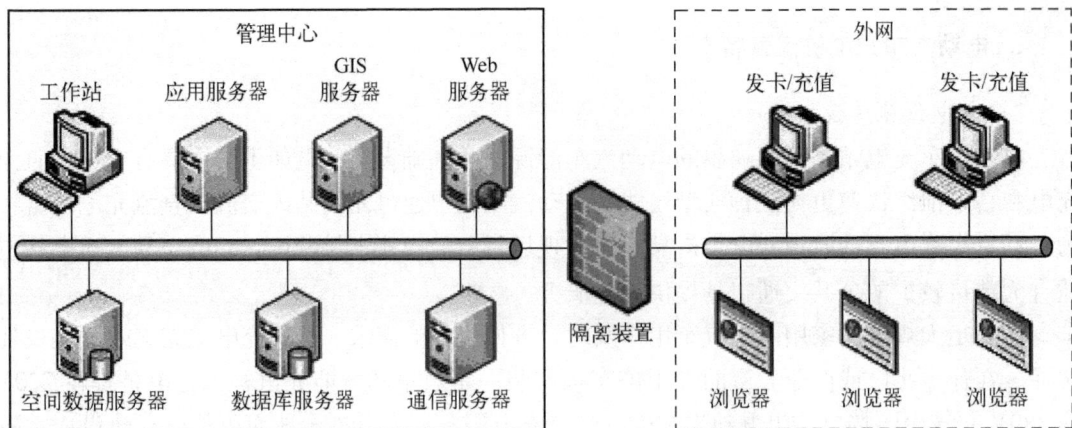

图 6-8　充电站（桩）运营管理系统结构

2. 系统架构设计

1）通信架构

充电桩分布广，只有通过对专门的通信通道的有效管理才能保证所有充电设备信息上传，降底通信成本，因此需要充分考虑通信方式。充电桩上行通信信道支持 GPRS/CDMA，并具有串口或以太网接口，布置于小区、公用停车场内的充电桩相对集中，可采用数据汇集器实现充电桩信息汇集上传。对于街道沿线分散的单个充电桩直接采用 GPRS/CDMA 专网与管理中心进行信息交互，对已建监控系统的充电站内的充电桩信息，可直接通过专网与管理中心信息交互。

2）软件结构

电动汽车充电桩运营管理系统软件宜采用三层结构，包括系统平台层、支撑服务层、业务应用层。纵向业务应用与相应支撑服务相关联，横向不同的服务通过数据库松耦合，添加新的服务功能不涉及系统结构，也不影响已有的业务，方便系统应用功能的扩充。电动汽车充电桩运营管理系统的软件结构如图 6-9 所示。

（1）系统平台层。为适应不同用户的要求，系统的开发需兼容多种主流操作系统，支持跨平台和混合平台操作。

（2）支撑服务层。支撑服务层为增强系统的开放性和可扩展性，建立统一规范的底层交互平台，实现服务层与应用层的分离，提供统一的数据传输接口，数据库访问接口及控制命令接口。

（3）业务应用层。业务应用层建立在支撑服务层之上，通过服务功能模块搭建出不同的应用系统基础，实现实时状态监视、图形化展示、控制交互操作、业务数据记录查询、统计分析、报表曲线等多种功能。此外，还提供严格的用户管理和授权管理，保证系统数据的安全性。

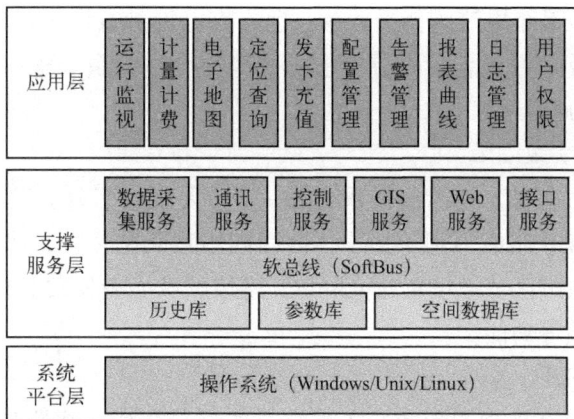

图6-9　电动汽车充电桩运营管理系统的软件结构

3. 系统实现

1）软件结构实现

系统软件结构基于易扩展、松耦合机制，参考当前充电监控系统与电力监控系统的技术实现路线及发展趋势，采用平台化、模块化、组件化设计思想，选用C/C++语言底层开发，进行模块化设计。完成系统平台化、模块化、组件化设计，首先要开发系列跨平台的组件，将系统功能开发分解为多个组件的开发，组件是构成系统最小功能单位，在运行时重新装配，创建出组件的克隆以共同创建一个应用程序。系统在所有的平台上具有统一的风格，运行界面风格不再受操作系统和图形环境的限制。

2）数据采集系统实现

分布于市区各地的充电桩具备计量及监测功能，读取充电桩运行数据并保存到数据库。数据采集系统通过通信网络获取各充电桩计量信息、状态信息及报警事件信息等，也可实现对充电桩的参数远程设定，从而做到主动安全、主动管理、主动控制，是运营管理系统核心。

（1）数据采集处理。充电桩通常安装在室外，电磁干扰较大，环境较为恶劣，主要采用GPRS/CDMA通信方式，数据上传难免会出现短时间内通信中断或延时。通信正常时，充电桩会主动上传数据，采集服务程序会产生相应事件存到临时事件表，并立即发送给各监视客户端，但并不能保证此前无记录缺失。充电桩技术规范规定充电桩可保存10 000条充电记录数据，关键事件的存储不少于100条，安全存储周期至少达7天。因此，为了保证所有充电桩记录上传，利用充电桩内保存充电记录的流水号连续性，在采集服务程序设计中采取启动召唤、定时召唤策略，确保所有充电记录均已录入系统数据库。

（2）远方参数设置处理。为了确保充电桩易于运营维护及统一管理，根据充电桩技术规范，充电桩应支持本地或远方费率设置和保护定值设置。费率设置包括当前费率单价设置、备用费率单价、备用费率单价切换时间。定值设置包括过压过流保护等定值及延时时间、提示余额低、充电最小电流阀值参数等。远方充电桩参数设定过程主要涉及维护人员、工作界面、通信网络及远方设备，充分考虑了系统安全性，系统程序由人机界面、控制服务、通信服务等模块协同处理。

3）发卡充值系统实现

发卡充值是充电站（桩）运营管理系统的一个重要组成部分，发卡充值直接面对用户，集中用户到同一地点发卡充值不利于用户，因而利用互联网特性，采用 B/S 结构设计，共享管理中心数据库，在市区各地设置充值网点，安装发卡终端和发卡充值应用程序，实现卡片的发放、充值、解锁等功能。

4）WebGIS 系统实现

充电站（桩）只有在地理图形建立了模型，才能够完整准确地描述充电设施，管理系统与 GIS 平台之间通过数据库关联，集成 Web 和 GIS 功能，从而实现有效的管理。

GIS 服务提供数据服务和功能服务，数据服务通过服务接口向外提供空间数据，功能服务通过接口向外提供对空间数据的操作和处理功能。WEB 服务通过应用程序对业务数据处理，提供可以对外数据服务接口，对用户提供数据发布、浏览、查询、计算等应用。

GIS 服务功能通过 Web 技术发布 WebGIS 扩展接口，使 Web 系统可以整合 GIS 功能，Internet 用户可以通过网页查看充电桩的地理位置、充电状态、计费信息、业务处理软件分析计算结果和存储空间数据等，浏览 WebGIS 站点中的空间数据，进行各种空间数据检索和空间分析，实现空间数据的增值。

4. 系统应用

系统实现了对市区所有充电桩的充电信息进行监视，并提供充电桩远方参数批量设置、发卡充值、计费管理及相关数据的查询和统计分析等功能，地理图形信息有效地辅助和增强了充电设施管理，为充电桩的运营、维护管理部门提供了处理信息的协同作业平台，在可视化、直观化的环境下提高设备管理工作的效率。

构建基于 WebGIS 的统一的电动汽车充电体系信息管理平台，以满足电动汽车电能补给对移动性和多样性的要求，有利于充电网络建设统一规划，促进充电服务产业规范有序发展，有利于发挥规模效益，降低运营成本，形成区域内电动汽车充电业务及功能的互联互通，实现统一化管理。

7

电动汽车充电站（桩）规划设计

7.1 电动汽车充电站（桩）规划原则及建设

7.1.1 电动汽车充电站（桩）规划原则

电动汽车的发展包括电动汽车及其能源供给系统的研究和开发。能源供给系统是指充电基础设施，即供电、充电和蓄电池系统及能源供给模式。电动汽车充电技术作为一个新的科技领域，世界各国都置身于充电技术的研究，并拟制定充电技术标准，为未来企业发展占据先机。充电系统为电动汽车运行提供能量补给，是电动汽车的重要基础支撑系统，也是电动汽车商业化、产业化过程中的重要环节。在电动汽车充电系统中，充电站的建设需要根据电动汽车的充电需求，结合电动汽车充电模式进行相应的规划和设计。

电动汽车充电站作为电动汽车运行的能量补给站，是电动汽车商业化所必备的重要配套基础设施，充电站的建设将直接影响电动汽车产业的发展。要推动电动汽车市场的发展，充电站的建设速度必须与电动汽车推广相匹配。

电动汽车充电设施的建设是支撑电动汽车发展的重要环节，电动汽车与其充电设施是"发展"与"保障"的关系，电动汽车的发展，将带动充电设施的跟进；充电设施的建设，将有力保障电动汽车的发展。电动汽车的发展是充电设施建设的核心动力，充电设施建设是电动汽车发展的有力保障。这种相辅相成的互为依赖的关系，有效指引了充电设施的发展方向，即紧紧围绕电动汽车的发展，并适度超前建设，引导电动汽车发展。

与当地电动汽车配套的充电设施的完善程度也是电动汽车能否普及的关键因素。从目前情况来看，一座充电站可同时容纳 10～20 辆电动汽车充电，如果电动汽车的规模扩大，则要求必须有足够多的、方便的充电站，还要有相应的维修等辅助配套设施。

电动汽车充电基础设施的建设，首先是容量预测，即统计电动汽车的数量及预测，其次就是充电站布局规划的技术思路。电动汽车充电站布局包括"需求"和"可能性"两个因素。衡量充电站需求的主要指标是交通量与服务半径两个要素。决定可能性与否关键在于交通、环保及区域配电能力等外部环境条件与该地区的建设规划和路网规划。

1. 充电站分布与电动汽车交通密度和充电需求的分布应尽可能一致

（1）交通密度是指在单位长度车道上，某一瞬间所存在的车辆数，一般用"辆车道"表示。根据定义，密度基本上是在一段道路上测得的瞬时值，它不仅随时间的变化而变动，也随测定区间的长度而变化。为此，常将瞬时密度用某总计时间的平均值表示。该区域的电动汽车交通密度越大，说明在区域内运行的电动汽车数量越大，从而对充电站点的需求也会越大。

（2）充电需求是指一定数量的电动汽车在特定时间和特定地点对充电的需求，充电需求和交通密度密切相关，但又受到电动汽车运行方式的制约。例如，对于电动公交车来说，起（终）点站是充电需求区域，而企业班车以企业所在地为充电需求区域。充电站网点数量应与充电需求的分布尽可能保持一致，应与各区域的电动汽车交通密度成正比。

2. 充电站的布局应符合充电站服务半径要求

电动汽车充电站的分布可以参考建设部《城市道路交通规划设计规范》（1995）中的加油站服务半径规定，结合电动汽车自身的运行特点及各区域的计算服务半径按实际需要设定。由于各交通区域的交通密度不一样，因此，充电站网点密度的服务半径也各不相同。

电动汽车动力蓄电池的续驶能力是影响充电站服务半径的另一重要因素。目前，电动汽车动力蓄电池的理论单次充电行驶里程为 $150 \sim 200km$，实际上，考虑蓄电池的寿命老化、交通拥堵等现实因素，从保证电动汽车使用者连续行驶角度出发，充电站的服务半径应以电动汽车单次充电行驶里程 $100km$（甚至更短）计算。只有这样才能有效保障电动汽车的持续行驶能力。

3. 充电站的布局应满足城市总体规划和路网规划要求

充电站布局是对不同区域的充电站需求条件分析后得出的结果，但是，充电站的具体选址还须考虑其实施的可能条件。充电站的选址应结合地区建设规划和路网规划，以网点总体布局规划为宏观控制依据，经过对布局网点及其周围地区规划选址方案的比较，确定充电站的用地。

从长远考虑，充电站的布局应与城市规划和路网规划一起统筹规划。政府对充电站的建设应采取市场准入制度，根据城市发展规划及电动汽车推广应用情况对充电站布局建设做出科学规划安排，防止出现一窝蜂的重复投资现象，以减少投资浪费。

4. 充电站的布局应充分考虑本区域的输配电网现状

充电站的布局应充分考虑本区域的输配电网现状，电动汽车充电站运营时需要高功率的电力供应支撑，在进行充电站布局规划时，应与电力供应部门协调，将充电站建设规划纳入城市电网规划中。城市电网规划是城市电网发展和改造的总体计划。将充电站布局规划纳入到城市电网规划中，可以提高充电站电能供应的安全性和稳定性，为充电站运营提供可靠的电力供应保障。

充电站是中低压配电网的重要组成部分，其站址选择应兼顾电网规划的要求，并与电网规划、建设与改造密切结合，以满足电力系统对电力平衡、供电可靠性、电能质量、自动化等方面的要求，并结合变电站的建设、改造进行科学、合理的选址。

另外，由于电动汽车充电设备是一种非线性负荷，工作时产生的谐波电流很高，谐波注入电网会造成电能质量降低等负面影响。在充电站快速短时充电时，由于负荷变化太快，冲击电压也可能对电网造成影响。这些都需要在建设充电站时予以考虑。

未来的电力配送体系和充电站基础设施建设应能支撑电动汽车巨大的电能需求，同时，电动汽车充电量的需求也将影响着供电系统的运行方式及导线、开关电器和变压器等设施的选择，以保证供电系统安全运行。

5. 充电站规划应充分考虑电动汽车未来发展趋势

随着国家强力推动，电动汽车行业将会出现长足发展。在进行电动汽车充电站布局规划时，应充分考虑到电动汽车的推广应用对充电站建设的推动作用，规划应具有前瞻性和全局性，应留有潜力，能够适应未来数年内电动汽车的发展要求。

以充电机整流模块（PUM）设计为例，目前该模块的安装尚无相关标准，从技术上看，既可以安装在电动汽车内，也可集成于地面充电机内。作为充电设施供应商，从经济角度来说，当然希望将PUM安装在电动汽车内，这样可以简化充电机设计，并且降低生产成本。但在电动汽车内安装PUM将占用车辆空间，降低车辆的有效载荷，同时，这部分成本将转嫁到电动汽车使用者一方，提高了用户购车成本，不利于电动汽车的推广应用。

6. 电动汽车充电设施规划布局的原则

与燃料汽车不同，电动汽车在前期无市场需求的前提下，需要通过充电设施建设，促进需求的增加。随着充电设施的推进，考虑到电动汽车市场的变化等因素，应在时间与空间两个维度采取有针对性且有弹性的布局原则。

（1）时序上近远统一。近期以需求为导向，满足缺口地区设施需求，并主动引导电动汽车发展。远期依据市场反馈情况，作出互动选择。

（2）空间上科学合理。电动汽车充电设施为电动汽车运行提供能量补给，是重要配套基础设施，所以充电设施建设应形成网络，保证车辆在行驶范围内能及时快速找到充电站对车辆进行充电。

充电设施的规划在满足运营商的自身建设利益的同时，必须服从城市主要相关规划的安排，应与用地、交通、电力等主要规划相协调。充电设施的规划应符合环境保护和防火安全的要求，充电设施不应靠近有爆炸或火灾等潜在危险的地方，也要避开地势低洼和可能积水的场所。

电动汽车充电设施规划的技术路线是以科学指导电动汽车充电设施的规划布局为主线，通过对形势、政策、概念、案例、现状、规划等诸多要素的分析与解读，确保规划的目标—策略—布局—实施等关键环节的科学合理性，指导规划顺利实施。电动汽车充电站整体解决方案如图7-1所示。

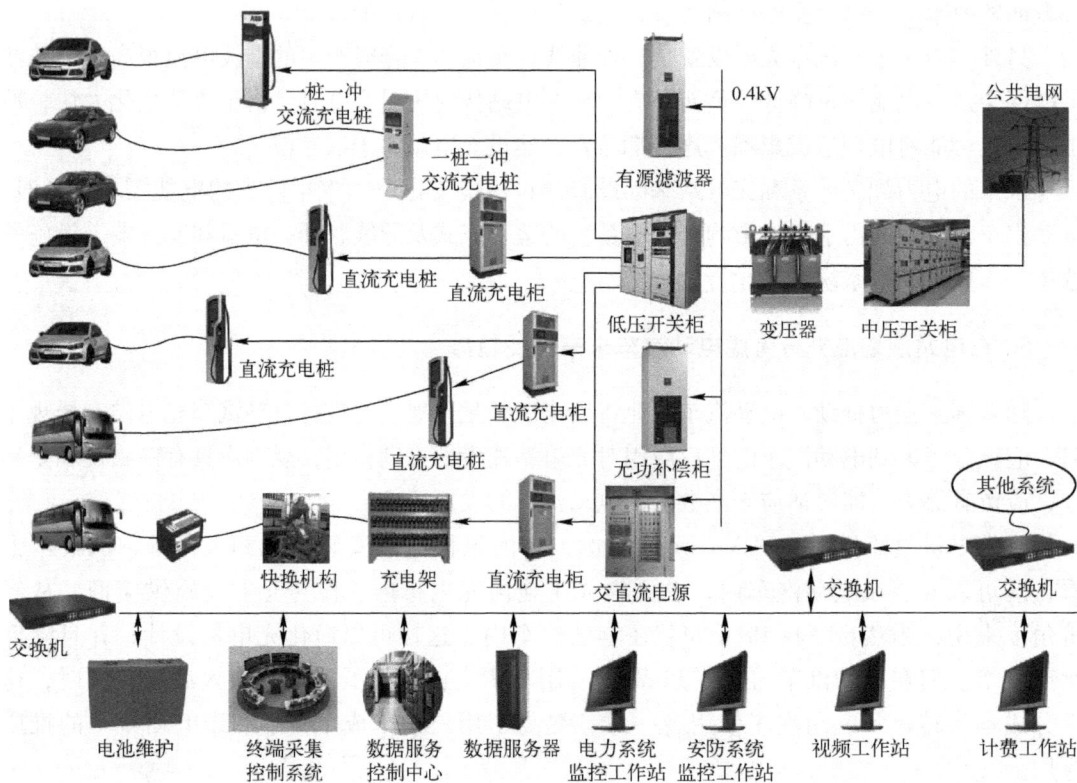

图7-1　电动汽车充电站整体解决方案

目前，我国电动汽车充电站规划建设面临的主要问题如下。

（1）规划理论不健全。电动汽车充电站建设规划布局理论尚未建立，各地的充电站建设尚处于定点示范建设阶段，没有建立车辆应用、电网规划、城市规划相结合的充电站布局选址理论。充电站建设规划与布局面临着供电能力、服务能力与城市用地紧张的矛盾。

（2）标准和协议不统一。国内及国际上尚未建立电动汽车充电站统一的充电电气接口和通信协议，国内与充电站建设设计、关键装备检验相关的标准处于研究初级阶段，尚未建立相应的标准体系；充电站建设、充电接口、通信协议国标尚未建立。北京、深圳、安徽相继出台了充电站建设相关的地方标准。

（3）检验平台尚未建立。作为充电站关键装备的充电机、蓄电池更换设备、充电站的总体技术状态检验、通信能力检测尚未建立国内统一的测试检验平台。

（4）运营管理不规范。充电站的运营管理处于起步阶段，尚未对其服务范围进行清晰定义，未建立成熟的运营管理模式。建设运营主体不明确已经成为电动汽车商业化应用的瓶颈问题之一。

7.1.2 电动汽车充电站（桩）建设

国外在充电站的建设方面走在前列，已形成政府主导，车企、电力公司合力开发的景象。在法国，以法国电力公司为主导的每年投入蓄电池、充电装置的研发预算超过 1.1 亿欧元（占该公司营业收入 0.05%）。目前，在巴黎设有几百个充电站，凡重要停车场都设有充电桩，配置有电动汽车充电的专用插头。

1. 充电站（桩）规划建设总则

（1）充电站（桩）设计应贯彻执行国家有关法律、法规、技术标准和节能环保政策，做到技术先进、安全可靠、经济合理、使用便利。

（2）充电站（桩）设计应立足电动汽车产业的技术现状，同时兼顾未来发展，做到远近结合、适度超前，并留有发展余地。

（3）充电站（桩）设计应积极采用节能、环保、免维护或少维护的新技术、新设备和新材料，严禁采用国家技术监督检验部门明令禁止的淘汰设备和材料。

（4）充电站（桩）设计应根据工程特点、负荷等级、设备容量、站址环境和节能环保等因素，合理确定设计方案。

（5）编制电动汽车充电站规划时，应开展对充电站电能充储一体化的可行性研究，并适时对 V2G 的可行性进行技术论证。

2. 充电站外部电力接入方式的影响因素

充电站的外部电力接入方式受到以下因素的影响：

（1）供电可靠性。供电可靠性是指供电系统持续供电的能力，是考核供电系统电能质量的重要指标，反映了电力工业对国民经济电能需求的满足程度，已经成为衡量一个国家经济发达程度的标准之一，充电站的外部电力接入在电力安全方面应满足供电可靠性要求。

（2）建设规模。电动汽车充电站的建设规模是指充电站的占地面积、电力负荷容量、电压等级、站内充电机的型号数量等。这些因素直接影响到外部电力接入的设备选型。充电站建设规模越大，对外部电力接入的要求也越高。

（3）建设成本。电动汽车充电站的建设成本是指充电站在投入使用前的所有建设费用和投入的总和。其中，外部电力接入的建设费用占有一定的比例。在保障供电运行可靠性和灵活性要求的基础之上，充电站的外部电力接入应选建设成本低、经济性好的电气接线方式及配电设备。

3. 充电站的经济困境与技术突破

（1）电网型快速充电站投入巨大，从纯投资项目而言基本没有回报，不能引起投资者的兴趣，也不可能全部由财政出资建设。建充电站呼声很高，市场规模和前景巨大，但进展并不理想，基本上都是财政在投资建，电网企业和社会资金并没有大规模进来。

（2）储能方案虽较电网直充方案节省大部分电网接入资金，但储能蓄电池的寿命短的问题一直没有很好解决，每2年就需更换蓄电池（折旧费用也十分巨大），基本上吃掉了充电站的全部经营利润，致使储能充电站后期运营成本居高不下，投资回报率较低，因而制约了储能充电站的大规模建设。

再生蓄电池技术出现可彻底解决上述问题，既解决了电网直充站投资过大的问题（投资减少数十倍），又大大降低了储能充电站后期维护费用高的问题（投资方不用再更换蓄电池）。投资回报率大大提高，超过发电、高速公路等传统高回报基础设施行业。同时，又没有前二者的行业壁垒，是国家鼓励的并可能获得国家财政补贴的新能源基础行业。

4. 各类充电站的外部电力接入方式

（1）独立设施。独立设施是指拥有数目较多且位置相对集中的充电终端，由专人专营的充电服务中心，类似目前的汽车加油站。因充电终端数目多，其停电影响比较大，可考虑由两回路电源供电，供电变压器亦应有两台（两台变压器不一定在同一变电所）。从供用电的安全可靠性及充电站投资成本两方面综合考虑，可采取双路高压电源进线单母线分段的外部电力接线方式。

（2）独立设备。独立设备是充电终端位置相对分散、兼作泊车用途的充电服务点，如居民小区停车场、社会停车场等处安装的充电设备。其供电可靠性要求要低于独立的充电设施，并且从实际情况考虑，往往不具备条件新建专门的供电变压器，只能利用原有的供电配套设施进行改造，必须根据充电设备安装点现有的负荷容量来考虑，包括谷电的负荷。具体方案应根据实际的供电设施、小区的建筑环境等具体情况来确定。

5. 充电站变配电设备典型配置

1）常规充电

（1）常规充电站的规模。根据目前电动汽车常规充电的数据资料，一般以20～40辆电动汽车来配置一个充电站。这种配置是考虑充分利用晚间谷电进行充电，缺点是充电设备利用率低。若在高峰时也考虑充电，则可以 60～80 辆电动汽车来配制一个充电站，缺点是充电成本上升，增加高峰负荷。

（2）充电站变配电设备的典型配置（前提充电柜具有谐波等处理功能）。

方案一：建设的变配电站设计 2 路 10kV 电缆进线，2 台 500kVA 变压器，24 路 380V 出线。其中，二路为快速充电专用出线，二路为机械充电或备用出线，其余为常规充电出线。

方案二：设计 2 路 10kV 电缆进线，设置 2 台 500kVA 用户箱变，每台箱变配 4 路 380V 出线，每路出线设置一台 4 回路电缆分支箱向充电柜供电。

2）快速充电

（1）快速充电站的规模。根据目前电动汽车快速充电的数据资料，一般以同时向 8 辆电动汽车充电来配置一个充电站。

（2）充电站变配电设备的典型配置。

方案一：建造的变配电站设计 2 路 10kV 电缆进线，2 台 500kVA 变压器，10 路 380V 出线，8 路直供充电站，两路备用。

方案二：设计 2 路 10kV 电缆线，设置 2 台 500kVA 用户箱变，每台箱变配 4 路 380V 出线，直供充电站。

3）机械充电

（1）机械充电站的规模。小型机械充电站可以结合常规充电站建设同时考虑，可以根据需要选择更大容量的变压器。一般以 80～100 组充电蓄电池同时充电配置一个大型机械充电站，主要适用于出租车行业或蓄电池租赁行业，一天不间断可给 400 组蓄电池充满电。

（2）大型机械充电站的变配电设备典型配置。变配电站设计 2 路 10kV 电缆进线，2 台 1600kVA 变压器，10 路 380V 出线。

4）便携式充电

（1）别墅。具备三相四线计量表计，独立的停车库，可以利用已有的住宅供电设施，从住宅配电箱专门敷设一路 $10mm^2$ 或 $16mm^2$ 的线路至车库的专用插座，来提供便携式充电电源。

（2）一般住宅。具有固定的集中停车库，一般要求为地下停车库（充电安全考虑），可以利用小区原有的供电配套设施进行改造，必须根据小区已有的负荷容量来考虑，包括谷电的负荷。具体方案应根据小区的供电设施、方案及小区的建筑环境等具体情况来确定。

6. 充电站设计要考虑的因素

电动汽车的动力来源于蓄电池。由于车载空间和重量所限，蓄电池的容量只能满足一定里程的要求，充电系统也就成为电动汽车进行电能补给的不可缺少的子系统。因此，在目前动力蓄电池提供的续驶里程有限的情况下，充电站的建设将直接影响电动汽车产业的发展。充电站建设应考虑功能性、技术要求、经济效益和社会效益等多方面因素。

（1）兼顾经济效益及社会效益。充电站作为一个商业运营单位，在进行建设论证期间，建设成本、运行成本必须予以充分考虑。

① 在电网规划时考虑电动汽车供充电需求，变配电站就近建设，同时考虑电网负荷平衡，在昼夜峰谷差较大区域，提高负荷利用率。

② 在进行整个区域的充电站规划时，不能只是计算建设单个充电站建设成本、运行成本及经济效益，还要综合考虑社会效益。

要推广普及电动汽车，就必须有配套完善的充电体系，保证电动汽车使用无后顾之忧，以增强公众对使用电动汽车的兴趣和信心。实现充电站经济效益和社会效益的双赢是电动汽车产业化和推广普及的关键。

（2）满足相关规范。充电站的主要功能是有效地完成电动汽车蓄电池的电能补给，为了顺利实现提供能量补给的功能，充电站的配电系统、充电系统、蓄电池调度系统和充电站监控系统的结构、设备性能和接口应满足相关规范。

（3）考虑通用性和扩展性。目前，电动汽车的动力蓄电池为多种类型并存，如铅酸蓄电池、锂离子电池、镍氢类电池等，即使同一类型的蓄电池，充电曲线及使用性能也不同。因此，充电站设计要保证功能完善、通用性及可扩展性。

（4）考虑充电智能化。如果充电站的使用规程繁琐，将限制电动汽车的推广使用。因此，充电站的充电设备应操作简单、安全，降低对车辆驾驶人员的要求，保证不具备相关的专业知识的车辆驾驶人员能安全使用。

（5）满足安全要求。设备和人身的安全是充电站设计必须充分保证的，安全性的范围不仅包括站内设备，如变配电设备和充电设备，而且还包括被充电设备，如电动汽车、蓄电池，特别是包括充电工作人员、汽车驾驶员。

（6）满足环保要求。充电站的运行必将对周围环境带来一定的影响，如电磁干扰、噪声、安全危害等。进行充电站设计时，须尽量减小充电站给周围环境带来的负面影响，保证满足本区域的环保要求。此外，在有电子测量仪器等敏感设备的地方，充电站是否会影响这些设备的正常运行也是需要考虑的。

7.2 电动汽车充电站(桩)对电网的需求及电气系统

7.2.1 电动汽车充电站（桩）主要用电负荷及对电网的需求

1. 充电站用电负荷分级

充电站主要用电负荷包括充电机、监控装置、通风装置、站内其他动力设备及照明设施等。根据 GB50052-2009 和《关于加强重要电力用户供电电源及自备应急电源配置监督管理的意见》（电监安全［2008］23 号）中对电力用户性质划分的有关规定，按照充电站在经济社会中占有的重要程度，划分为下列两类电力用户：

（1）在政治上具有重大影响，或中断供电将对社会公共交通产生较大影响，在一定范围内造成社会公共次序严重混乱、造成企事业单位较大经济损失的充电站属二级电力用户。

（2）不属于二级电力用户的其他充电站为三级电力用户，充电桩为三级电力用户。

2. 充电站对供电电源的要求

属于二级电力用户的充电站宜由两回路中压供电电源供电，两回路中压供电电源宜引自不同变电站，也可引自同一变电站的不同母线段。每回路供电线路应能满足100%用电负荷的供电要求。属于三级电力用户的充电站由单回路中压供电电源供电。

1）电网直充站对电网的要求

电网直充站是指将电网电能直接对电动汽车进行充电，电网输入功率略大于充电站输出功率。一般每路100kW，具有12个快速充电桩的大型充电站需要2000kW的中压专用供电线路。具有4个充电枪的小型充电站需要500kVA的专用变压器。电网直充站供电的特点如下：

（1）电网专线功率较大，投资较高，电网及充电站设备资源利用率较低，尤其是前期电动汽车较少的情况下，绝大部分时间都在闲置，充电站投资难以收回。

（2）对电动汽车进行快速充电的功率是间歇的，充电时为全功率100kW输出，不充电时又一点不用，充电时间也不确定，但从电能、高压线、变压器、充电站内设备和场地等众多资源都得时刻准备着，设备和功率资源浪费严重。

（3）用电高峰重叠，不能消峰平谷。

2）储能充电站对电网的要求

储能充电站是指平时将电网电能储存在储能蓄电池中，为电动汽车充电时，主要由蓄电池提供电能。储能充电站可以使用较小的输入功率，平时可以连续使用这些小功率电能进行蓄电，需要时以储能蓄电池为主向电动汽车提供快速充电功率，电动汽车较少时可以利用夜间低谷电能，电动汽车较多时，随用随充，电网的利用率非常高，电网电能输出小而连续。储能充电站的特点如下：

（1）电网输入功率远小于储能充电站的输出功率，即通过储能蓄电池的缓冲放大，储能充电站输出功率比电网输入功率大50~10倍。原计划2000kW专线的直充站只需500kW变压器即可，基本不用架设专用供电专线，节省了大量电网投资。原计划2000kW的专网可以扩展满足10 000~20 000kW的充电需要而不必有任何改动。

（2）可以夜电昼用，既能消峰平谷，又能增加经济效益。

小型储能充电站前期仅需要30~100kW的普通三相电，即可输出功率达500kW，满足同时为4辆电动汽车快速充电的需要。由于不需要专用供电线路，建站成本大为降低，具有经济投资价值，因而可以大量在城区、郊县和高速公路设置。小型储能充电站可以设计成厢式结构，便于移动，也可以设计成移动充电车，提供应急充电服务。

如果建设具有总功率为500kW的4路小型储能充电站，则完全不用架设专线，部分地段甚至不用增加变压器，利用现有变压器即可。夜间使用100kW低谷电力充电，电动汽车较少时可完全使用蓄电池电能，电动汽车较多时，在白天可适当给蓄电池补充20~50kW的电能。

7.2.2　电动汽车充电站（桩）电气系统

充电桩只是充电站电气系统的一部分，完整的充电站电气系统包括供电系统、充电系统、监控系统三大部分。充电站供电系统主要为充电设备提供电源，主要由一次设备（开关、变压器、线路等）和二次设备（检测、保护、控制装置等）组成，并配备有源滤波装置消除谐波，以稳定电网，提高电能质量。

1. 供电系统标准

1) 供电电源要求

（1）充电站应采用10（20）kV电压等级供电。

（2）交流充电桩应采用380V或220V电压等级供电。

（3）直流充电桩应采用380V电压等级供电。

2) 电能质量要求

（1）供电电源电压偏差应符合，10（20）kV及以下三相供电的电压偏差不得超过标称电压的±7%。220V单相供电的电压偏差不得超过标称电压的+7%、-10%。

（2）频率偏差不得超过±0.2Hz。

（3）公共电网谐波电压的限值要求：10（20）kV三相电压总谐波畸变率小于5%、380V三相电压总谐波畸变率小于4%。

（4）保证在最大负荷运行时，变压器10（20）kV侧功率因数不低于0.95。

3) 电气计量要求

需要测量和计量能效的部分包括：变压器高低压侧进线、充电机回路、充电桩供电回路。准确度要求应符合GB/T50063-2008和DL/T5137-2008的规定。

2. 电动汽车充电站配电方案

大型电动汽车充电站主要由配电站、充电工作区及营业厅等组成，总建筑面积一般超过1500m²，主要配备大型直流充电桩、中型直流充电桩、小型直流充电桩及交流充电桩，可同时按快充或慢充方式，为多台电动公共汽车、电动大客车、电动小客车等提供充电服务。大型电动汽车充电站配电方案如图7-2所示。

大型电动汽车充电站配电系统的安全可靠非常重要，一般采用双路常供、单母线分段接线的供电方式，同时，通过软件优化设计，优化低压配电方案，在各级变配电之间实现选择性保护和后备保护，确保电动汽车充电站供电连续性的同时，提升配电系统的安全性和极限分断能力。

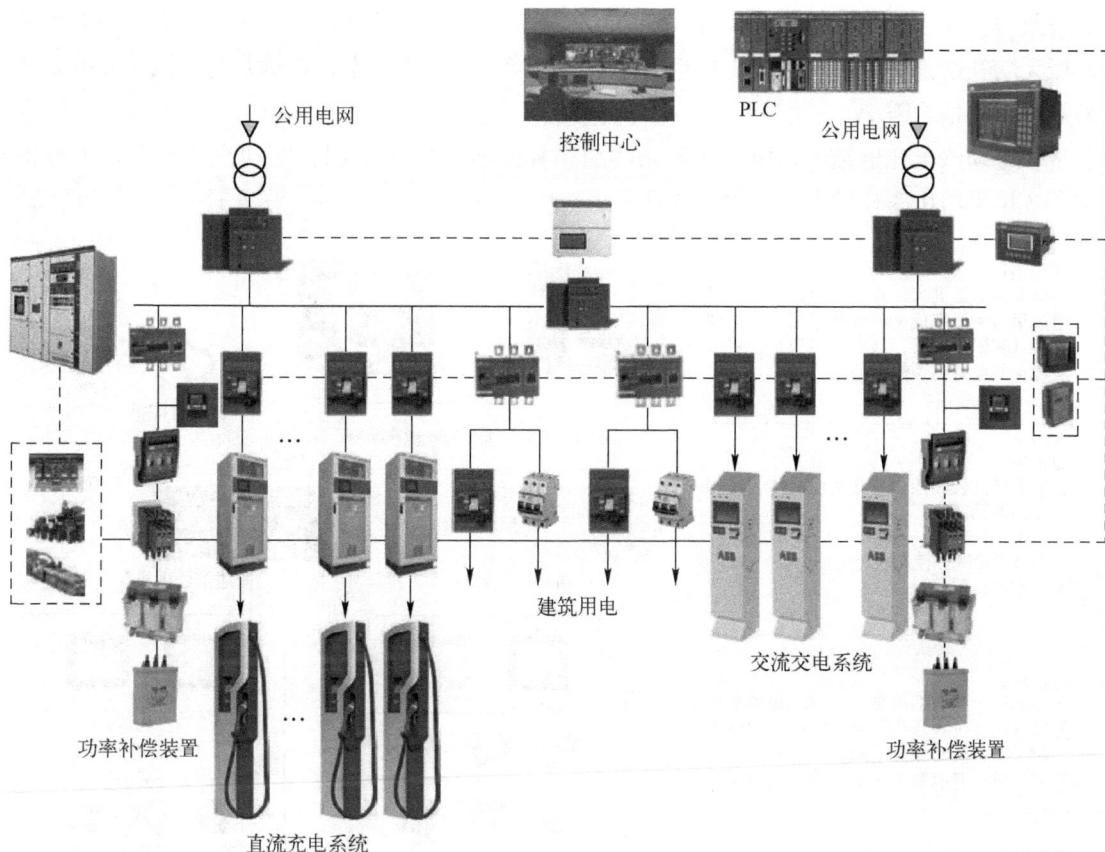

图 7-2　大型电动汽车充电站配电方案

大型电动汽车充电站采用双路进线，单母线分段接线，设进线柜、有源滤波无功补偿柜、出线柜，两段母线之间设分段联络柜。中型电动汽车充电站采用双路进线（一主一备），单母线接线，设进线柜（带计量）、有源滤波无功补偿柜、出线柜，备用电源进线柜（带计量）。

3. 电动汽车充电站智能配电监控方案

电动汽车充电站智能配电监控系统作为充电站监控系统的组成之一，需满足配电系统的保护、控制、监测、通信等要求，实现对整个充电站电力系统的监控和管理，包括配电监控、充电机监控、烟雾监控等，可对整个充电站设备的运行参数和设备状态进行实时监测和控制，并实现数据的采集、统计和打印，以及历史记录的查询和报警。电动汽车充电站智能配电监控方案如图7-3所示。

4. 电动汽车充电站配电无功补偿方案

在中大型电动汽车充电站中，非线性负荷（如直流充电桩等）多，功率因数低，对无功补偿需求较大。采用无功补偿手段不仅提高供电系统的稳定性，同时也为企业带来一定的经济效益。选用无功补偿装置，可按不同工况下非线性负荷的比例，为用户提供不同的整体低压无功补偿方案，在设计时应选用高品质的电能质量治理方案，以满足电动汽车充电站设备对电能质量的需求。

在电动汽车充电站中，RC/RCR 无功功率补偿器被广泛采用，电动汽车充电站配置的 RC/RCR 无功功率补偿方案如图 7-4 所示。

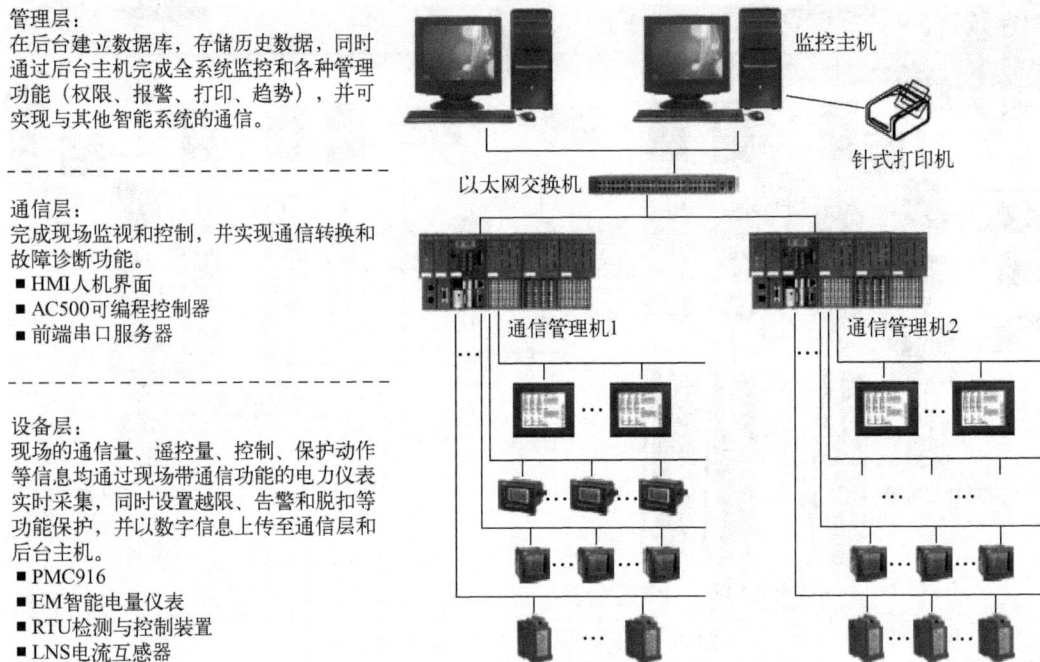

管理层：
在后台建立数据库，存储历史数据，同时通过后台主机完成全系统监控和各种管理功能（权限、报警、打印、趋势），并可实现与其他智能系统的通信。

通信层：
完成现场监视和控制，并实现通信转换和故障诊断功能。
- HMI人机界面
- AC500可编程控制器
- 前端串口服务器

设备层：
现场的通信量、遥控量、控制、保护动作等信息均通过现场带通信功能的电力仪表实时采集，同时设置越限、告警和脱扣等功能保护，并以数字信息上传到通信层和后台主机。
- PMC916
- EM智能电量仪表
- RTU检测与控制装置
- LNS电流互感器

监控主机

针式打印机

以太网交换机

通信管理机1　　　通信管理机2

图 7-3　电动汽车充电站智能配电监控方案

RC/RCR 无功功率补偿方案具有以下特点：

（1）7% 电抗率，主要用于三相非线性负载的无功补偿，抑制 5 次及以上谐波。

（2）14% 电抗率，主要应用于单相非线性负载的无功补偿，抑制最低 3 次谐波。

（3）易于选型，标准步长及容量为 15 - 30 - 45kV。

（4）多种优势元件，功率因数控制器、熔断器、接触器、电抗器、电容器等，构筑完美电网质量，安全可靠。

（5）投切决定以基波为准，不受谐波影响。

（6）RCR 方案具有消谐和保护电容功能。

5. 电网谐波限值要求

充电站在设计时应重视非线性用电设备对公用电网电能质量产生的影响，并应采取积极有效的防范措施，减小或消除谐波分量。如不能达到国家有关标准规定的谐波控制要求，应采取有效的谐波治理措施。电动汽车充电机产生的谐波分量应满足 GB 17625.1 - 2003 和

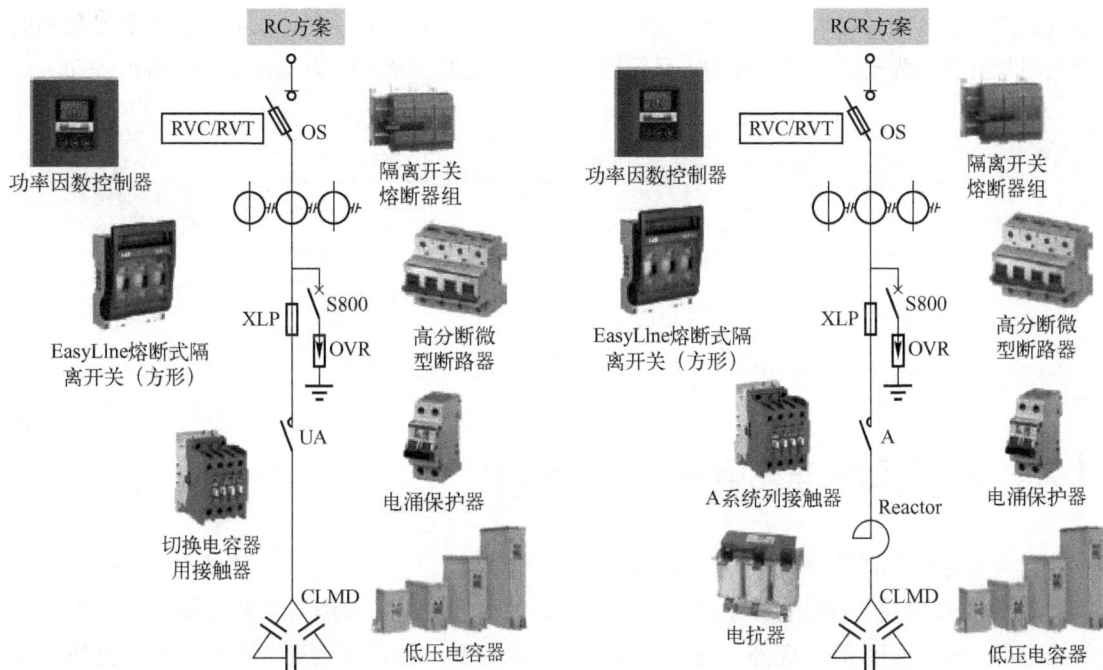

图7-4　电动汽车充电站配置的 RC/RCR 无功功率补偿方案

GB/Z 17625.6-2003 中的规定。

减小谐波常用的技术措施如下：

（1）增加充电机整流装置的脉波数。

（2）加装交流滤波装置。

（3）平衡三相用电负荷。

（4）由容量较大的系统供电。

6. 电动汽车充电负荷计算

将每一辆电动汽车充电负荷曲线累加，可得到总充电负荷曲线。充电负荷计算的难点在于分析电动汽车起始充电时间和起始 SOC 的随机性。充电负荷计算以天为计算单位，时间间隔精确到分钟，全天共 1440 分钟。第 i 分钟总充电负荷为所有车辆在此时充电负荷之和，总充电功率可表示为

$$L_i = \sum_{n=1}^{N} P_{n.i} \tag{7-1}$$

式中，L_i 为第 i 分钟总充电功率，$i = 1, 2, \cdots, N$ 为电动汽车总量；$P_{n.i}$ 为第 n 辆车在第 i 分钟的充电功率。

按充电需求将第 n 辆电动汽车的第 j 种充电行为定义为 $S_{n.j}^{NC}$ 或者 $S_{n.j}^{C}$。第 1 类充电行为 $S_{n.j}^{NC}$，无充电时长的约束，充电过程持续到蓄电池充满；第 2 类充电行为 $S_{n.j}^{C}$，有充电时长约束，在充电时段结束时无论是否充满均停止充电。以私家车为例，在单位停车场和居民停车场充电可

有较长的充电时间，电动汽车蓄电池能够充满电，为第 1 类充电行为；在商场、超市停车场的充电时长有限，为第 2 类充电行为。私家电动汽车充电地点及充电类型如图 7-5 所示。

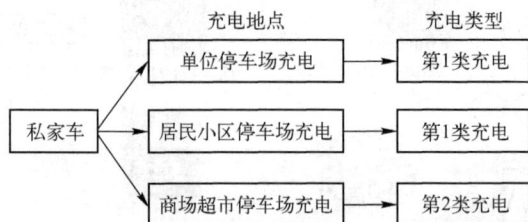

图 7-5　私家电动汽车充电地点及充电类型

7.2.3　电动汽车充电站配电系统设计

在充电站的基础设施方面，需配备电力输入设备及线路（接口与缆线）、快速充电器（机）、电能输出设备及线路（接口与缆线）、动力蓄电池性能检测与诊断仪器、专用灭火器材及电动汽车零配件等。此外，还应与电动汽车动力蓄电池供应商通力合作，为有更换需要的电动汽车提供备用动力蓄电池。

在电动汽车充电站配电系统设计时，必须正确选择供电系统中导线、开关电器及变压器等设施，以保证供电系统的安全运行。需要准确分析电动汽车的电能需求，这对未来不同区域的电力配送、负荷预测具有重要意义。因此，在设计充电器（机）时，应以电动汽车动力蓄电池的充电功率需求为基础。同时，充电站建设必须考虑每台充电机所需的功率，按照电动汽车充电运行机制及每台车辆功率需求变化曲线进行分析，最终根据市场上电动汽车的类别与运行规律规划充电站建设和对应的充电模式。此外，借助先进的计算机与网络技术，进行充电站通信网络的设计与建设，实现充电站运行与管理的智能化，也是一项有意义的工作。

配电系统为充电站的运行提供电源，它不仅提供充电所需电能，也是整个充电站正常运行的基础。电动汽车充电站的电力负荷级别确定为 2 级，采用双路供电，不配置后备电源。配电电压：380V/220V。充电机采用三相四线制 380V 供电，照明采用单相 220V 供电。电动汽车充电站变电与配电设备推荐如下：

（1）1000kVA 及以下容量可采用箱式变，单母线供电。

（2）1000kVA 以上容量采用普通变电室，环网供电。

（3）10kV 变压器可采用环保型蒸发冷却整流变压器。

（4）可采用十二脉冲整流变压器＋整站谐波处理的方式，也可采用带有源功率因数校正的充电机，达到谐波抑制的目的。

（5）10kV 侧配置配电监控装置，监视电压、电流、电量及谐波。

1. 配电变压器选择

配电变压器可分为干式配电变压器和油浸式配电变压器，充电站的配电变压器类型可根据工程实际情况选定。配电变压器应采用节能环保型配电变压器，在满足消防条件下，宜优先选用油浸式配电变压器。单台配电变压器的额定容量不宜大于 1600kVA，装有两台及以上配电变压器的二级电力用户充电站，其中任意一台配电变压器退出运行后，剩余配电变压器容量应能满足全部二级用电负荷的用电。

推荐电动汽车充电站选用 SC（环氧树脂浇注包封式）干式配电变压器。环氧树脂干式配电变压器具有良好的电气和机械性能、较高的耐热等级，是一种可靠的、安全性的环保、节能型新产品，能适应多种恶劣环境。

充电站配电变压器台数的选择应满足负荷对供电可靠性的要求，若采用集中式充电，在小区设立蓄电池经营店（运营模式类似于水站送饮用水），则有必要选用 2 台配电变压器保证充电站的高可靠性。2 台配电变压器高压进线取自不同变电站，或同一变电站的不同母线段。若电动汽车充电站像加油站一样较为普及，则只需 1 台配电变压器即可，充电站的可靠性的降低由充电站的数量来弥补。若在小区建充电站，可考虑利用小区配电变压器而不另设配电变压器，以减少投资。

根据《供配电系统设计规范》第 7.0.7 条，在 TN 及 1rr 接地型式的低压电网中，推荐采用 Dyrm 接线组别的配电变压器。条文解释中说明 Dynll 接线有利于抑制高次谐波。若充电站采用 TT 接地型式，应选用 Dynll 接线的变压器。若经过技术经济比较，可采用移相式变压器。对于属于三级电力用户的充电站，可选用两台绕组结线分别为 Dyn11 和 Yyn0 的配电变压器，以减小谐波对公用电网的影响。

2. 配电室位置及配电变压器的容量选择

配电室的位置选择原则是：考虑电源的进线方向，配电室的位置应偏向电源侧；进出线方便；不应妨碍充电站的发展，要考虑扩建的可能性；设备运输方便；尽量避开有腐蚀性气体和污秽的地段；室外配电装置与其他建筑物、构筑物之间的防火间距符合规定。

配电系统的容量应包括动力用电、监控和办公等用电，采用单进线单配电变压器时，整个充电站需要的配电容量即全部用电设备的用电量 $S_C = S_1 + S_2$。其中，S_1 为动力用电量，S_2 为照明及办公用，并应留有一定的容量裕度。

3. 配电系统运行方式及主要设备配置

1）配电运行方式

对于两路 10kV 进线的充电站，单线进线容量不小于充电站所需容量；正常工作时，高低压侧母线分段断路器均断开，两路电源通过 2 台独立配电变压器输出，各承担 50% 的负荷；当任一母线失去电源时，通合上分段断路器从另一供电线路取得电源；配电室设有照明、消防电源；每路低压母线应配置相应的谐波抑制与无功补偿装置；配电系统继电保护及自动装置应满足电力行业标准和规定的要求。

充电站的动力 380V 配电系统宜采用单母线或单母线分段接线，向同一台充电机供电的两个低压线路应分别接入变压器两个低压移相绕组。其他三相用电应尽量均衡分配在低压侧两个绕组中，照明等单相用电设备应接于星形结线的绕组侧，各单相负荷应尽量平衡配置。

选用的配电变压器为星形绕组时，低压配电系统采用 TN – S 接地系统；选用的配电变压器为三角形绕组时，低压配电系统采用 IT 接地系统。

两台及以上配电变压器低压进线和联络断路器之间应设置机械闭锁和电气联锁装置，低压进线断路器宜具有短路瞬时、短路短延时、长延时三段保护功能，并具有接地保护功能。低压进线断路器宜设置分励脱扣装置，不宜设置失（低）压脱扣装置。充电站内容量较大或重要的用电设备，宜采用放射式供电。

2）主要设备配置

对于电动汽车充电站，配电室有 2 路 10kV 电源进线，通过变配电设备供给充电机，并满足照明、控制设备的用电。在高压侧装设高压计量柜，低压侧采用中性点直接接地的三相四线制配电系统，还应提供独立的接地回路。10kV 母线、0.4kV 母线均采用单母线分段的主接线形式，通过分段断路器实现互备用。在配电变压器低压侧装设谐波抑制与无功补偿装置，配电室必须配备相关消防设施。

充电站的变配电系统配置的主要设备有：谐波抑制及无功补偿装置各 2 套；10kV/0.4kV 干式配电变压器 2 台；10kV 高压开关柜（高压配电装置宜采用组合电器开关柜）、0.4kV 低压开关柜（低压开关柜宜采用金属封闭抽出式开关柜，含断路器和隔离开关）；开关柜宜选用小型化、无油化、紧凑式、免维修或少维护的电气设备、继电保护装置、自动装置。

当单台油浸式配电变压器额定容量为 630kVA 及以下、干式配电变压器额定容量为 800kVA 及以下，配电变压器回路宜采用负荷开关—熔断器型式。当单台油浸式配电变压器额定容量为 630kVA 以上、干式配电变压器额定容量为 800kVA 以上，配电变压器回路应选用带保护功能的断路器。

4. 配电主接线设计

对充电站配电主接线有下列基本要求：

（1）安全，应符合国家标准有关技术规范的要求，能充分保证人身和设备的安全。

（2）可靠，应符合电力负荷对供电的可靠性要求。

（3）灵活，能适应各种不同的运行方式，便于切换操作和检修，且适应负荷的发展。

（4）经济，在满足上述要求的前提下，尽量使主接线简单，投资少，运行费用低，并节约电能和有色金属消耗量。

当任一配电变压器或任一条电源线路停电检修或发生故障时，通过备自投装置自动闭合母线分段开关，即可迅速恢复对整个充电站的供电。根据实际要求和条件也可简化主接线，如采用桥式接线。

上述配电设计方案适用于大负载功率的充电站，安全系数高、可靠性好，在实际工程中应该对充电站服务对象进行具体分析、设计：

（1）示范区车辆。结合示范区的电网建设，考虑在变电站附近建设充电站。

（2）集团车队。可在停车场建立用户配电室，按照内部车辆类型提供各类电源。

（3）社会车辆。根据车辆的不同特点，建设可靠性高的社会运营的大功率充电站，或充分利用现有的配电资源，就近建设充电站。

（4）微型车辆。利用现有的低层电网资源，在自行车停车场、社区服务中心、公共场所、配电间（站）等附近建设交流充电桩。

7.2.4　充电机容量计算及充电桩配电系统

1. 充电机容量计算

单台充电机输出容量为

$$P = U_n \times I \tag{7-2}$$

单台充电机输入容量为

$$S = P / \eta \cos\varphi \tag{7-3}$$

式中，P 为单台充电机的输出功率；S 为单台充电机的输入容量；$\cos\varphi$ 为充电机功率因数，取 0.9；η 为充电机效率，取 0.9。

充电站内充电机输入总容量为

$$S_{\Sigma} = K(S_1 + S_2 + \cdots + S_n) = K\left(\frac{P_1}{\eta_1 \cos\varphi_1} + \frac{P_2}{\eta_2 \cos\varphi_2} + \cdots \frac{P_n}{\eta_n \cos\varphi_n} \right) \tag{7-4}$$

式中，P_1、P_2、$\cdots P_n$ 为各台充电机的输出功率；S_{Σ} 为充电机的输入总容量；$\cos\varphi_1$、$\cos\varphi_2 \cdots$ $\cos\varphi_n$ 为各台充电机的功率因数，取 0.9；η_1、$\eta_2 \cdots \eta_n$ 为各台充电装置的效率，取 0.9；K 为充电机同时工作系数，取 0.8。

2. 充电桩配电系统

（1）充电桩的低压配电系统应采用 TN–S。

（2）向充电桩供电的低压断路器应具有短路保护和剩余电流保护功能，其剩余电流保护的额定动作电流为 30mA，动作时间不大于 0.1s。

（3）向充电桩供电的低压断路器宜带有分励脱扣器附件。

（4）成组布置的交流充电桩宜采用链式供电。

（5）交流充电桩的配电系统应尽量做到三相负荷平衡、各相负荷矩相等。

（6）直流充电桩宜采用放射式，也可采用链式供电。

（7）在新建停车场设置充电桩时，充电桩的计算负荷应纳入配电变压器总容量中。

（8）在已建成停车场设置充电桩时，应对配电站现有配电变压器进行容量校验，对配电装置进行校核。

当不能满足以上要求时，应采取相应的技术改造措施。直流充电桩解决方案如图 7-6 所示。交流充电桩解决方案如图 7-7 所示。

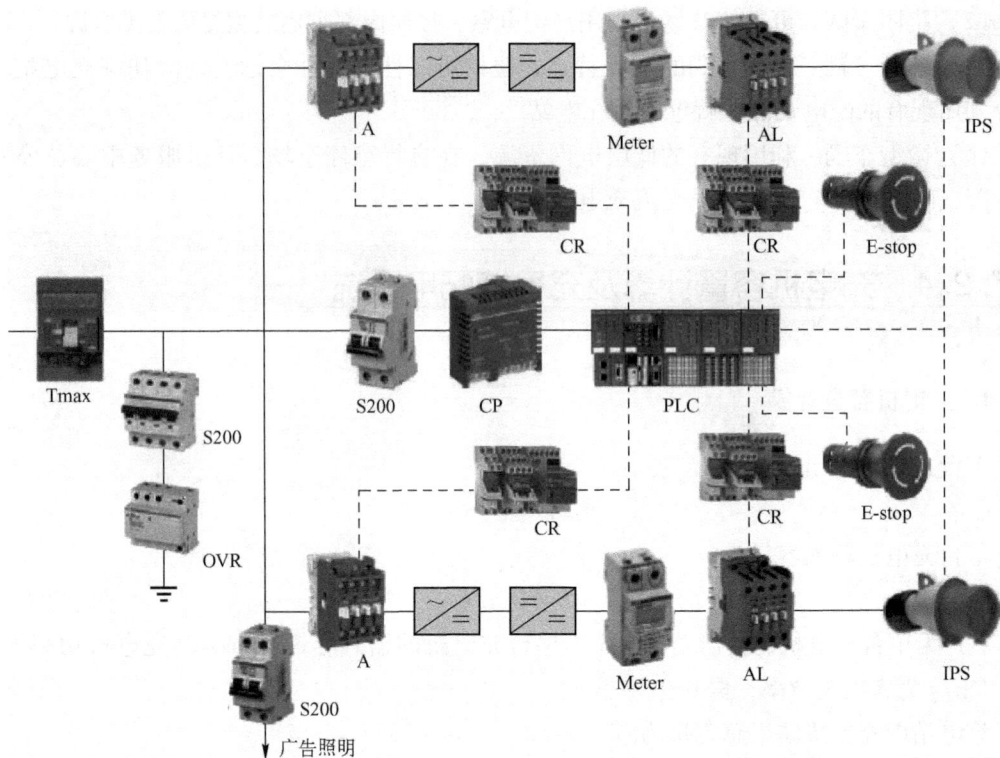

图 7-6　直流充电桩解决方案

3. 配电线路及敷设

（1）配电线路和控制线路宜采用铜芯导体。

（2）高低压电力电缆宜选用交联聚乙烯绝缘类型，照明及插座用导线宜选用聚氯乙烯绝缘护套电线。

（3）有较高柔软性要求的回路，应使用橡皮绝缘电缆。

（4）低压配电系统为 TN–S 时，宜选用五芯电缆，电缆中性线横截面积应与相线横截面积相同；低压配电系统为 IT 时，可选用带 PE 保护线的四芯电缆。

（5）用于三相电气设备的电力电缆，其外护套宜采用钢带铠装类，用于单相负荷及直流负荷的单芯电缆，其外护套不应采用导磁性材料铠装。

（6）低压电缆截面应满足在最大电流工作时，导体载流量的要求，并应校验线路允许电压降，以满足电气设备的正常工作。

（7）为便于低压供电线路引入、引出充电桩，低压线路的横截面积不宜大于 $120mm^2$。

（8）向成组布置的交流充电桩供电的低压电缆总长度，应保证电缆线路正常泄漏电流不使剩余电流保护装置发生误动作。

（9）单芯电缆不宜单根穿钢管敷设，当需要单根穿管时，应采用非导磁管材，也可采用经过磁路分隔处理的钢管。

交流充电桩解决方案一

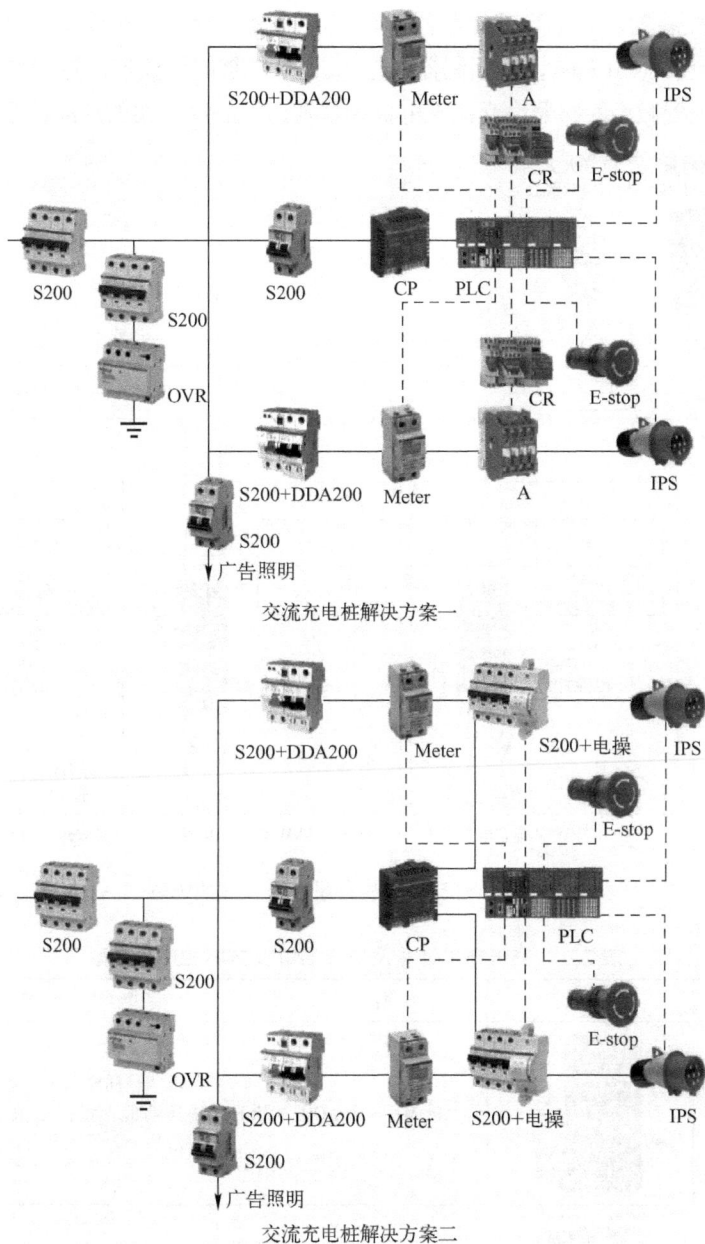

交流充电桩解决方案二

图7-7 交流充电桩解决方案

7.2.5 充电桩计量及监控解决方案

1. 交流充电桩

交流充电桩计量及监控解决方案如图7-8所示。交流充电桩的功率一般为7kW左右，总进线回路配置电能质量分析仪，对整个充电桩供电回路电能质量进行监测。进线回路同时设置电气火灾监控装置，充电管理控制器负责充电计费控制。单相导轨式交流电能表用于充电电能计量，电能数据由充电管理控制器通过 RS—485 通信口读取。进线侧配置带漏电保护断路器，充电侧配置微型断路器。交流充电桩计量及监控解决方案的产品选型见表7-1。

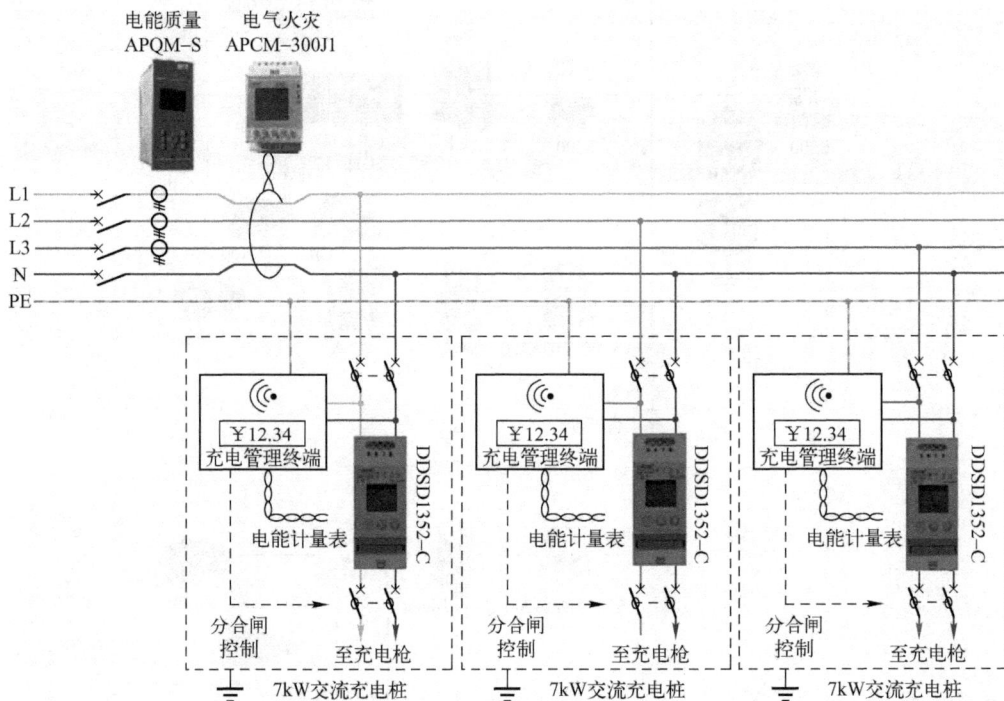

图7-8 交流充电桩计量及监控解决方案

表7-1 交流电桩计量及监控的解决方案的产品选型

设 备 名 称	图 片	型 号	主 要 功 能
电能质量检测装置		APQM—S 或 ACR330ELH	单三相回路输入，稳态、暂态数据监测，统计功能，指标越限及记录，设置功能，通信功能，开入和开出
电气火灾监控装置		ARCM—300J1	单回路剩余电流监测，3 路温度检测，1 路继电器输出 LCD 显示，RS—485/Modbus 协议
单相导轨电能表		DDSD1352—C	电流规格 10（60）A，可编程，复费率电能统计，电能脉冲输出，RS—485 通信接口，Modbus 协议或 DL/T645 规约

2. 小型电动轿车直流充电桩

小型电动轿车直流充电桩计量及监控解决方案如图7-9所示。小型直流充电桩的功率一般为12kW左右，总进线回路配置电能质量分析仪，对整个充电桩供电回路电能质量进行监测。进线回路同时设置电气火灾监控装置，接入火灾监控后台系统。充电回路采用三相供电，其进线配置带漏电保护的微型断路器。充电管理控制器负责外部人机接口、充电控制、读取直流电能表的电能数据、控制直流充电输出断路器的分合闸等。嵌入式直流电能计量表配合外置霍尔传感器或分流器实现对充电电能的计量，采用霍尔传感器与分流器相比，能具有更高的安装便利性和电气安全性能。小型电动轿车直流充电桩计量及监控解决方案的产品选型见表7-2。

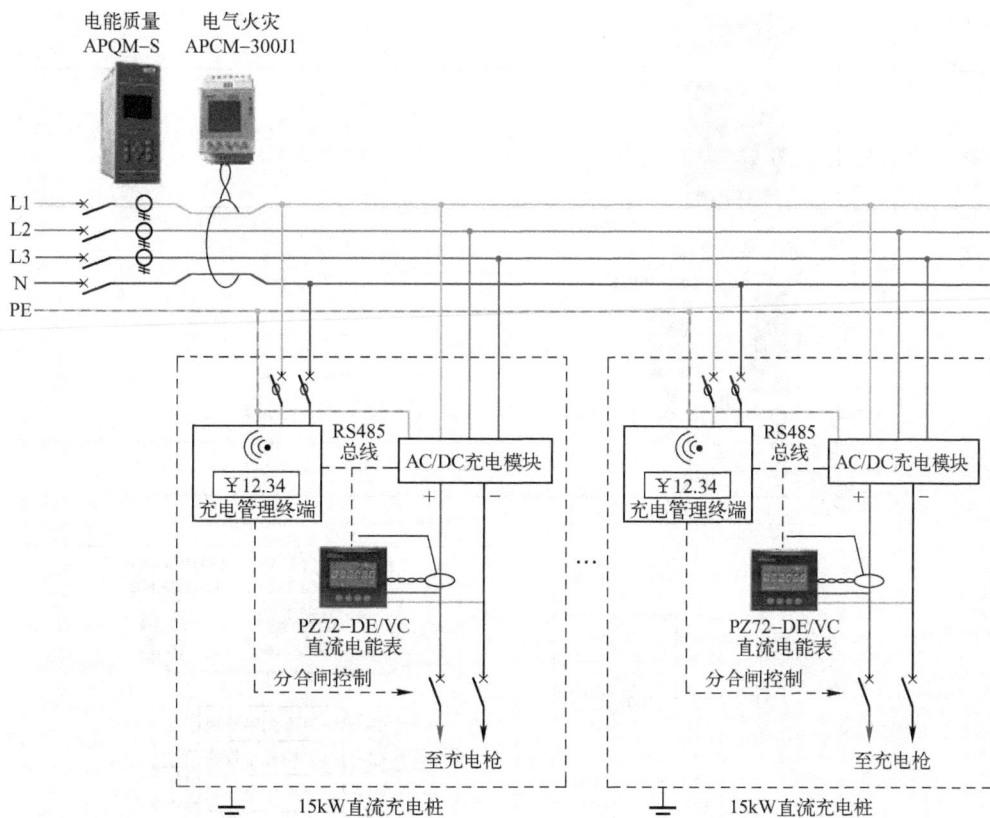

图7-9 小型电动轿车直流充电桩计量及监控解决方案

3. 电动巴士充电桩

电动巴士充电桩计量及监控解决方案如图7-10所示。电动巴士直流充电桩的功率较大，通常为200kW左右，总进线回路配置电能质量分析仪，对整个充电桩供电回路电能质量进行监测。同时，设置电气火灾监控装置，充电回路采用三相供电，其进线采用交流塑壳断路器。三相主回路配置剩余电流继电器，提供间接接触的触电保护。

表 7-2　小型电动轿车电流充电桩计量及监控解决方案的产品选型

设 备 名 称	图　片	型　号	主 要 功 能
电能质量检测装置		APQM—S	单三相回路输入，0~31 次谐波检测，间谐波、故障录波，稳态、暂态数据监测，统计功能，指标越限及记录，以太网通信功能
电气火灾监控装置		ARCM—300J1	单回路剩余电流监测，3 路温度检测，1 路继电器输出，LCD 显示，RS—485/Modbus 协议
嵌入式安装电能表		PZ72L—DE/VC	直流（U、I、kW、kWh），LCD 显示，DC12V 供电输出口，RS—485/Modbus 协议
霍尔电流传感器		AHKC—BS（30A）	孔径：20.5×10.5，输入 30A，输出 5V，工作电源 12V

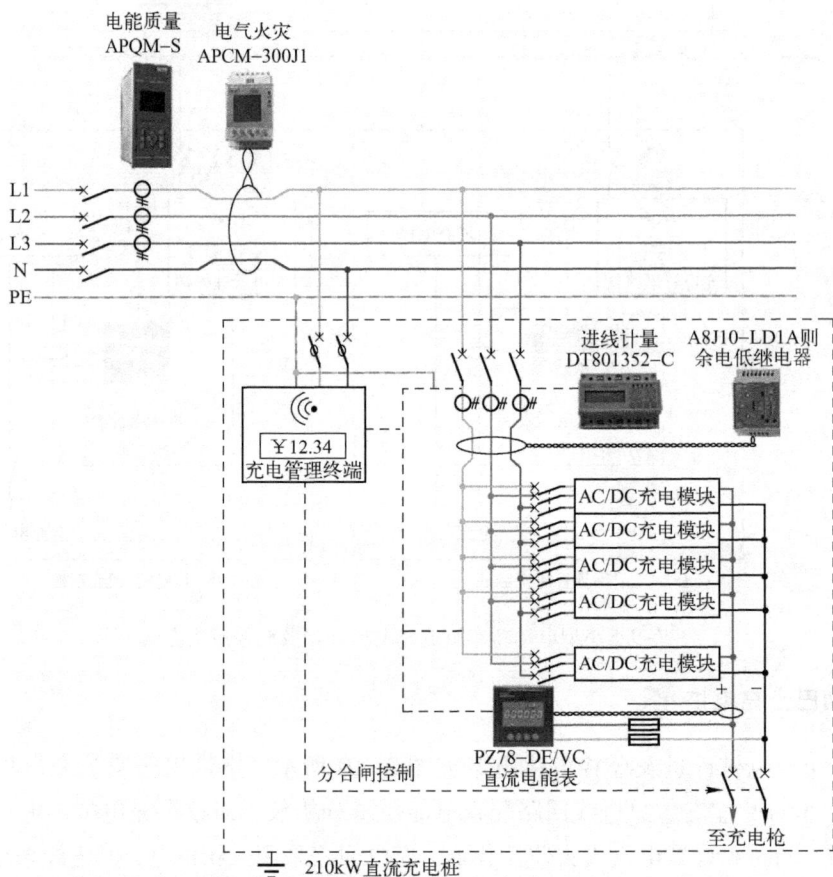

图 7-10　电动巴士充电桩计量及监控解决方案

由于此类充电桩消耗功率大，应在其三相交流回路配置导轨式电能表，用于计量总电能，配合直流电能表对整个充电站的运行效率进行监控。充电管理控制器负责外部人机接口、充电控制、读取直流电能表的电能数据、控制直流充电输出断路器的分合闸等。电动巴士充电桩计量及监控解决方案的产品选型见表7-3。

表7-3 电动巴士充电桩计量及监控解决方案的产品选型

设备名称	图片	型号	主要功能
电能质量检测装置		APQM—S	单三相回路输入，0~31次谐波检测，间谐波、故障录波，稳态、暂态数据监测，统计功能，指标越限及记录，以太网通信功能
电气火灾监控装置		ARCM—300J1	单回路剩余电流监测，3路温度检测，1路继电器输出，LCD显示，RS—485/Modbus协议
嵌入式安装电能表		PZ72L—DE/VC	直流（U、I、kW、kWh），LCD显示，DC12V供电输出口，RS—485/Modbus协议
霍尔电流传感器		AHKC—LT（300A）	孔径：22.5，输入300A，输出5V，工作电源12V
导轨式三相电能表		DTSD1352—C	LCD显示，全电参量测量（U、I、P、Q、PF、F、S）；四象限电能计量，复费率电能统计，最大需量统计；电流规格1.5（6）A、5（20）A、10（40）A、20（80）A可选，RS—485/通信接口、Modbus协议或DL/T645规约可选
剩余电流继电器		ASJ10—LD1A	1路A型剩余电量测量；30%，50%，70%，TRIP棒状LED指示；10种额定剩余动作电流可设定；10种极限不驱动时间可设定；互感器断线报警指示；两组继电器输出（一组常开，一组转换，均可设定）；具有就地远程"测试""复位"功能

7.2.6 充电站选址及充电桩设置

1. 充电站选址及布置

1）充电站选址
充电站的选址应结合城市电动汽车发展规划统筹考虑，并与配电网现状和近远期规划相结合，充电站的供电电源应满足充电站对供电可靠性的要求，对充电站电能质量控制应满足供电网对电能质量的要求。

（1）充电站应便于供电电源的取得，宜接近供电电源端，并便于供电电源线路的进出。

（2）公共充电站应选择在进出车便利的场所，宜选择在城市次干道路旁，不宜选择在支路和交叉道路路口附近，充电站的进出口应与城市次干道路相连。

（3）当电动工程抢修车、电动营销车数量较多时，应设置专用充电站，专用充电站应设置在专用车辆的停车场内。

（4）新建充电站应充分利用临近的道路、交通、给排水、消防等市政公用设施。

（5）充电站应满足环境保护和消防安全的要求，与其他建筑物、构筑物之间的防火间距应满足GB50229—2006《火力发电厂与变电站设计防火规范》、GB50016—2006《建筑设计防火规范》的有关要求。

（6）充电站不应设在有爆炸危险环境场所的正上方或正下方，当与有爆炸危险的建筑物毗邻时，应满足GB50058《爆炸和火灾危险环境场所电力装置设计规范》的要求。

（7）充电站不应设在有剧烈振动或高温的场所，不应设在多尘、水雾或有腐蚀性气体的场所，当无法远离时，不要设在污染源风向的下风侧。

（8）充电站不应设在浴室或其他经常积水场所的正下方，安装电气设备的功能性用房不应与上述场所贴邻。

（9）充电站不应设在室外地势低洼、易积水的场所和易发生次生灾害的地点。

（10）充电站应预留一定的备用场地。

2）充电站布置

（1）总体布置

① 充电站的总体布置应便于电动汽车出入及停放，保障站内人员和设施的安全。

② 充电区的入口和出口至少应有两条车道与站外道路连接，充电站应设置缓冲距离或缓冲地带，附设电动汽车等候充电的停车道，以便于电动汽车进出。

③ 充电区单车道宽度不应小于3.5m，双车道宽度不应小于6m。转弯半径按照电动汽车类型确定，且不宜小于9m；道路坡度不应大于6%，且坡向站外。

④ 充电机应靠近充电区设置，电动汽车在停车位充电时不应妨碍站内其他车辆的充电与通行。

⑤ 充电区应考虑安装防雨、雪设施，以保护站内充电设施，并方便进站充电的电动汽车驾乘人员。

（2）电气布置

① 充电站电气设备的布置应遵循安全、可靠、适用的原则，并便于安装、操作、搬运、检修、调试。电气设备的布置应符合GB50053《10kV及以下变电所设计规范》和GB50054《低压配电设计规范》的规定。

② 高压开关柜、配电变压器、低压开关柜、充电机、监控装置等应安装在各自的功能性房间内，且应设在建筑物的首层，以便于运输和安装。

③ 低压开关柜与充电机之间、充电机与充电区停车位之间应尽量靠近。

④ 当受到建设场地限制时，低压开关柜与充电机可安装在同一房间。或将配电变压器与低压开关柜设置在同一房间，配电变压器应选用干式，且外壳防护等级不低于IP20。

⑤ 当受到建设场地限制时，变配电设施与充电机可设置在户外组合式成套配电站中，其基础应适当抬高，以利于通风和防水。

⑥ 配电变压器室不宜与控制中心贴邻布置或位于正下方，不能满足时应采取防止电磁干扰措施。

2. 充电桩设置

交流充电桩为车载充电机提供交流电能。直流充电桩为电动汽车蓄电池组提供小容量直流电能。充电桩宜设在停车场内，根据当地电动汽车发展规划，按照停车位设置一定比例的充电桩。充电桩应设置在停车位旁，并靠近供电电源侧。安装在室外的充电桩外壳防护等级不低于IP54，其桩体外壳应选用绝缘材料。

7.3 电动汽车充电站设计方案

7.3.1 大中型电动汽车充电站设计方案

为了适应城市和城市间的电动汽车的推广应用，建立多个大、中、小型电动汽车充电站是必然的。充电站的设计和布局必须体现"节能、环保、安全、方便和有利于电网供用电"的原则。假如建设一次可为12辆或8辆大型以锂离子电池为动力的电动大巴（大型公交车、豪华大巴）同时充电，并附设中、小型充电设施，则这个充电站主要应有以下设备。

1. 充电机

选用12台充电机，每台充电机最高充电电压为700V（相当于165只最高充电电压为4.2V左右的锂离子电池单体串联电压），最大充电电流为350A（相当于700Ah蓄电池容量的0.5C充电率），最大输出功率为245kW，输出功率可在20~245kW范围内调节。

12台充电机平常按单机充电方式充电，在快速充电时，可用6台充电机并联充电，最大输出功率为1470kW，最大充电电流为2100A（相当于700Ah蓄电池用量的3CA充电率）。或者用8台充电机为8辆电动汽车充电，每台输出最高充电电压为700V，最大充电电流为500A（相当于700Ah蓄电池用量0.7CA的充电率）。4台并联时最高充电电压为700V，最大充电电流为2000A（相当于700Ah蓄电池用量的3CA充电率）。

目前，1~3CA的快速充电模式仍在在探讨应用中，在确保蓄电池的安全和使用寿命的前提下进行。未来会有应用新材料、新技术生产的蓄电池能适合大电流快速充电模式。

节能型高频开关充电机无论单机或并联充电，均能按被充蓄电池的实际要求设置最高充电电压和电流，在充电中能根据蓄电池的变化，自动调整投入功率，使充电机效率始终保持最高状态。所以，虽然充电机功率大，富裕量大，能适应各种容量的蓄电池组充电，但不会浪费能源。

上述大功率节能型高频电源充电机支持 1~3CA 的快速充电。另外，在充电站内可以附加配置 20kW 以下至 500W 左右的中、小型充电器若干只，总功率应为 100kW 左右。

2. 配电变压器

按照上述充电机、充电器的最大功率配置，加上充电站内的车辆检修、洗车、照明、空调等方面的用电，配电变压器有效总功率约为 3300kW。可选用 2 台 1600kVA 配电变压器，工作时按实际需要投入功率，以减少配电变压器的空载损耗。

对为大型公交电动汽车、警用电动汽车、电动抢修车等充电的较重要的充电站，宜采用两回线路供电方案，确保充电站供电的可靠性。

3. BMS 和智能化充电计费系统

上述大功率节能型高频电源充电机单台工作时都和 BMS 有互动信号接口，并联工作时，充电状态的调节与监控均受主控充电机的指挥。智能化充电计费系统是一台充电机一套，均能自动计费、开据，也可与充电站"收银台"计算机联网。几台充电机并联工作时，计费量为并联充电机各台计费量的总和。

4. 配电、充电间

配电、充电间是充电站的核心土建设施，一般应 $\geq 160m^2$（$8m \times 20m$）的面积，内部净高度不宜低于 4m。充电的大型电动汽车，可排列在充电间墙外两侧。

5. 配套设施

一个大、中型充电站，应有较完整的配套设施：停车场、门卫、收银台、控制中心、办公室、配件部、检修车间、蓄电池储备更换车间、洗车房、驾驶员休息室、厕所等。充电站平面图（供参考）如图 7-11 所示。

6. 占地面积

按以上布局，一个大、中型充电站占地面积为 5 亩左右。城市内或公交公司内的充电站，配套设施可以减少，占地面积可以小一些。

7.3.2　箱式电动汽车快速充电站

1. 充电站基本结构

使用市电的箱式电动汽车充电站外形图如图 7-12 所示。无电网区采用风光互补方式

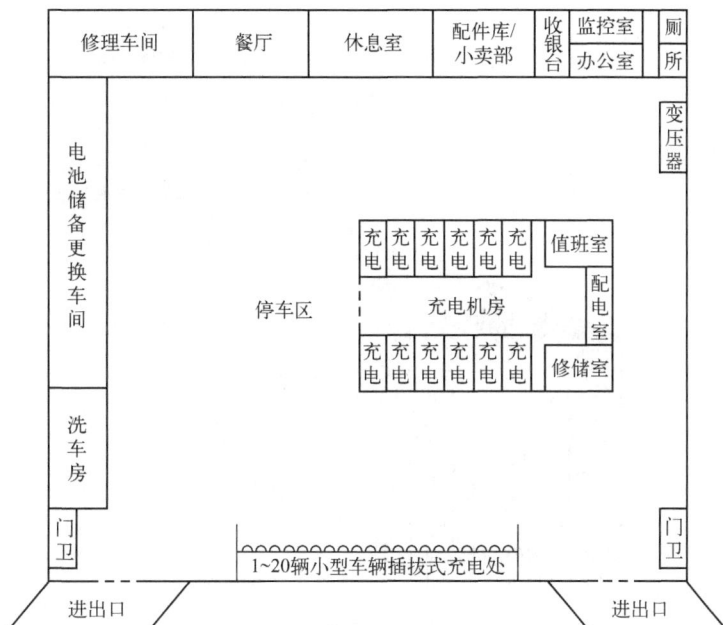

图 7-11　充电站平面图

的箱式电动汽车充电站外形图如图 7-13 所示。箱式电动汽车快速充电站由初级一次侧充电机（为再生储能蓄电池充电）、储能蓄电池、次级二次侧快速充电机（为电动汽车充电）、再生蓄电池检修机、计费控制系统、线缆配电系统、机房组成。

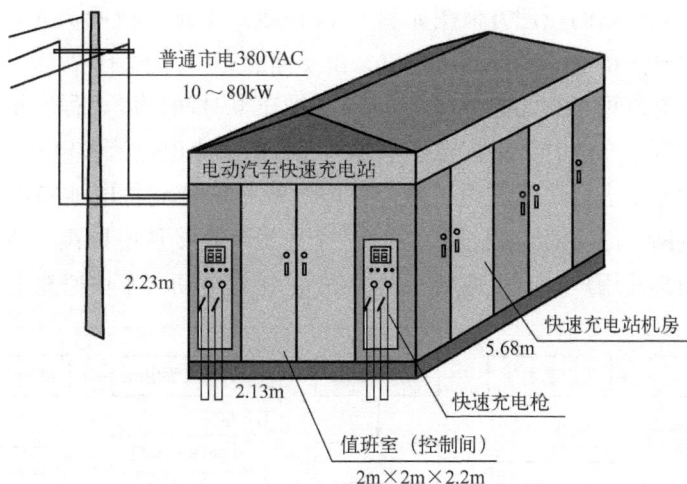

图 7-12　使用市电的箱式电动汽车充电站外形图

　　箱式电动汽车快速充电站的机房采用密封和恒温设计，机房内设有值班办公间，方便风雨和恶劣天气使用。充电费用按实际充电量计算，非常方便。箱内设备采用模块式设计，配有再生蓄电池专用维修设备。充电站采用第一次现场拼装，之后像集装箱一样可以根据需要进行整体移动。偏远公路和用电无保障地域可采用太阳能和风能等形式，原理相同。

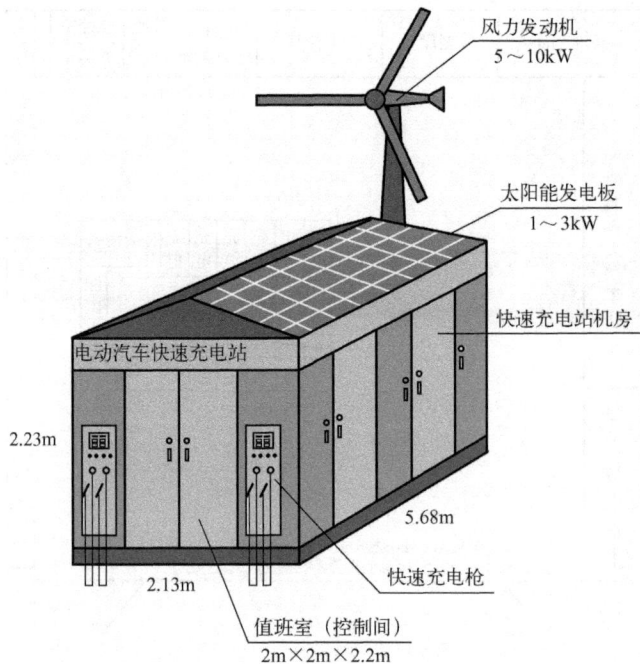

图 7-13　无电网区采用风光互补方式的箱式电动汽车充电站外形图

2. 工作原理

箱式电动汽车充电站的原理方框图如图 7-14 所示。平时（夜间优先）电网电力通过初级一次侧充电机向再生蓄电池进行储能充电，由于储能充电时没有时间要求，因而可用小电流慢速充电，充电电流可根据蓄电池电量自动安排充电时间，最大程度地使用夜间低谷电力。当需要为电动汽车充电时，根据电动汽车的允许最大充电电流和电压，通过次级二次侧快速充电机向电动汽车进行快速充电，由于充电过程是从储能蓄电池向电动汽车"倒电"，而不是直接取自电网，因而对电网没有任何干扰（如果直接从电网高功率取电，会严重干扰电网，不仅影响其他用户，而且威胁电网设备）。箱式电动汽车快速充电站参数见表 7-4。

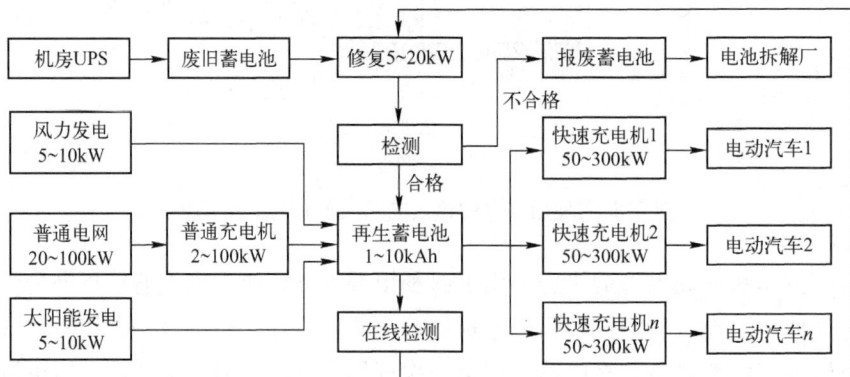

图 7-14　箱式电动汽车充电站的原理方框图

表7-4　箱式电动汽车快速充电站参数

项　　目	参　　数
输入电压	三相四线，380VAC/DC
输入功率	10～60kW 或 5～10kW 风力、太阳能电站
输出电压1	200～400VDC（可扩展到600VDC）
输出电压2	30～60VDC（可扩展到250VDC）
输出电流	10～600A（恒流可调）
适用蓄电池	铅酸蓄电池、锂离子电池、镍氢蓄电池和超级电容器等蓄能装置
计费方法	kWh/元计量收费
输入输出隔离电压	大于2500VAC

3. 箱式电动汽车快速充电站应用场所

（1）公共停车场。停车场是社会充电站设置的最佳地方之一，交通方便、出入方便。可在停车场租用一个车位，可以预留2个充电车位（由于是短时充电，甚至都不用专用充电车位，按充电车数交一定费用即可）。

（2）大型购物中心。此地设置箱式电动汽车快速充电站必然会受到购物中心欢迎，充电的人会顺便购买商品（在哪里买都是买，正好利用充电的10～20分钟购物），这样，可与购物中心实现双赢。

（3）可停车的路边地。城市停车越来越难，许多非主干道，都被允许用来临时停车，由于箱式电动汽车快速充电站占用的地方非常小（小于20m²），可供箱式电动汽车快速充电站放置的位置非常多，并且根据需要进行随时移动。

（4）高速路服务区。在高速路服务区设置几座箱式电动汽车快速充电站，就可连接周边城市。数量不多，但意义很大，它将大大增加电动汽车用户的信心。

（5）居住小区。这是最贴近用户的地方，虽然小区内可以设置许多慢速充电桩，但有急事需要外出是几乎每个人都可能遇到的事情，慢速充电站必须与快速充电站结合起来才能发挥作用。

（6）单位、写字楼等。一般单位与写字楼都有停车场地，单位购置箱式电动汽车充电站不仅可为本单位的电动汽车服务，也可为本单位员工的电动汽车服务，当然也可允许社会车辆快速充电。

（7）特殊景区，重要国道、偏远公路和用电无保障地域，设置采用太阳能和风能等能源的箱式电动汽车快速充电站。

（8）改装部分应急充电车，对因电能耗尽抛锚路边的电动汽车进行应急充电。

7.3.3　基于V2G技术和储能技术的电动汽车充电站电气系统解决方案

基于V2G技术和储能技术的电动汽车充电站电气系统解决方案，不但能为电动汽车蓄电池提供充电、换电，还能扩展为分布式储能电站，其具有开放、互动、智能的充放电管理，将使具有储能电站功能的充电站成为智能电网的重要组成部分。

基于 V2G 技术和储能技术的电动汽车充电站的供电系统主要为充电设备提供电源，主要由一次设备（包括开关、变压器及线路等）和二次设备（包括检测、保护、控制装置等）组成，并专门配备有源滤波装置消除谐波，稳定电网。

1. V2G 技术

V2G 是 Vehicle－to－grid 的简称。它描述的是这样的一个系统：当混合电动汽车或是纯电动汽车不运行的时候，通过联接到电网的双向逆变器将能量输给电网，反过来，当电动汽车的蓄电池需要充电时，由电网提供电能给蓄电池充电。V2G 的核心思想在于电动汽车和电网的互动，利用大量电动汽车的储能源作为电网和可再生能源的缓冲。

当电网负荷过高时，由电动汽车储能源向电网馈电，而当电网负荷低时，用来存储电网过剩的发电量，避免造成浪费。通过这种方式，电动汽车用户可以在电价低时，从电网买电，电网电价高时向电网售电，从而获得一定的收益。

当电动汽车作为负荷时，可以通过技术手段和经济手段合理安排充电时间，实现有序充电管理，达到移峰填谷的效果，提高系统运行效率，减少对电网安全的影响。而另一方面，当动力蓄电池作为储能装置时，可以将其作为系统的备用容量，或者在峰荷时向电网提供能量，优化电网运行。在这种背景下，V2G 的概念应运而生。

V2G 可以应用于所有的可网络化的车辆，如插电电动汽车（如蓄电池驱动电动汽车）或者插电混合动力汽车。因为大部分的电动汽车平均有 95% 的时间都是停泊着，它们的蓄电池可以将电能流向电网，这样每辆车每年大约可以创造 4000 美元的价值。

在美国，一个引人瞩目的 V2G 项目是由 University of Delaware，Dr. Willett Kempton 领导的小组正在进行一系列的研究。他们的目标就是 V2G 项目环境和商业的示范，以扩大产品市场。其他的投资商有 Pacific Gas and Electric Company、Xcel Energy、the National Renewable Energy Laboratory。在英国，研究该项目的是 University of Warwick。在中国，这项技术还不成熟。中国和美国签了关于这项技术的合作协议，因此，这项技术提高到了国际合作的战略高度。我国由国家科技部牵头实施了"十城千辆"计划，其目的就是推动电动汽车及相关技术在中国的使用和发展。

V2G 技术是智能电网技术的重要组成部分。V2G 技术的发展将极大地影响未来电动汽车商业运行模式。研究表明，与智能车辆和智能电网同步进展，插电式混合动力汽车（PHEV）和纯电动汽车（EV）将在 20 年之内成为配电系统本身不可分割的一部分，这需要提供储能，平衡需求，提高紧急供电和电网的稳定性。据研究显示，90% 以上的乘用车辆每天平均行驶 1 小时左右，95% 的时间处于闲置状态。将处于停驶状态的电动汽车接入电网，并且数量足够多时，电动汽车就可以作为可移动的分布式储能装置，在满足电动汽车用户行驶需求的前提下，将剩余电能可控回馈到电网。

在大规模应用 V2G 技术和智能电网技术之后，电动汽车蓄电池的充放电将被统一化。根据既定的充放电策略，电动汽车用户、电网企业和汽车企业将在利益上获得共赢。V2G

技术的一个特点是，能够将蓄电池的充放电进行统一部署，利用"在用电波谷时段充电，波峰时段售电"这一高效的充放电策略，使电动汽车用户、电网企业及汽车企业共享利益。

（1）对电动汽车用户而言，在实行浮动电价的前提下，选择在低电价时给车辆充电，高电价时将储存的能量出售给智能电网，利用其中的差价来获得补贴，降低电动汽车的使用成本。

（2）对于电网公司而言，电动汽车可作为可移动储能装置和调峰系统，在电力供应富余时充电，提高电力的利用效率，在用电紧张时放电，缓解用电压力，延缓电网建设投资，提高电网运行效率和可靠性。

（3）对于汽车企业而言，当前面临着电动汽车短时间内不能大量普及的困境，一个重要原因就是电动汽车的成本过高，V2G 技术的运用则能使电动汽车的使用成本有效降低，降低电动汽车用户的负担，反过来必然也将会推动电动汽车的大力发展，汽车企业也将会迎来新的发展契机。

V2G 作为一种构建电动汽车与智能电网之间互动关系的技术，具有重要的战略意义：

（1）电动汽车使用的规模化，能够直接降低汽车使用周期的 CO_2 排放。

（2）通过 V2G 技术，能够整合可再生能源，平衡电网峰谷负荷，从而提高能源的使用效率。

（3）V2G 技术还能够让电动汽车通过调峰来获取可观的经济效益。

通过 V2G 技术，可用电动汽车来存储风能和太阳能发出的电能，再稳定地送入电网。而且，如果这些车辆还能相互通信，并且做到能源智能化分享，那就能避免用电高峰给电网造成的压力。

2. X—DR 型非车载充电机

X—DR 型非车载充电机采用 V2G 技术，选用高频 IGBT 整流逆变模块，不仅能对动力蓄电池进行安全、快速充电，而且依靠控制器与后台系统通信，并将动力蓄电池的能量回馈到电网，完成电网与蓄电池之间的双向能量交换。X—DR 型非车载充电机采用高速 CAN 总线，保证通信的快速、可靠连接。X—DR 型非车载充电机原理图、实物图如图 7-15 所示。X—DR 型非车载充电机配置的交流充电桩主要为电动汽车提供慢充功能，输出为交流电，连接车载充电器。交流充电桩原理图、实物图如图 7-16 所示。

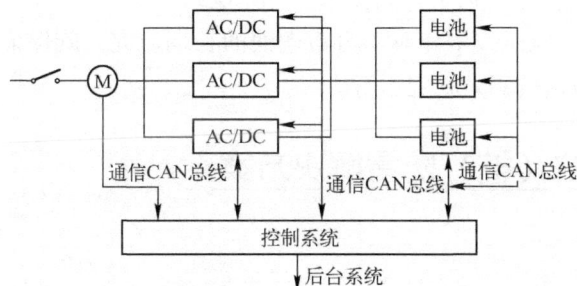

图 7-15　X—DR 型非车载充电机原理图、实物图

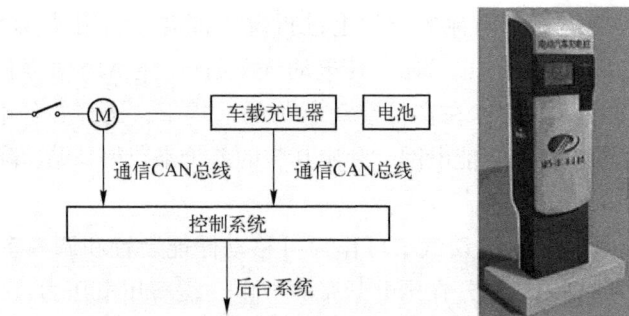

图 7-16　交流充电桩原理图、实物图

　　X—DR 型非车载充电机的充电监控系统由一台或多台工作站或服务器组成，可以包括监控工作站、数据服务器等，这些计算机通过网络连接，监控系统结构如图 7-17 所示。监控工作站提供充电监控人机交互界面，进行充电机的监控和数据收集、查询等工作；数据服务器存储整个充电系统的原始数据和统计分析数据等，提供数据服务及其他应用服务。

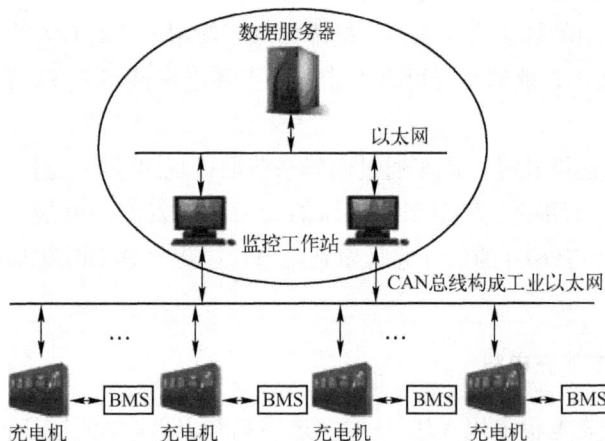

图 7-17　充电监控系统结构

　　基于 V2G 技术和储能技术的电动汽车充电站电气系统解决方案的主要技术优势如下：

　　（1）安全、高效、智能、互动的充放电管理系统，将使充电站真正成为智能电网的重要组成部分。

　　（2）成熟的输配电技术和优化的电能质量控制技术保证充电站安全、可靠并网运行。

　　（3）基于先进 V2G 技术、电力电子技术和对动力蓄电池的长期研究，既保证动力蓄电池高效的充电效率，又充分考虑电网的高效稳定运行。

7.3.4　电动汽车充电站（桩）防雷解决方案

1. 防雷设计标准

电动汽车充电站（桩）防雷设计标准：

（1）建筑物防雷设计规范 GB50057 – 2010。

（2）建筑物信息通信系统防雷技术规范 GB50343 – 2012。

（3）建筑物防雷—防雷装置保护、级别的选择 IEC61024 – 1 – 1。

（4）质量管理体系认证 ISO9001：2000。

（5）民用建筑电气设计规 JGJ/T16 – 92。

当防雷器安装于最终系统时，必须执行标准 GB4943（EN60950，IEC60950）的所有要求。

2. 充电站（桩）低压供电系统防雷设计

根据 GB50343 – 2004《建筑物信息通信系统防雷技术规范》中有关防雷分区的划分，针对重要系统的防雷应分为三个区，分别加以考虑。只做单级防雷可能会带来因雷电流过大而导致的泄流后残压过大，损坏设备或因保护能力不足引起的设备损坏。电源系统采用多级保护，可防范从直击雷到工业浪涌的各级过电压的侵袭。

电源防雷系统主要是为了防止雷电波通过电源线路而对用电设备造成的危害，为避免高电压经过避雷器对地泄放后的残压过大，或因更大的雷电流在击毁避雷器后继续毁坏后续设备，以及防止线缆遭受二次感应，应采取分级保护、逐级泄流原则。

（1）在充电站建筑物的电源总进线处安装放电电流较大的首级电源避雷器。

（2）在充电站建筑物的重要楼层或重要设备的电源进线处加装次级或末级电源避雷器。

为了确保遭受雷击时，高电压首先经过首级电源避雷器，然后再经过次级或末级电源避雷器，首级电源避雷器和次级电源避雷器之间的距离要大于 5 ~ 15m，如果两者间距不够，可采用带线圈（退耦）的防雷箱，这样可以避免次级或末级电源避雷器首先遭受雷击而损坏。

1）低压配电系统防雷器配置

（1）TN – C – S 系统防雷器配置。TN – C – S 是 TN – C 和 TN – S 两种系统的组合，第一部分是 TN – C 系统，第二部分是 TN – S 系统，分界面在 N 线与 PE 线的连接点。该系统一般用在建筑物有区域变电所供电的场所，进户线之前采用 TN – C 系统，进户处重复接地，进户后变成 TS – S 系统。

根据《低压配电设计规范》有关条文，在建筑电气设计中，若选用 TN 系统时应做等电位联结，以消除自建筑外沿 PEN 线或 PE 线窜入的危险故障电压，同时减少保护电器动作不可靠带来的危险，有利于消除外界电磁场引起的干扰，改善装置的电磁兼容性能。

TN – C – S 系统的 N 线（中线）和 PE 线（地线）在配电变压器的低压侧合为一条 PEN 线，此位置只需在相线与 PEN 线之间加装防雷器，在进入建筑物总配电屏后，PEN 线分 N 线和 PE 线两条进行独立布线，PEN 线接于建筑物内总等电位接地母排并入地。因此进入配电屏以后，N 线对 PE 线就需要安装防雷器，如图 7-18 所示，此时可选 ZYSPD40K385B/3、ZYSPD20K385C/4 系列防雷器。

（2）TN – S 系统防雷器的配置。TN – S 系统的 PE 线（地线）与 N 线（中线）在配电变压器的低压侧出线端相连并与大地连接。在后面的供电电路中 PE 线与 N 线分开布放，因

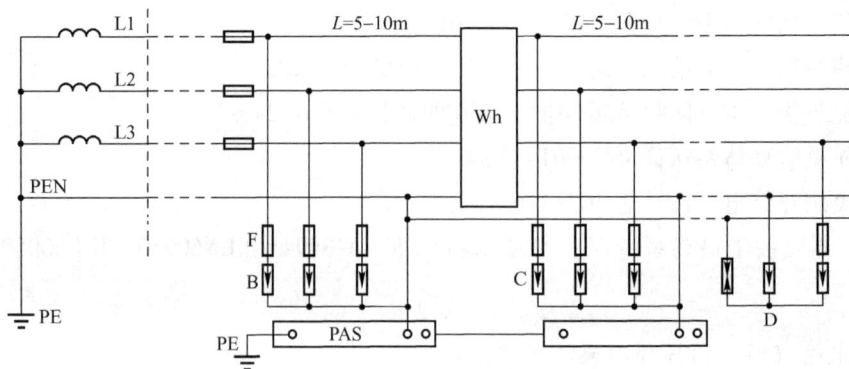

图 7-18　TN-C-S 系统防雷器配置图

此在选用和安装防雷器时需要分别在相线与 PE 线、N 线和 PE 线之间进行保护，如图 7-19 所示，此时，可选 ZYSPD40K385B/4、ZYSPD20K385C/4 系列防雷器。

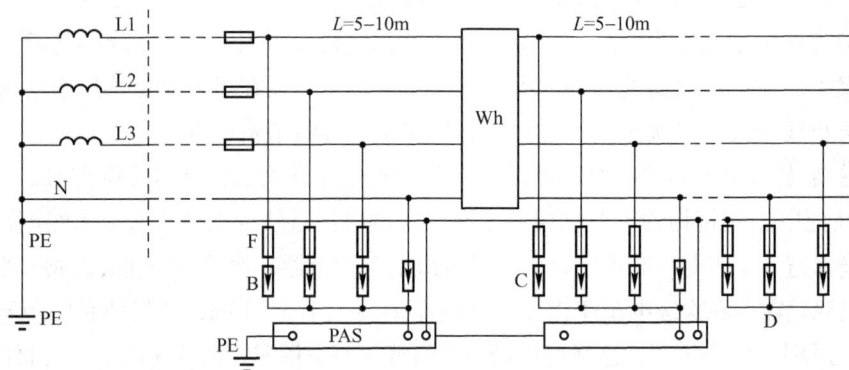

图 7-19　TN-S 系统防雷器配置图

（3）TT 系统防雷器的配置。TT 系统的 N 线（中线）只在变压器的中性点接地，与设备的保护接地是严格分开的，因此在选用防雷器时需要在相线与 N 线、N 线与地线之间进行保护，如图 7-20 所示，此时可选 ZYSPD40K385B/3 + NPE、ZYSPD20K385C/3 + NPE 系列防雷器。

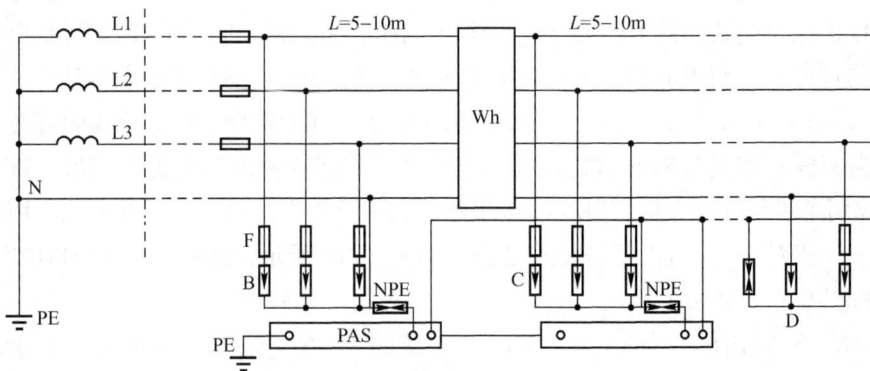

图 7-20　TT 系统防雷器配置图

2）供电系统的分级防护

（1）第一级电源防雷设计。在充电站配电变压器的低压侧安装电源SPD作为第一级保护时，应选用三相电压开关型电源SPD。其雷电通流量不应低于60kA，是连接在充电站供电系统入口进线各相和大地之间的大容量电源SPD。一般要求该级电源保护器具备100kA/相以上的最大冲击容量，要求的限制电压应小于1500V，称为CLASSI级电源SPD。

CLASSI级电源SPD是专为承受雷电和感应雷击的大电流和高能量浪涌能量吸收而设计的，可将大量的浪涌电流分流到大地。它们仅提供限制电压（冲击电流流过电源SPD时，线路上出现的最大电压称为限制电压）为中等级别的保护，因为CLASSI级的电源SPD主要是吸收大浪涌电流的，仅靠它们是不能完全保护充电站供电系统内部的用电设备。

第一级电源避雷器可防范10/350μs、100kA的雷电波，达到IEC规定的最高防护标准；技术参数：雷电通流量≥100kA（10/350μs）；残压峰值≤2.5kV；响应时间≤100ns。

（2）第二级电源防雷设计。虽然已经在总电源进线端安装了第一级防雷器，但是当较大雷电流进入时，第一级防雷器可将绝大部分雷电流由地线泄放，而剩余的雷电残压还是相当高，因此，安装了第一级防雷器可以减少大面积的雷击破坏事故，但是并不能确保后接设备的万无一失；假设由配电室总电源至充电机的电源线路全部为三相配线，也存在感应雷电流和雷电波的二次入侵的可能，需要在分配电柜安装电源第二级防雷器。

在分配电柜线路输出端采用电源SPD作为第二级保护时，应选用限压型电源SPD，其雷电通流量不应低于20kA；应该是安装在向重要或敏感用电设备供电的分路配电设备处的电源SPD。这些电源SPD对于通过了供电入口CLASSI级电源SPD的剩余浪涌能量进行更完善的吸收，对于瞬态过电压具有极好的抑制作用。该处使用的电源SPD要求的最大冲击容量为45kA/相以上，要求的限制电压应小于1200V、称为CLASSII级电源SPD。一般的供电系统做到第二级保护就可以达到用电设备运行的要求。

第二级电源避雷器采用C类保护器进行相—中、相—地、中—地的全模式保护；技术参数：雷电通流量≥40kA（8/20μs）；残压峰值≤1000V；响应时间≤25ns。

（3）第三级电源防雷设计。这也是系统防雷中最容易被忽视的地方，现代的电子设备都使用很多的集成电路和精密的元件，这些器件的击穿电压往往只是几十伏，最大允许工作电源也只是mA级的，若不做第三级防雷，则经过一、二级防雷而进入设备的雷击残压仍将有千伏之上，这将对后接设备造成很大的冲击，并导致设备损坏。

作为第三级的防雷器，三相线路选用YF—X380B40箱式三相电源防雷器，标称通流容量为20kA，此级防雷器并联安装，对后接设备的功率不限。

单相的用电设备，可以选用YF—X220B40箱式单相电源防雷器，标称通流容量为20kA，作为第三级电源雷电防护。

（4）末级电源防雷设计。针对充电站控制中心的用电设备，虽然前面已做好三级防雷，但仍有一些雷击残压进入设备，为防止设备因雷电流的冲击而损坏，应采用型号为YF—CZ/6的防雷插座，最大通流容量为10kA。

3）低压供电系统防雷设计注意事项

电源线路防雷与接地应符合以下规定：

（1）进、出充电站的电源线路不宜采用架空线路。

（2）充电站的用电设备由 TN 交流配电系统供电时，配电线路必须采用 TN—S 系统的接地方式。

（3）配电设备、线路的耐冲击过电压额定值应符合相关规定。

（4）在直击雷非防护区（LPZOA）或直击雷防护区（LPZOB）与第一防护区（LPZ1）交界处应安装通过 I 级分类试验的浪涌保护器或限压型浪涌保护器作为第一级保护；第一防护区之间的各分区（含 LPZ1 区）交界处应安装限压型浪涌保护器。使用直流电源的设备，视其工作电压要求，宜安装适配的直流电源浪涌保护器。

（5）浪涌保护器连接导线应平直，长度不宜大于 0.5m。当开关型浪涌保护器到限压型浪涌保护器之间的线路长度小于 10m、限压型浪涌保护器之间的线路长度小于 5m 时，在两级浪涌保护器之间应加装退耦装置。当浪涌保护器具有能量自动配合功能时，浪涌保护器之间的线路长度不受限制。浪涌保护器应有过电流保护装置，并应有劣化显示功能。

（6）浪涌保护器安装的数量，应根据被保护设备的抗扰度和雷电防护分级确定。

（7）用于电源线路的浪涌保护器标称放电电流参数值应符合相关规定。

4）电源系统防雷器选型及安装方案

电源系统防雷器选型及安装方案如图 7-21 所示。

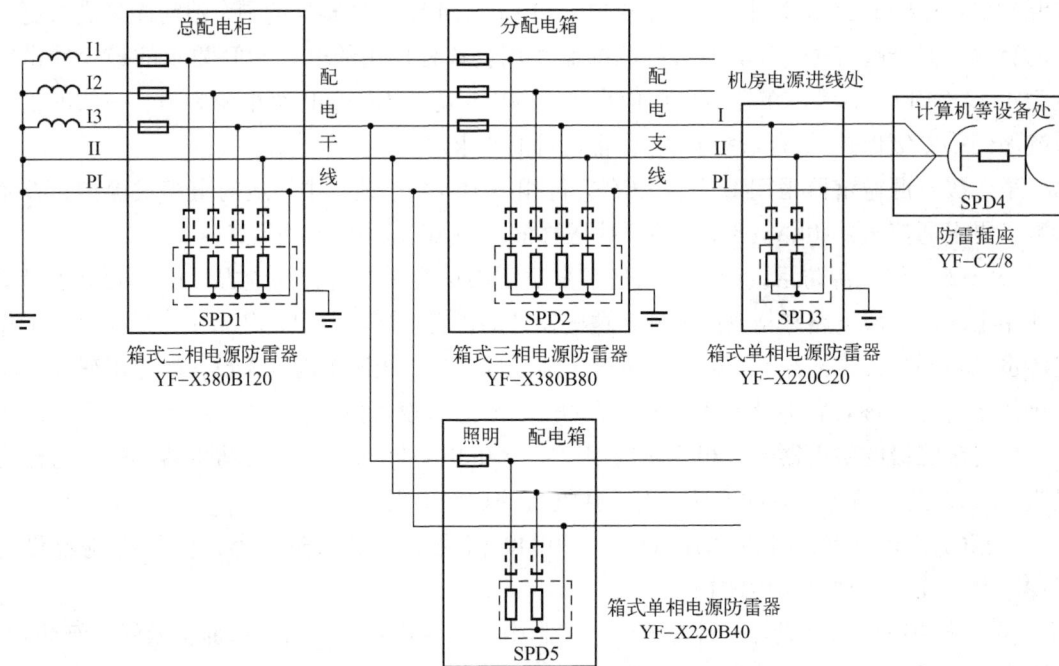

图 7-21　电源系统防雷器选型安装方案

电源防雷器选型时应注意以下事项：

（1）应收集相关必要的信息。收集的信息包括该地区雷暴强度 N_g 及最大放电电流发生的概率 P；被保护设备耐受冲击水平；被保护设备价值（应根据国家经济水平而定）；被保护设备的重要性。

（2）确定不同保护电压 U_p 和放电电流的电源防雷器。

（3）了解供、配电情况及其配电系统接地形式，供电线路进入建筑物的方式。

（4）了解电源防雷器关键参数含义。

① 最大放电电流 I_{max}。使用 $8/20\mu s$ 波形冲击防雷器一次，能承受的最大放电电流。可根据当地的雷暴强度 N_g（或年均雷暴日 T_d）及环境因素作适当选择。

② 最大持续耐压 $U_{c(rms)}$。指防雷器在此电压值下能连续工作而不影响其作为防雷器的参数。U_c 与保护电压 U_p 成非线性正比。

③ 残压 U_r 和保护电压 U_p。残压 U_r 是指在额定放电电流 I_n 下的残压值，保护电压 U_p 与最大持续耐压 U_c 和残压 U_r 有关，$U_r < U_p$，保护电压 U_p 的选择与被保护设备的耐压值有关。当选用的压敏电阻的 U_c 值高时，其 U_p 和 U_r 也会相应提高，如放电电流为 10kA（$8/20\mu s$）时

$$U_c = 275V \qquad U_c(10kA, 8/20\mu s) \leqslant 1200V$$
$$U_c = 385V \qquad U_c(10kA, 8/20\mu s) \leqslant 1600V$$
$$U_c = 440V \qquad U_c(10kA, 8/20\mu s) \leqslant 1800V$$

（5）了解电源防雷器的分类。电源防雷器按放电电流分类：

① 耐受 $10/350\mu s$ 波形产品。$10/350\mu s$ 波形是模拟直击雷波形，波形能量大，目前有空气间隙型和氧化锌压敏电阻型产品。

② 耐受 $8/20\mu s$ 波形产品。$8/20\mu s$ 波形是模拟感应雷波形，是目前使用较多的波形。常见放电电流参数有 100kA、80kA、60kA、40kA、20kA 等，使用氧化锌压敏电阻。

电源防雷器按保护级别分类：

① 单级式。根据雷电防护级别，此种防雷器仅实现单级保护功能，每一级均需安装相应级别防雷器后，才能实现雷电的完整防护。

② 复合式。由于防雷器设计具有能量协调功能，能够协调不同级别之间的能量配合，因此可同时实现一、二级或一、二、三级的雷电防护，而无须用退耦器。

电源防雷器按外形结构分类：

① 模块式。可根据电网接线方式，自由组合，选择不同数量和种类的防雷器。

② 箱式。将一组或两组模块式防雷器置于一个防雷箱体中，适用于配电箱或设备柜内空间不足的场合。

（6）选择合适的防雷器。针对被保护设备所在的环境位置，选择合适的防雷器，同时应考虑每一级防雷器之间的能量协调问题。

3. 电源 SPD 的系统配置及应注意的问题

1）电源 SPD 的系统配置

（1）若电源进线为架空线，则在电源总配电柜处安装标称通流容量 ≥20kA（$10/350\mu s$

波形）的开关型浪涌保护器，放电电压 $U_{SG} \geq 4U_c$（U_c 为最大工作电压）；也可安装标称通流容量 ≥ 80kA（$8/20\mu s$ 波形）、标称导通电压 $U_n \geq 4U_c$、响应时间 ≤ 100ns 的浪涌保护器作为一级防护。

（2）若电源进线为埋地电缆引入，且长度大于 50m，则在电源总配电柜处安装标称通流容量 ≥ 60kA（$8/20\mu s$ 波形）、标称导通电压 $U_n \geq 4U_c$、响应时间 ≤ 100ns 的浪涌保护器作为一级防护。

（3）在电源配电箱内应安装标称通流容量 ≥ 40kA（$8/20\mu s$ 波形）、标称导通电压 $U_n \geq 3U_c$、响应时间 ≤ 50ns 的浪涌保护器作为二级防护。

（4）在设备前应安装标称通流容量 ≥ 20kA（$8/20\mu s$ 波形）、标称导通电压 $U_n \geq 2.5U_c$、响应时间 ≤ 50ns 的浪涌保护器作为三级防护。

（5）在充电站控制中心的 UPS 后应安装标称通流容量 ≥ 10kA（$8/20\mu s$ 波形）、标称导通电压 $U_n \geq 2U_c$、响应时间 ≤ 50ns 的浪涌保护器作为精细防护。

（6）在二次（直流）电源的设备前应安装标称通流容量 ≥ 10kA（$8/20\mu s$ 波形）、标称导通电压 $U_n \geq 1.5U_z$（U_z：直流工作电压）、响应时间 ≤ 50ns 的浪涌保护器作为直流电源防护。

为防止电源 SPD 老化造成短路，在安装电源 SPD 的线路上应设有过电流保护装置，选用有劣化显示功能的电源 SPD。用于供电系统的电源 SPD 技术性能参数见表 7-5。

表 7-5　用于供电系统的电源 SPD 技术性能参数

SPD 性能要求防雷等级	应采用保护级数	第一级通流容量（kA）		第二级通流容量（kA）	第三级通流容量（kA）	第四级通流容量（kA）	其他
		架空进线	埋地进线				
A 级	四级	20 ~ 40（$10/350\mu s$）60（$8/20\mu s$）	40 ~ 100（$8/20\mu s$）	20 ~ 40（$8/20s$）	10 ~ 20（$8/20s$）	UPS 后装功率 > 1.2 倍设备总用电量的 SPD	第一级埋地进线 > 50m；第四级 SPD 应带滤波
B 级	三级	10 ~ 20（$10/350\mu s$）60（$8/20\mu s$）	40 ~ 60（$8/20\mu s$）	20 ~ 40（$8/20\mu s$）	10 ~ 20（$8/20\mu s$）	UPS 后装功率 > 1.2 倍设备总用电量的 SPD	第一级埋地进线 > 50m；第四级 SPD 应带滤波
C 级	二级	10 ~ 20（$10/350\mu s$）60（$8/20\mu s$）	20 ~ 40（$8/20s$）				埋地进线 > 50m
D 级	一级	20 ~ 40（$8/20\mu s$）					
电源 SPD 的自保护要求	（1）电源 SPD 应有当自身泄漏电流超标时能从电路自动切除的装置（2）电源 SPD 的外封装材料应为阻燃型材料						
注：SPD 应有劣化显示和故障自动切除功能							

2）电源 SPD 的系统配置应注意的问题

（1）各级防雷器之间的安装距离。一般情况下，第一级与第二级防雷器之间的线路长度应不小于10m，第二级与第三级防雷器之间的线路长度应不小于5m。当达不到以上要求时，应在两级防雷器之间加装退耦装置。当防雷器具有能量自动配合功能时，防雷器之间的线路长度不受限制。

（2）防雷器安装的位置和连接导线要求如下：

① 电源线路的各级防雷器应分别安装在被保护设备电源线路的前端，防雷器各接线端应分别与配电箱内线路的同名端相线连接。防雷器的接地端与配电箱的保护接地线（PE）的接地端子板连接，配电箱接地端子板应与所处防雷区的等电位接地端子板连接。各级电源防雷器连接导线应平直，其长度不宜超过0.5m。

② 带有接线端子的电源防雷器应采用压接；带有接线柱的防雷器宜采用线鼻子与接线柱连接。

③ 电源防雷器（SPD）的连接导线最小横截面积应符合表7-6中的规定。

表7-6　电源防雷器（SPD）的连接导线最小横截面积

防护级别	SPD的类型	导线横截面积（mm²）	
		SPD连接相线铜导线	SPD接地端连接铜导线
第一级	开关型或限压型	16	25
第二级	限压型	10	16
第三级	限压型	6	10
第四级	限压型	4	6
注：组合型SPD参照相应保护级别的横截面积选择			

（3）选用和使用SPD时应注意以下事项：

① 应在不同使用范围内选用不同性能的SPD，在选用电源SPD时要考虑供电系统制式、额定电压等因素。

② SPD保护必须是多级的，对充电站控制中心内的电子设备电源部分的雷电保护，至少应采用泄流型SPD与限压型SPD前后两级进行保护。

③ 为各级SPD之间做到有效配合，当两级电源SPD之间的线路距离未达规范时，应在两级SPD之间采用适当退耦措施。

④ 在选用过压型SPD时应考虑供电电源不稳定因素，选用合适工作电压的SPD。

⑤ SPD应严格依据厂方的要求进行安装，只有正确安装SPD才能达到预期的效果。

2. 充电站信息通信系统防雷设计

由于充电站信息通信系统的电磁兼容能力低，抗雷电电磁脉冲过电压的能力十分脆弱，在闪电环境下的易损性较高，因此雷电已成为信息技术应用中的一大公害。为了消除这一公害，在部分工程设计中虽然采用了各种防雷保护措施，但是其结果是有的取得了预期的防雷效果，保证了充电站信息通信系统的安全；而有的则反遭雷击，损失更大。其原因是对于信息通信系统的雷电防护工程，由于保护对象、保护重点、保护措施、方法都是与常规雷电防护截然不同的，如不能正确应用各种防雷保护措施，必然会造成不良的后果。

1）充电站信息通信系统的防雷特点

充电站电子信息设备不同于一般的电气设备，因为电气设备具有较高的抗感应脉冲过电压的能力，而电子信息设备则截然不同，原因如下：

（1）电子信息设备抗感应脉冲过电压的能力低，易受感应脉冲过电压的袭击；电子信息设备是集计算机技术与集成微电子技术于一身的产品，随着集成微电子技术的发展，芯片的尺寸越来越小，系统的信号电压也越来越低，现已降到10V以下，有的已降到5V以下，这种产品的电磁兼容能力很差，很容易受感应脉冲过电压的袭击。

（2）电子信息设备受雷击的概率较高，因一般电气设备主要是受直击雷的危害，而直击雷的概率相对较低；电子信息设备不但要受直击雷的危害，还要受感应雷的危害，感应雷的概率要比直击雷高得多。因为感应雷除由直击雷产生外，还包括远处放电的电磁脉冲感应，直击雷所产生感应雷的作用达数百米之远，所以电子信息设备受闪电危害的概率较高。

（3）充电站信息通信系统是由信息采集、加工处理、传输、检索等众多环节组成的，系统环节多、接口多、线路长，给雷电的耦合提供了条件。例如，一个信息通信系统不但有电源进线接口，还有信号输入输出接口、天线馈接口等。这些接口的线路较长，是感应脉冲过电压容易侵入的原因，也是感应脉冲过电压波侵入的主要通道，所以信息通信系统的致命弱点是电磁兼容能力差，易受闪电的危害。

2）前端设备的防雷

由于雷电波在线路上能感应出较高的瞬时冲击能量，因此要求网络通信设备（包括消防报警设备、视频监控设备、计算机网络设备等）能够承受较高能量的瞬时冲击，而目前大部分通信设备由于电子元器件的高度集成化而导致耐过压、耐过流水平下降，通信设备在雷电波冲击下遭受过电压而损坏的现象越来越多，其后果是可能造成整个通信系统的运行中断、消防系统失灵等。

（1）前端设备有室外和室内安装两种情况，安装在室内的设备一般不会遭受直击雷的危害，但需考虑防止雷电过电压对设备的侵害，而室外的设备则还需考虑防止直击雷的危害。

（2）室外安装的前端设备，如摄像头应置于接闪器（避雷针或其他接闪导体）有效保护范围之内，当摄像机独立架设时，避雷针最好距摄像机3～4m的距离。若达不到要求的距离，避雷针也可以架设在摄像机的支撑杆上，引下线可直接利用金属杆本身或选用Φ8的镀锌圆钢。为防止电磁感应，沿杆引上摄像机的电源线和信号线应穿金属管屏蔽。

（3）为防止雷电波沿线路侵入前端设备，应在设备前的每条线路上加装合适的避雷器，如电源线（220V或DC12V）、视频线、信号线和云台控制线。

（4）前端设备的电源一般使用AC220V或DC12V，若由直流变压器供电，则单相电源避雷器应串联或并联在直流变压器前端，如直流电源传输距离大于15m，则还应串接低压直流避雷器。

（5）信号线传输距离长，耐压水平低，极易感应雷电流而损坏设备，为了将雷电流从信号传输线传导入地，信号过电压保护器须快速响应，在设计信号传输线的保护时必须考虑信号的传输速率、信号电平、启动电压及雷电通量等参数。

（6）室外前端设备应有良好的接地，接地电阻小于4Ω，高土壤电阻率地区可放宽至小于10Ω。

3）线路的防雷

（1）监控系统的线路主要有传输信号的信号线和电源线。室外前端设备的电源可从终端设备处引入，也可从监视点附近的电源引入。

（2）控制信号传输线和报警信号传输线一般选用屏蔽软线缆，架设（或敷设）在前端与终端之间。

（3）GB50198规定，当条件不充许时，传输线缆可采用通信管道或架空方式，并规定了传输线缆与其他线路的最小间距和与其他线路共杆架设的最小垂直间距。

（4）线缆采用直埋敷设方式防雷效果最佳，架空线最容易遭受雷击，并且破坏性大，波及范围广，为避免前后端设备损坏，当采用架空传输线路时，应在每一电杆上做接地处理，架空线缆的吊线和架空线缆线路中的金属管道均应接地，中间放大器输入端的信号源和电源均应分别接入合适的避雷器。

（5）传输线埋地敷设并不能阻止雷击设备的发生，大量的事实显示，雷击造成埋地线缆故障，大约占总故障的30%，即使雷击在比较远的地方，也仍然会有部分雷电流流入电缆。所以应采用带屏蔽层的线缆或线缆穿钢管埋地敷设，并保持钢管的电气连通。对防护电磁干扰和电磁感应非常有效，这主要是由于金属管的屏蔽作用和雷电流的集肤效应。电缆全程穿金属管有困难时，可在电缆进入终端和前端设备前穿金属管埋地引入，但埋地长度不得小于15m，在入户端将电缆金属外皮、钢管同防雷接地装置相连。

4）终端设备的防雷

充电站控制中心的防雷，应从直击雷防护、雷电波侵入、等电位连接和浪涌保护多方面展开工作。控制中心所在建筑物应有防直击雷的避雷针、避雷带或避雷网，其防直击雷措施应符合GB50057中有关直击雷保护的规定。进入控制中心的各种金属管线应接到防感应雷的接地装置上，架空电缆线直接引入时，在入户处应加装避雷器，并将线缆金属外护层及自承钢索接到接地装置上。

在控制中心内应设置等电位连接母线（或金属板），该等电位连接母线应与建筑物防雷接地、PE线、设备保护地、防静电地等连接到一起，以防止危险的电位差。各种浪涌保护器（避雷器）的接地线应以最直和最短的距离与等电位连接母排进行电气连接。

由于有80%雷击高电位是从电源线侵入的，为保证设备安全，一般电源上应设置三级避雷保护，在视频传输线、信号控制线、报警信号线进入控制中心终端设备前，应加装相应的避雷保护器。良好的接地是防雷设计中至关重要的一环，接地电阻值越小，过电压值越低。控制中心采用专用接地装置时，接地电阻不得大于4Ω。采用综合接地网时，接地电阻不得大于1Ω。

5）防雷器配置

（1）前端设备。在前端设备的电源、数据、控制线路的接口处配置三合一的组合式防雷器。

（2）控制中心。在控制中心电源总配电柜的进线端，安装通流容量为 100kA 电源防雷器，作为控制中心机房设备电源的第一级防护。在控制中心的电源进线端，安装通流容量为 40kA 电源防雷器，三相线路推荐型号是 PPS—II/3—40M 防雷箱，单相线路推荐型号是 PPS—I/1—40M 防雷箱，作为控制中心设备电源第二级防护。在控制中心各终端设备的前端，安装通流容量为 10kA 电源防雷器，推荐使用型号是 LTA6—420NS（一拖四式）插座式防雷器，作为控制中心内各终端设备电源第三级的防雷防护。

在距阵主机、视频分割器的视频线路接入端，安装视频信号防雷器，推荐型号是 CoaxB—TV/16S 防雷器，作为控制中心内视频连接端口的防雷保护。在距阵主机、视频分割器的控制线路接入端，安装控制信号防雷器，推荐型号是 SR—E24V/4S 防雷器，作为控制中心内控制连接端口的防雷保护。

（3）网络系统过电压保护必须运用电磁兼容原理将网络通信系统局部的防护归结到系统全局的雷电过电压保护范围内。

① 在每路 ISDN 进线进入路由器之前安装 YF—XH/ISDN 数据专线信号防雷器，作为数据专线的防护。

② 控制中心内的网络交换机应分别在网络交换机前端安装机架式网络防雷器，作为网络交换机的防护，网络防雷器的型号为 YF—24RJ45E/4，对每个端口进行保护。产品特点：标准机架式一体化，100M，串联，适用计算机局域网、网络交换机、集成器、终端用户雷电防护，$I_n(8/20)=5kA$。

③ 网络间传输使用的光纤无须进行防护，光缆的金属加强筋需要做接地。

在对通信系统进行防雷保护设计时，选取适当的保护装置非常重要，应充分考虑防雷产品与通信系统匹配。选用通信接口避雷器时应考虑的主要因素如下：

（1）线路上可能感应的浪涌形式（如波形、时间参数和最大峰值）。

（2）接口电路模拟雷电冲击击穿电压临界指标。

（3）保护对象在正常工作状态下的数据信号电平。

（4）保护装置在模拟雷电冲击下的残压参数指标。

（5）保护装置的耐冲击能力。

（6）系统的工作频率。

（7）保护对象的接口方式。

（8）工作电压。

在电动汽车充电站信息通信系统的防震器选型时，应充分考虑防雷产品与设备相匹配才能保证信号稳定传输，通常应考虑保护信号设备的类型和相关参数。

（1）了解保护信号的种类。高频（微波/无线通信），计算机局域网、广域网络，工业自动化控制信号，现代办公通信网络（数据专线等），视频系统（CATV/CCTV）。

（2）了解保护设备的相关参数。数字量/模拟量、工作电压、工作频率、传输速率、接口形式、使用场合。

（3）选择合适的信号防雷器。

① 根据保护设备信号的类型，选择相应的信号防雷器，如计算机网络 SPD、视频信号 SPD、控制信号 SPD、天馈信号 SPD 等。

② 根据设备工作电压，选择合适保护电压的防雷器，如控制信号 SPD 工作电压通常有 5V、12V 和 24V。

③ 根据设备对于防雷器插入损耗的要求，选择不同频宽的防雷器。

④ 根据设备接口种类、公制、英制的要求，选择不同接口的防雷器，如视频信号 SPD 接口类型有 BNC – JJ/JK、通信线路 SPD 接口类型有 RJ11 或接线端子等。

3. 电动汽车充电桩整体防雷方案

电动汽车充电桩整体防雷方案如图 7-22 所示。充电站数据采集大多采用数字信号进行传输，监控安防设备有视频、信号、电源等多种线路。因此，数据采集、监控安防设备均应在相应的线路上进行雷电防护设计。

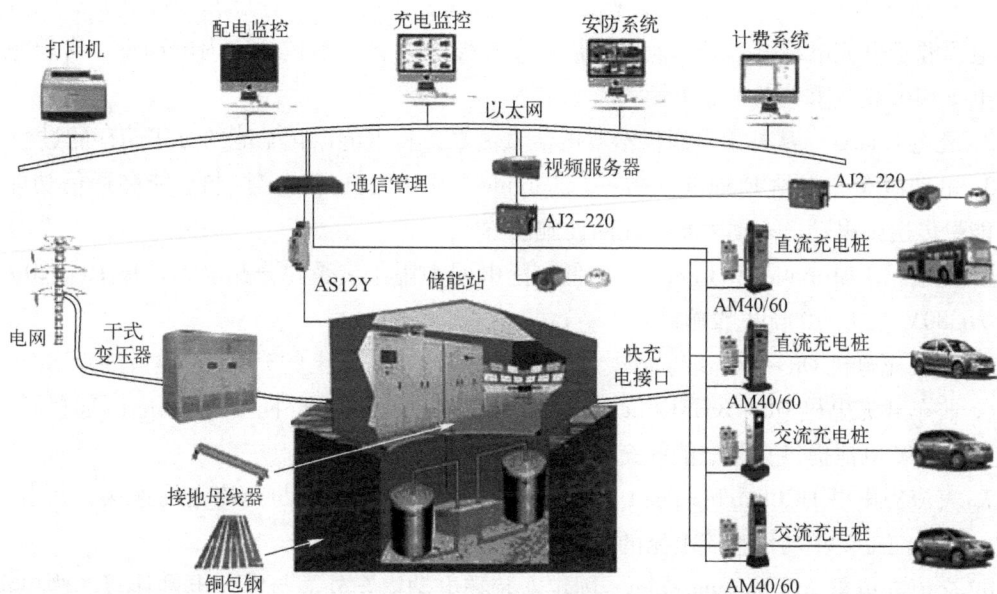

图 7-22　电动汽车充电桩整体防雷方案

充电桩数据采集由控制中心的网络交换机进行汇集，在控制中心网络交换机输入端安装 AS05J—24 型串联电源防雷箱，对于 485 控制线的防雷，可选用的型号为 AS12Y 控制信号防雷器。

电动汽车充电站名词术语

1. 电动汽车 Electric Vehicle（EV） 用于在道路上行驶，由电动机驱动的汽车，电动机的电源源于可充电蓄电池或其他易携带能量存储的设备，不包括室内电动车、有轨电车、无轨电车和工业载重电动车等车辆。

2. 充电 Charge 从外部电源供给蓄电池直流电，将电能以化学能的方式储存的过程。

3. 电动汽车充电站 Electric Vehicle Charging Station 具有特定控制功能和通信功能的，将电能量传送到电动汽车动力蓄电池的设施总称。

4. 配电站 Distribution Station 在中低压配电网中用于接受并分配电力，将10（20）kV变换为380V电压的供配电设施。

5. 车载充电机 On – Board Charger 固定安装在电动汽车上的充电机。

6. 非车载充电机 Off – Board Charger 固定安装在电动汽车外、与交流电网连接，为电动汽车动力蓄电池提供直流电能的充电机。

7. 直流充电桩 DCCharging Point 固定安装在电动汽车外、与交流电网连接，为电动汽车动力蓄电池提供小功率直流电源的供电装置。

8. 交流充电桩 ACCharging Point 固定安装在电动汽车外、与交流电网连接，为电动汽车车载充电机提供交流电源的供电装置。

9. 充电桩 Charging Point 直流充电桩与交流充电桩的统称。

10. 充电机效率 Charging Efficiency 充电机的直流输出功率与交流输入有功功率之比，按以下公式计算

$$\eta = (W_D/W_A) \times 100\%$$

式中，η 为效率；W_D 为直流输出功率；W_A 为交流输入有功功率。

11. 充电区 Charging Area 在充电站内为电动汽车进行充电的停车区域。

12. 谐波 Harmonic 电力系统的电流和电压中非正弦周期分量所含的频率为基波频率整数倍的正弦周期分量。

13. TN 系统 TN System 电源系统有一点直接接地，负载设备的外露导电部分通过保护导体连接到此接地点的系统。

14. IT 系统 IT System 电源系统的带电部分不接地或通过阻抗接地，电气设备的外露导电部分接地的系统。

15. 脉波数 Pulse Number 在一个基波周期内，换流器的换相次数。

16. 谐波含有率 Harmonic Ratio（HR） 周期性交流量中含有的第 h 次谐波分量方均根值与基波分量方均根值之比（用百分数表示）。

17. 总谐波畸变率 Total Harmonic Ratio（THD） 周期性交流量中谐波分量方均根值与其基波分量方均根值之比（用百分数表示）。

18. 单体蓄电池 Cell 构成蓄电池的最小单元，一般由正极、负极及电解质等组成，其标称电压为电化学偶的标称电压。

19. 蓄电池模块 Battery Module 一组单体蓄电池的组合。

20. 蓄电池组 Battery Pack 由一个或多个蓄电池模块组成的单一组合体。

21. 传导式充电 Conductive Charging 利用电传导给蓄电池进行充电的方式。

22. 恒流充电 Constant Current Charging 充电电流在充电电压范围内，维持在恒定值的充电方式。

23. 恒压充电 Constant Voltage Charging 充电电压在充电电流范围内，维持在恒定值的充电方式。

24. 恒流限压充电 Constant – current Limit Voltage Charging 先以恒流方式进行充电，当蓄电池组端电压上升到限压值时，充电机自动转换为恒压充电，直到充电完毕。

25. 稳流精度 Stabilized Current Precision 充电机在充电（稳流）状态下，交流输入电压在 323 ~ 437V 范围内变化，输出电压在充电电压调节范围内变化，输出电流在其额定值 20% ~ 100% 范围内任一数值上保持稳定时，其输出电流稳定程度，按以下公式计算

$$\delta_I = \left[(I_M - I_Z)/I_Z \right] \times 100\%$$

式中，δ_I 为稳流精度；I_M 为输出电流波动极限值；I_Z 为输出电流整定值。

26. 稳压精度 Stabilized Voltage Precision 充电机在浮充电（稳压）状态下，交流输入电压在 323 ~ 437V 范围内变化，输出电流在其额定值的 0% ~ 100% 范围内变化，输出电压在浮充电电压调节范围内任一数值上保持稳定时，输出电压稳定程度按以下公式计算

$$\delta_U = \left[(U_M - U_Z)/U_Z \right] \times 100\%$$

式中，δ_U 为稳压精度；U_M 为输出电压波动极限值；U_Z 为输出电压整定值。

27. 纹波系数 Ripple Factor 充电机在浮充电（稳压）状态下，交流输入电压在 323 ~ 437V 范围内变化，输出电流在其额定值的 0% ~ 100% 范围内变化，输出电压在浮充电电压调节范围内任一数值上，测得电阻性负载两端脉动量峰值与谷值之差的一半，与直流输出电压平均值之比按以下公式计算

$$\delta = \left[(U_f - U_g)/2U_p \right] \times 100\%$$

式中，δ 为纹波系数；U_f 为直流电压中脉动峰值；U_g 为直流电压中脉动谷值；U_p 为直流电压

平均值。

28. 均流及均流不平衡度 Equalizing Current and Unbalance　采用同型号同参数的高频开关电源模块，为使每一个模块都能均匀地承担总的负荷电流，称为均流。模块间负荷电流的差异，称为均流不平衡度，在总输出（30%～100%）额定电流条件下，按以下公式计算

$$\beta = \left[(I - I_{\mathrm{P}})/I_{\mathrm{N}} \right] \times 100\%$$

式中，β 为均流不平衡度；I 为实测模块输出电流的极限值；I_{P} 为 N 个工作模块输出电流的平均值；I_{N} 为模块的额定电流值。

29. 输出电压和电流误差 Output Voltage and Current Error　实际输出电压及电流的有效值与规格定义设定值的偏差。

30. 周期偏差 Periodic Deviation　周期性出现的瞬态偏差（Ripple）。

31. 随机偏差 Random Deviation　偶然随机出现的瞬态偏差（Noise）。

32. 稳压稳流特性 Characteristic of Steady Voltage and Current　工作状态在限流或限压模式中，当负载发生变化时，限流或限压值应有一定的稳定性，不适用于限功率模式，或负载变化导致工作状态发生转变的情况。

33. 插头与插座 Plug and Socket – outlet　把活动电缆和固定的电线连接起来的一种装置，它由插头和插座两部分构成。

34. 锁紧装置 Retaining Device　防止插头或连接器从正确的连接位置意外脱落的设备。

35. 充电站监控管理系统 Charging Station Supervisormanagement System　指将充电站的充电机、充电车辆、配电设备、视频监视、火灾自动报警及站内其他设备的状态信息、参数配置信息及充电过程实时信息等进行集成，应用微机及网络通信技术，构成完整集中管理系统，实现站内设备的监视、保护、控制、数据记录、安全管理和事故情况下的紧急处理。

36. 城市充电网络运营管理中心 Operation Management Center of City Charge Network　将城市中的充电站站内数据信息，通过网络技术集成形成城市范围的充电设施管理中心，实现对城市充电设施的全局调度、管理、决策和资源的综合组织体系。

37. 分层式 Hierarchical　一种将元素按不同级别组织起来的方式。其中，较上级的元素对较下级的元素具有控制关系。

38. 分布式 Distributed　指充电站监控管理系统的构成在资源逻辑或拓扑结构上的分布，主要强调从系统结构的角度来研究处理和功能上的分布问题。

39. 网元层 Network Cell Level　由分布在站内的配电监控单元、视频监视及处理单元、火灾自动报警等监控装置、网元层功能设备及站级监控层网络的接口设备构成，完成面向单元设备的监测控制功能。

40. 站级监控层 Station Management Level　由数据采集、计量收费、配电监控、火灾报警、视频监视、数据管理等功能组件构成，是面向充电站进行运行管理的中心控制层，实现对充电站内业务、设备、蓄电池等数据的监控和管理，为站内运营提供保障。

41. 网络管理层 Network Management Level　由城市或区域中各充电站的远程数据交互、运营管理、数据维护、安全保障组件联合构成，实现城市或区域充电站网络运营管理功能，

管理维护区域内充电站运营数据和综合资源，以实现运营商的管理功能。

42. VPN（Virtual Private Network） 虚拟专用网（VPN）为通过一个公用网络（通常是因特网）建立一个临时的、安全的连接，是一条穿过混乱的公用网络的安全、稳定的隧道。

43. 充电接口 Vehicle Coupler 用于连接活动电缆和电动汽车的设备，由车辆连接器和车辆插孔两部分组成。

44. 车辆连接器 Charging Connector 集成或连接在活动电缆上的接头。

45. 车辆插孔 Vehicle Inlet 车辆耦合器安装在电动汽车上的那一部分。

46. 停帧 Freeze Frame 诊断故障代码发生时截取的一部分运行参数。

47. 帧 Frame 组成一个完整消息的一系列数据位。

48. CAN 数据帧 CAN Data Frame 组成传输数据的 CAN 协议所必需的有序位域，以帧起始（SOF）开始，帧结束（EOF）结尾。

49. 报文 Messages 一个或多个具有相同参数组编号的"CAN 数据帧"。

50. 标识符 Identifier CAN 仲裁域的标识部分。

51. 标准帧 Standard Frame 《CAN 总线 2.0B 版本》中定义的使用 11 位标识符的 CAN 数据帧。

52. 扩展帧 Extended Frame 《CAN 总线 2.0B 版本》中定义的使用 29 位标识符的 CAN 数据帧。

53. 优先权 Priority 在标识符中一个 3 位的域，设置传输过程的仲裁优先级，最高优先级为 0 级，最低优先级为 7 级。

54. 参数组 Parameter Group（PG） 在报文中传送参数的集合，参数组包括命令、数据、请求、应答和否定应答等。

55. 参数组编号 Parameter Group Number（PGN） 用于唯一标识一个参数组的一个 24 位值，参数组标号包括：保留为、数据页位、PDU 格式域（8 位）、组扩展域（8 位）。

56. 可疑参数编号 Suspect Parameter Number（SPN） 应用层通过参数描述信号，给每个参数分配的一个 19 位值。

57. 协议数据单元 Protocol Data Unit（PDU） 一种特定的 CAN 数据帧格式。

58. 传输协议 Transport Protocol 数据链路层的一部分，为传送数据在 9 字节或以上的 PGN 提供的一种机制。

59. 诊断故障代码 Diagnostic Trouble Code（DTC） 一种用于识别故障类型、相关故障模式及发生次数的 4 字节数值。

60. 间隔层 Bay Level 由监控装置、继电保护装置、间隔层网络设备及站控层网络的接口设备等构成，面向单元设备的就地监测控制层。

61. 站控层 Station Level 由主机或操作员站、远动装置及其他功能站构成，面向充电站进行运行管理的中心控制层。

参 考 文 献

[1]   杨帆，孔方方. 国内外新能源汽车动力电池发展及供求现状. 上海汽车，2014，9.

[2]   卢军. 电动汽车电池发展现状及前景.

[3]   程夕明，孙逢春. 电动汽车能量存储技术概况. 电源技术，2001，25（1）.

[4]   衣宝廉，侯明. 车用燃料电池耐久性的解决策略. 汽车安全与节能学报，2011，2（2）.

[5]   王兴娟，王坤勋，刘庆. 燃料电池的研究进展及应用前景. 炼油与化工，2011，22（1）.

[6]   宋永华，阳岳希，胡泽春. 电动汽车电池的现状及发展趋势. 电网技术，2011，35（4）.

[7]   胡兴军. 探索中的太阳能汽车. 交通与运输，2009（1）.

[8]   赵云峰，万杰，朱自萍，等. 太阳能电池在汽车上的应用分析. 农业装备与车辆工程，2011（4）.

[9]   杨盛毅，文方. 超级电容器综述. 现代机械，2009（4）.

[10] 张杜鹃，欧阳海，胡欢. 超级电容器在电动汽车上的应用. 城市车辆，2009（5）.

[11] 李保成，李杏元. 电动汽车充电方式的探讨. 电池技术，2009，11.

[12] 殷树刚，龚桃荣，基于云平台的电动汽车智能充电系统设计与应用. 供用电，2015，07.

[13] 深圳市金宏威技术股份有限公司. 应用创新开启电动汽车充电站/桩运营管理新模式，2014，05.

[14] 徐凡，俞国勤. 电动汽车充电站布局规划浅析. 华东电力，2009.10.

[15] 任百峰. 基于 V2G 技术的电动汽车充电站与电网接入技术研究. 燕山大学，2014.

[16] 滕乐天. 电动汽车充电机（站）设计. 北京：中国电力出版社，2009.

[17] 胡勇，刘奇峰. 基于 WebGIS 的分布式电动汽车充电桩运营管理系统设计与实现. 电力建设，2014（1）.